DOMINANDO ANOREXIA

DOMINANDO ANOREXIA

Christine Halse, Anne Honey e Desiree Boughtwood

M.Books do Brasil Editora Ltda.

Rua Jorge Americano, 61 - Alto da Lapa
05083-130 - São Paulo - SP - Telefones: (11) 3645-0409/(11) 3645-0410
Fax: (11) 3832-0335 - e-mail: vendas@mbooks.com.br
www.mbooks.com.br

Dados de Catalogação na Publicação

Halse, Christine.
Dominando Anorexia. Experiências e desafios enfrentados por adolescentes e seus familiares/ Christine Halse, Anne Honey e Desiree Boughtwood.
São Paulo, SP – M.Books do Brasil Editora Ltda.

1. Anorexia 2. Saúde 3. Nutrição 4. Pais e Filhos

ISBN: 978-85-7680-214-3

Do original: Inside Anorexia
Publicado em inglês por Jessica Kingsley Publishers
© 2008 Christine Halse, Anne Honey e Desiree Boughtwood
© 2013 M.Books do Brasil Editora Ltda.

EDITOR
MILTON MIRA DE ASSUMPÇÃO FILHO

Tradução
Dayse Batista

Produção Editorial
Lucimara Leal

Coordenação Gráfica
Silas Camargo

Capa e Editoração
Crontec

2013
Proibida a reprodução total ou parcial.
Os infratores serão punidos na forma da lei.
Direitos exclusivos cedidos à
M.Books do Brasil Editora Ltda.

Para garotas e famílias que convivem com a anorexia nervosa.

Sumário

Agradecimentos 11

Introdução 13

1. Vivendo com Anorexia Nervosa 17
   O que é Anorexia? 17
   História da Anorexia Nervosa 19
   Até que Ponto a Anorexia é Comum? 20
   O que Causa a Anorexia? 20
      Fatores Individuais 20
      Fatores Relacionados a Experiências Individuais, Ambientes e
         Contexto Sociocultural 22
      Colegas 24
   Fatores Sociais e Culturais Mais Amplos 25
   Como Tratamos a Anorexia? 26
      Hospitalização 26
      Tratamento em hospital dia 26
      Tratamento ambulatorial 27
      Tratamentos psicológicos 27
      Medicamentos e farmacoterapia 28
   Recuperação na Anorexia 28
      O que é a recuperação? 28
      Até que ponto a recuperação é provável? 29
      Outras abordagens 30

2. "A Mais Anoréxica" 31
   Quadro 2.1   Efeitos Físicos da Anorexia 32
   Quadro 2.2   Anorexia: Parte de um *Continuum* da Alimentação? ... 35
   Quadro 2.3   Realimentando o Corpo Faminto 41

Quadro 2.4   O Efeito da Anorexia sobre os Irmãos 44
Quadro 2.5   O Efeito da Anorexia nos Pais 48
Algum Tempo Depois 49

3. "Crise de Gordura" 51
Quadro 3.1   Em Busca de uma Causa 52
Quadro 3.2   Escolas Mistas *versus* Exclusivas para Meninos 57
Quadro 3.3   Imagem Corporal 60
Quadro 3.4   Comportamentos Anoréxicos 60
Algum Tempo Depois 67

4. "Se Você Não É a Garota com Anorexia, então Quem É Você?" 69
Quadro 4.1   As Escolas e a Prevenção da Anorexia 70
Quadro 4.2   Homens com Anorexia 76
Quadro 4.3   Problemas Psiquiátricos Associados com a Anorexia 79
Quadro 4.4   Terapia Familiar 83

5. "O Problema Não É Você, mas a Anorexia" 85
Quadro 5.1   Efeitos da Inanição 90
Quadro 5.2   Influência dos Irmãos 94
Quadro 5.3   Redes de Apoio para Pais e Cuidadores 97
Quadro 5.4   Conselhos de Pais e Cuidadores 101

6. "Amor Inflexível" 103
Quadro 6.1   Cultura Escolar e Anorexia 105
Quadro 6.2   Sites Pró-ana na Internet 112
Quadro 6.3   Tratamento Compulsório 118

7. "Ahah, Anorexia Nervosa!": 123
   Quadro 7.1 Fatos e Ficção sobre Abuso Sexual 126
   Quadro 7.2 Anorexia em Grupos Culturais e Étnicos 128
   Quadro 7.3 A Experiência da Hospitalização 136
   Quadro 7.4 Desafios do Diagnóstico de Anorexia 139

8. "Pode Acontecer nas Melhores Famílias": 143
   Quadro 8.1 Culto à Saúde 144
   Quadro 8.2 Desafios no Tratamento da Anorexia 148
   Quadro 8.3 Pais, Culpa e Culpar os Outros 152
   Quadro 8.4 Relacionamentos entre Pessoas com Anorexia 154
   Quadro 8.5 Apoio aos Pais 157
   Algum Tempo Depois 158

9. "Tudo Depende de Mim Agora" 159
   Quadro 9.1 O Significado da Alimentação 164
   Quadro 9.2 Religião e Espiritualidade 169
   Quadro 9.3 A Mídia e a Anorexia 172
   Quadro 9.4 Prontidão para a Recuperação 174

10. Conclusão 179

Grupo consultivo internacional 185

Sobre as Autoras 191

Notas 193

Índice 225

Agradecimentos

Muitas pessoas ajudaram a tornar este livro uma realidade. As oito garotas e seus pais, cujas histórias formam a base das biografias familiares desta coleção, cederam generosamente seu tempo, concordando em dar entrevista e em compartilhar as experiências sobre a complexidade pessoal de viver com anorexia nervosa.

As famílias representadas em *Dominando Anorexia* são apenas uma pequena parcela das meninas, pais e famílias que entrevistamos como parte do Projeto Múltiplas Perspectivas sobre Transtornos Alimentares em Meninas. Somos gratas pelos *insights* e auxílio que recebemos das famílias que compartilharam de forma tão desapegada suas histórias, na esperança de que outros possam beneficiar-se delas.

Este livro não seria possível sem o apoio e a ajuda da equipe dedicada de médicos, enfermeiros, profissionais da saúde e pessoal administrativo que nos incentivou e apoiou, intermediando nossas entrevistas com as meninas e seus pais. Eles se tornaram colegas valiosos, que nos ofereceram *insight* para os desafios profissionais que os médicos enfrentam, no trabalho com o complicado problema da anorexia.

Somos especialmente gratas pelo auxílio recebido dos membros de nosso Grupo Consultivo Internacional e Multidisciplinar. Todos os membros do Grupo são especialistas, estudiosos ou médicos renomados em suas respectivas áreas, que trouxeram à sua função de consultoria uma gama de bagagens e conhecimento no trabalho com a anorexia nervosa e com pessoas jovens, particularmente meninas adolescentes e suas famílias. O apoio, os conselhos e o *feedback* de alta qualidade fornecidos por nosso Grupo Consultivo Internacional foram de extrema utilidade para apresentarmos uma faixa de perspectivas amplas e multidisciplinares sobre a anorexia. Na maior parte das vezes, os membros de nosso Grupo Consultivo Internacional forneceram *feedback* e orientações para a nossa pesquisa, escrevendo rapidamente e em prazo muito curto. Apreciamos muito sua generosidade, tempo e contribuição. Detalhes biográficos completos dos membros do Grupo Consultivo Internacional podem ser vistos nas páginas 185-190.

Somos agradecidas de um modo especial às muitas pessoas que ofereceram sugestões e comentários sobre rascunhos anteriores do livro ou que contribuíram de outras formas. Este grupo inclui: Mary Boughtwood, que ofereceu *insights* pessoais baseados em sua própria experiência com as questões que preocupam os pais; Emma Cotter, por seu incentivo e trabalho no desenvolvimento dos primeiros esboços da história de cada família; Sarah Debelle, que formatou o rascunho de manuscrito e nos deu opiniões que nos desafiaram a repensar certos aspectos do que havíamos escrito; Linda Gibson, que transcreveu atentamente nossas entrevistas com as meninas, seus pais e famílias; Lyn Honey, que leu os primeiros rascunhos do livro e nos ofereceu opiniões úteis; Cynthia Rankin por sua ajuda na condução de parte das pesquisas para este trabalho; e Ramesh Vannitamby, por suas orientações médicas sobre questões fundamentais.

Este livro não seria possível sem a paciência e o incentivo de nossas respectivas famílias, que nos aliviaram de forma tão generosa de outras responsabilidades enquanto estávamos ocupadas trabalhando e escrevendo. Em particular, Chris agradece a Martin e Sarah por estarem sempre ao seu lado. Anne agradece a seu marido, Mark, por lhe dar apoio prático e emocional de inúmeras maneiras e à sua mãe, Lynn, pelo incentivo e por cuidar dos netos com doação e amor que vão além dos seus deveres de avó. Desiree agradece aos seus parentes por seu apoio, conselhos e amor.

Gostaríamos de agradecer também ao Conselho Australiano de Pesquisas, ao Centro para Doenças Digestivas, particularmente aos doutores Tom Borody e Michael Barrett, e ao Instituto de Pesquisas em Educação do Children's Hospital (CHERI), por seu generoso patrocínio para o Projeto Múltiplas Perspectivas sobre Transtornos Alimentares em Meninas. Graças a este apoio, pudemos passar vários anos pesquisando e escrevendo sobre a experiência e o impacto da anorexia nervosa entre meninas adolescentes, seus pais e familiares.

Introdução

Meninas adolescentes apresentam a mais alta incidência de anorexia nervosa de qualquer grupo na sociedade, mas a anorexia é um problema que causa perplexidade em todos os envolvidos. Pessoas com anorexia muitas vezes não reconhecem sua condição e resistem ao tratamento; pais e cuidadores exaustos veem-se em um dilema entre atender às demandas da filha e seguir os conselhos de especialistas médicos; e os médicos e profissionais da saúde com frequência lutam para encontrar a melhor maneira de lidar com este problema complexo e potencialmente ameaçador à vida.

Este livro foi escrito para pessoas que se deparam com a anorexia pela primeira vez ou que desejam informações fatuais e uma visão "de dentro" sobre a experiência vivida por meninas que sofrem de anorexia e por suas famílias. O livro foi escrito para atender às necessidades das pessoas diagnosticadas com anorexia, seus pais e famílias e ao número crescente de profissionais de saúde, educação e serviços sociais que atendem e lidam com meninas adolescentes com anorexia e suas famílias na prática profissional.

Dominando Anorexia reúne as histórias de adolescentes com anorexia, seus pais e familiares para oferecer uma visão sobre a experiência na vida real daqueles que convivem com a anorexia. Essas biografias familiares combinam-se com informações e pesquisas atualizadas sobre o transtorno, vindas de diversas disciplinas, incluindo saúde, medicina, psicologia e estudos feministas e culturais. Essas informações baseiam-se em análises críticas dos últimos estudos e achados das pesquisas realizadas pelas autoras, grande parte das quais já foi publicada de forma mais extensa em periódicos internacionais de saúde, medicina e ciências sociais, entre eles *The European Eating Disorders Review, Eating Disorders: The Journal of Treatment and Prevention, Qualitative Health Research, Child: Care, Health and Development, Gender and Education,* e *The Journal of Community and Applied Social Psychology*.

As biografias familiares apresentadas neste livro são uma pequena amostra das entrevistas colhidas como parte de um estudo em grande escala, chamado Múltiplas Perspectivas sobre Transtornos Alimentares em Meninas, realizado com pacientes de Sydney, na Austrália. O estudo envolveu entrevistas detalhadas sobre a história de vida de meninas adolescentes diagnosticadas com anorexia e entrevistas separadas com um ou ambos os pais e, às vezes, também com outros parentes. Na época da entrevista, todas as meninas tinham entre 14 e 21 anos, com idade média de 16 anos e 3 meses. Todas estavam sendo tratadas da anorexia em um hospital ou com atendimento ambulatorial e haviam sido diagnosticadas entre duas semanas e sete anos antes. Refletindo a diversidade da sociedade australiana, as famílias participantes do estudo representavam uma ampla gama de grupos sociais e econômicos, em termos de renda familiar, local de residência, educação dos pais e ocupação. Aquelas que foram entrevistadas vinham de diversas etnias, incluindo famílias de migrantes de primeira e segunda geração onde todos ou parte dos membros da família vinham da China, Índia ou Itália. Entretanto, a maior parte dos entrevistados era de descendência anglo-australiana. Na época da entrevista, nenhuma das meninas considerava-se "recuperada", e suas famílias e médicos concordavam com esta visão.

Cada membro da família, cuja história é apresentada em *Dominando Anorexia*, foi entrevistado por uma das autoras, às vezes em diversas ocasiões, e suas histórias individuais foram tramadas no que chamamos de "biografias familiares". As oito histórias desta coleção foram escolhidas porque ilustram os diferentes problemas, experiências e emoções das meninas, pais e familiares que lidam com a anorexia. Elas nos falam de sofrimento, resiliência, coragem e esperança.

Trabalhar com meninas adolescentes com anorexia nervosa e suas famílias, em um momento em que estão altamente estressadas e vulneráveis, impõe responsabilidades éticas substanciais aos investigadores. As questões éticas de trabalhar com meninas com transtorno alimentar e suas famílias são complexas, e garantir que nossa prática de pesquisas fosse sensível às circunstâncias das garotas e de seus parentes tem sido uma preocupação sobre a qual já escrevemos em outro trabalho.[1] Como parte desta agenda ética mais ampla, mantivemos contato com as meninas e suas famílias do projeto Múltiplas Perspectivas sobre Transtornos Alimentares em Meninas por meio de um boletim anual, essas jovens e seus pais, cujas biografias familiares aparecem neste livro, foram convidadas a ler um rascunho de sua história. Diversas meninas ou suas famílias já entraram em contato conosco desde então, e uma pequena narrativa de suas circunstâncias atuais acompanha suas histórias. Agradecemos humildemente a generosidade e incentivo que essas jovens, seus pais e outros parentes nos ofereceram. Sem seu apoio, este livro não seria possível (todas as jovens e seus parentes são identificados por pseudônimos).

Este livro tem três características incomuns. Em primeiro lugar, sua organização é atípica. Na maioria dos livros sobre anorexia nervosa ou outros transtornos alimentares, as histórias das pessoas com diagnóstico de anorexia nervosa e suas famílias encontram-se escondidas em um corpo maior de informações factuais. Nesses livros, as histórias servem como exemplos ou estudos de casos que visam ilustrar padrões gerais. *Dominando Anorexia* inverte a estrutura comum. Neste livro, as biografias familiares estão no centro e servem de moldura para a apresentação de questões e informações pertinentes sobre a anorexia nervosa. A finalidade desta abordagem incomum é frisar algo cada vez mais reconhecido na prática de saúde clínica e profissional, isto é, que as experiências e circunstâncias únicas dos indivíduos são o ponto de partida para qualquer discussão sobre anorexia nervosa entre as adolescentes e suas famílias. Esta estrutura permite que o livro seja usado por diferentes leitores, de diferentes maneiras: como fonte de informação sobre as experiências das meninas e suas famílias; como ponto de partida para informações factuais sobre diferentes perspectivas da anorexia nervosa que levam o leitor a pesquisas influentes na área; e como uma coleção de estudos detalhados de casos que podem ser usados por profissionais de saúde, pessoas com anorexia nervosa e suas famílias, como base para a discussão, debate e análise.

A segunda característica diferenciadora deste livro é seu foco. Enquanto a maioria dos livros aborda a experiência da anorexia nervosa sob a perspectiva das mulheres adultas recuperadas que relembram suas experiências, neste trabalho nós nos concentramos em *meninas adolescentes* que apresentam *anorexia nervosa atualmente e* nas experiências de seus pais e familiares. Assim, *Dominando Anorexia* oferece uma visão sobre a experiência *atual* da anorexia nervosa *no momento* da experiência, sob a perspectiva de parentes que sentem seu impacto sobre que a anorexia nervosa afeta uma filha ou irmã em sua família.

A terceira característica digna de nota de *Dominando Anorexia* é sua orientação multidisciplinar. Livros sobre anorexia geralmente baseiam-se em uma única disponível ou mesmo em uma corrente dentro de uma disponível. Em comparação, as informações apresentadas em *Dominando Anorexia* vêm de múltiplas disciplinas, incluindo saúde, medicina e psicologia, estudos feministas e culturais e, ainda, conclusões de pesquisas originais de nosso próprio projeto maior de pesquisas sobre o Múltiplas Perspectivas sobre Transtornos Alimentares em Meninas. O objetivo de apresentar uma abordagem multidisciplinar em um único livro é dar aos leitores uma visão geral das diferentes perspectivas disciplinares sobre anorexia e orientação para leituras adicionais, para que possam evitar no início o fardo de terem de consultar múltiplas referências para adquirirem conhecimento sobre perspectiva de diferentes especialistas sobre diversas facetas da anorexia.

Uma observação sobre nosso uso da linguagem: diferentes disciplinas têm diferentes opiniões sobre a melhor forma de descrever de forma precisa, mas ainda sensível, pessoas com o diagnóstico de anorexia nervosa. Após muita discussão e consultas, utilizamos as expressões "pessoas diagnosticadas com anorexia" e, com frequência bem menor, "pessoas com anorexia". Nossa decisão foi guiada pelo reconhecimento de que a linguagem descreve *e* constrói a identidade daquilo sobre o que se fala. Ao mesmo tempo, esta escolha reconhece que todas as meninas cujas histórias são narradas em *Dominando Anorexia* receberam o diagnóstico de anorexia, mas algumas delas rejeitaram este diagnóstico *ou* aceitaram seu diagnóstico, mas relutavam em ter uma vida sem anorexia nervosa. Independentemente da linguagem, devemos observar que todas as meninas e pais descreveram sua experiência de anorexia como algo que causa sofrimento.

1

Vivendo com Anorexia Nervosa

A anorexia nervosa é conhecida normalmente apenas como "anorexia" e, atualmente, é a terceira doença crônica mais comum entre meninas adolescentes. A anorexia é reconhecidamente difícil de manejar e tratar, e tem duração média em torno de seis a sete anos. Para algumas pessoas, porém, a anorexia pode durar a vida inteira e causar problemas físicos, sociais e psicológicos extensos e contínuos para elas e suas famílias. Muitos desses problemas persistem mesmo depois que o peso voltou ao normal.

A anorexia tem sido muito comentada nos dias atuais e é uma presença persistente na cultura popular. Jornais e programas de atualidades reproduzem fotografias de meninas emaciadas; revistas populares especulam se celebridades magérrimas têm anorexia; e todos nós já ouvimos pessoas magras sendo descritas, às vezes com inveja, como "anoréxicas". Ser magra é apenas a ponta do *iceberg* para este problema extremamente complexo. Existem muitas teorias, modelos e perspectivas diferentes sobre a anorexia. Este capítulo oferece uma visão geral introdutória ao assunto e ideias atuais sobre a anorexia.

O que é Anorexia?

O termo "anorexia nervosa", do latim, significa literalmente "perda de apetite". De fato, o termo é enganador, porque a rejeição de alimentos por pessoas com anorexia tem pouco a ver com o apetite. Há uma ampla gama de teorias e opiniões sobre o que a anorexia realmente é. Essas variam de uma doença biológica a um protesto contra a opressão das mulheres na sociedade contemporânea e quase tudo entre essas duas correntes de pensamento. A medicina e as ciências biológicas veem a anorexia como um problema físico, predisposição ou doença, enquanto a psicologia e as disciplinas relacionadas consideram a anorexia uma consequência da baixa autoestima, distorção da imagem corporal, desejo compulsivo de ser magro ou disfunção familiar. Em todos os casos, a anorexia nervosa é considerada um problema localizado no íntimo do indivíduo. Alguns estudiosos têm criticado essa visão da anorexia nervosa, considerando-a excessivamente limitada, porque ignora o contexto social e político da doença. Escritoras feministas, por exemplo, argumentam que a anorexia é uma consequência de circunstâncias sociais, culturais e políticas. Elas têm descrito a anorexia como uma expressão de ansiedades sociais, culturais, políticas e de gênero; como uma metáfora para preocupações socioculturais sobre o consumo, exibição pessoal, política feminista e competitividade individual; um ponto de opressão cultural e social; e uma forma de resistência às imposições de uma cultura patriarcal.[2-6]

Embora diferentes disciplinas vejam a anorexia de maneiras distintas e até conflitantes, "anorexia nervosa" é um termo médico, e a anorexia é diagnosticada com o uso de critérios médicos. As diretrizes da Associação Psiquiátrica Norte-Americana do *Manual Diagnóstico e Estatístico de Transtornos Mentais (DSM-IV)* fornecem quatro critérios médicos para um diagnóstico da anorexia:

- Recusa em manter um peso corporal mínimo de 85% do que se esperaria de uma pessoa com determinada idade e altura.
- Medo intenso de ganhar peso ou engordar.
- Percepção incorreta do próprio peso e forma, ênfase excessiva sobre o peso ou forma em autoavaliações ou negação sobre a gravidade do baixo peso corporal.
- Cessação da menstruação (amenorreia), embora este critério não se aplique a meninas abaixo da idade da puberdade.[7]

O *DSM-IV* identifica dois subtipos de anorexia nervosa. As pessoas com diagnóstico de anorexia "tipo restritivo" limitam os alimentos que consomem e podem exercitar-se em excesso. As pessoas que também se alimentam compulsivamente e/ou purgam tomando laxantes, diuréticos ou vomitando têm, segundo o *DSM-IV,* anorexia do tipo "compulsão periódica/purgativa". Algumas pessoas que têm diagnóstico inicial de anorexia do tipo restritivo mais tarde desenvolvem sintomas de compulsão alimentar/purgação.

O *DSM-IV* descreve dois outros transtornos alimentares: a bulimia nervosa (bulimia) e o transtorno alimentar sem outra especificação (TASOE). Pessoas com bulimia têm sintomas semelhantes aos de pessoas com anorexia do tipo compulsão periódica/purgativa, mas mantêm o peso corporal no nível normal, acima ou baixo deste. Alguns especialistas acreditam que, exceto pelo peso, existem poucas diferenças entre a bulimia e a compulsão periódica/purgativa, mas outros as veem como duas entidades totalmente separadas.[8,9] O TASOE refere-se a transtornos da alimentação que não atendem a todos os critérios para anorexia ou bulimia. As pessoas com frequência movem-se entre os diagnósticos em diferentes estágios de seu problema alimentar, indo da anorexia para a bulimia ou para TASOE, por exemplo.[10]

Os critérios do *DSM-IV* são controvertidos.[8,11] Eles mudaram ao longo do tempo e tendem a continuar mudando à medida que o conhecimento e o entendimento sobre a anorexia evoluem.[12] Alguns especialistas argumentam que os critérios do DSM são estreitos demais e excluem algumas pessoas que sofrem de anorexia, mas não demonstram todos os sintomas.[8,12] Por exemplo, o limite de peso de 85% do normal tem recebido a crítica de ser arbitrário e difícil de aplicar a crianças e adolescentes.[13] O critério de menstruação tem sido contestado como não aplicável a todos os casos de anorexia[14,15] e o temor de ganhar peso parece estar ausente em algumas culturas entre pessoas que, de outro modo, seriam diagnosticadas com anorexia.[16]

História da Anorexia Nervosa

O termo "anorexia nervosa" foi criado por Sir William Gull durante o século XIX, mas o fenômeno da autoinanição tem uma longa história. Casos de mulheres que se recusavam a comer e se tornavam seriamente emaciadas, chegando ao ponto de morrerem de inanição, foram documentados já no século IV. Naquela época, os ensinamentos cristãos começavam a salientar a alma sagrada e imoral como uma entidade separada do corpo sensual e material e ensinavam que o corpo era uma barreira para a salvação. Daquele tempo até mais ou menos recentemente, a autoinanição teve significados religiosos, em vez de médicos, sendo interpretada como evidência de possessão demoníaca, heresia ou como demonstração de devoção piedosa e autossacrifício.[17,18]

Com a evolução da medicina e da ciência durante os séculos XVII e XVIII, a religião começou a perder sua autoridade para explicar males físicos e a autoinanição foi explicada em termos médicos. Em 1689, Richard Morton publicou o que agora é considerada como a primeira descrição médica de anorexia nervosa, embora tivesse pouco impacto na época. Em 1873, dois importantes médicos, o inglês Sir William Gull e o francês Ernest-Charles Lasegue, publicaram independentemente relatos sobre anorexia. Embora ambos recebam o crédito pela identificação da doença como um conceito médico moderno, o relatório médico de Gull concentrava-se na forma como o médico veio a concluir que a condição envolvia "inanição simples", sem causa orgânica, enquanto o comentário de Lasegue concentrava-se nos estágios psicológicos pelos quais a paciente e sua família passavam durante o curso da doença.[18] Nem Lasegue nem Gull salientaram uma preocupação com o peso corporal ou temor de engordar, embora esses critérios sejam considerados como aspectos centrais da anorexia nervosa atualmente.

Até que Ponto a Anorexia é Comum?

Historicamente, a anorexia tem sido considerada como um problema restrito a mulheres caucasianas com boa situação financeira em países ocidentais desenvolvidos,[18,19] mas está claro, atualmente, que a anorexia pode afetar pessoas de qualquer etnia ou status econômico ou social.[20,21] Mulheres caucasianas em países ocidentais são o grupo mais estudado, e as estimativas de prevalência durante a vida para este grupo variam de 1,4 a 4,3%.[22-24] O número de pessoas com sintomas parciais ou intermitentes de anorexia é ainda maior, com cinco a dez vezes mais mulheres envolvendo-se com jejuns, vômitos autoinduzidos e/ou abuso de laxantes e comprimidos para emagrecer.[25] A anorexia é bem menos comum entre homens e meninos, com uma razão de um homem para dez mulheres com o diagnóstico.[26]

O que Causa a Anorexia?

Existem muitas teorias diferentes sobre as causas (etiologia) da anorexia, mas evidências de pesquisas são insuficientes para provar qualquer teoria de forma categórica.[9] Diferentes fatores individuais, ambientais ou socioculturais provavelmente exercem um papel no desenvolvimento e manutenção da anorexia em algumas pessoas. Ainda assim, a presença desses fatores não significa que alguém desenvolverá a doença. Em vez disso, é senso comum que uma combinação de fatores diversificados está envolvida em qualquer caso de anorexia e que esses com frequência manifestam-se de formas singulares para cada indivíduo.[27,28]

Na seção a seguir, oferecemos uma visão geral dos fatores que, em geral, exercem um papel no desenvolvimento e na manutenção da anorexia. Esses fatores são agrupados em dois amplos grupos.

Fatores Individuais

As características dos indivíduos, incluindo sua conformação biológica e psicológica, supostamente exercem um papel na anorexia.

Fatores biológicos

Alguns cientistas sugerem que a anorexia tem causa fisiológica. Foram descobertas alterações no hipotálamo, a parte do cérebro que controla processos como consumo de alimentos e água, digestão e metabolismo. Anormalidades nos níveis e função de determinados hormônios, como insulina, hormônio do crescimento e cortisol, têm sido implicadas, assim como a atividade de neurotransmissores como a serotonina.[29,30] Como ocorre com outros fatores de risco, contudo, é difícil discernir se quaisquer anormalidades biológicas em pessoas com anorexia são uma causa da doença ou o resultado de estresse ou inanição.

Pesquisas sugerem que algumas pessoas podem ter uma predisposição hereditária para a anorexia, porque ela ocorre com frequência em famílias, embora os mecanismos da transmissão genética não estejam claros.[9,31,32] A evidência mais convincente de um componente genético é que gêmeos idênticos (que compartilham 100% de seus genes) de pessoas com anorexia têm maior risco de desenvolver anorexia que gêmeos não idênticos (que compartilham, em média, 50% dos genes).[30,33] Com base em exemplos clínicos, se um gêmeo tem anorexia, ainda há apenas 55% de chances de que seu gêmeo geneticamente idêntico desenvolva anorexia. A implicação é que, embora fatores genéticos possam criar uma vulnerabilidade para a anorexia, outros fatores são necessários para seu desenvolvimento.

Fatores psicológicos

A anorexia tem sido descrita como uma pseudosolução para problemas emocionais ou de identidade e baixa autoestima.[34,35] Um foco sobre o peso e sobre a alimentação pode ceder um senso de controle que permite ao anoréxico evitar lidar com outras questões dolorosas.[9] Foi proposto, também, que outros fatores psicológicos podem acompanhar o desenvolvimento e manutenção da anorexia. Esses incluem depressão, ansiedade, alexitimia (incapacidade para reconhecer emoções ou diferenciar entre sinais emocionais e físicos) e extrema sensibilidade a certas emoções, como repulsa e vergonha.[35]

Diversos traços psicológicos foram observados em muitas pessoas com anorexia.[36-38] Esses incluem perfeccionismo, rigidez, ansiedade, tendência a pensamentos obsessivos, compulsões e perfeccionismo insatisfeito, no qual a pessoa é incapaz de obter satisfação com suas conquistas, porque não se considera suficientemente boa.[9,35] Quando presentes em uma maneira extrema, esses traços podem constituir-se em um transtorno psiquiátrico, mas seu relacionamento exato com a anorexia não está claro. Em muitos casos, os traços estão presentes antes da anorexia e podem ser um fator para seu desenvolvimento,[39] ou podem emergir ao mesmo tempo que a anorexia ou ser uma estratégia para disfarçar outros problemas que contribuem para ela, como fraca autoimagem e temor do vazio íntimo ou ausência de valor, como no caso do perfeccionismo.[40,41]

Diferentes subtipos de anorexia têm sido associados com diferentes tipos de personalidade. A anorexia por restrição alimentar tem sido ligada a comportamentos obsessivos, inibidos e quiescentes, enquanto a anorexia do tipo compulsão periódica/purgativa está associada, com maior frequência, com comportamentos impulsivos e extrovertidos.[38]

Alguns estudiosos identificaram um relacionamento entre anorexia e o desenvolvimento adolescente. Se um adolescente não possui um forte senso de identidade e valor próprio, as demandas da puberdade podem parecer excessivas e ele pode buscar refúgio em uma preocupação rígida com seu peso e os alimentos.[28] Alternativamente, um adolescente pode regredir a comportamentos da infância para evitar os medos e conflitos do crescimento, incluindo maturidade sexual e as responsabilidades da vida adulta.[42,43]

A adolescência é um período de transição que pode ser especialmente estressante para meninas, que enfrentam expectativas crescentes por autonomia e independência, além de mudanças físicas da puberdade e menstruação que sinalizam o início da sexualidade e a transição da infância para a vida adulta. Já foi sugerido que experiências que causam sensação de vergonha ou repulsa podem ter um papel na emergência da anorexia[44] e a gordura corporal que ocorre com a puberdade também pode ser vista como algo negativo e estressante, em uma sociedade que tem fobia por obesidade.

Apesar desta associação entre anorexia e desenvolvimento adolescente, outros fatores parecem necessários para o desenvolvimento da anorexia na adolescência. Por exemplo, eventos estressantes podem ter um impacto particularmente forte durante a adolescência ou as demandas do desenvolvimento durante a adolescência podem divergir de determinados traços de personalidade, tornando os adolescentes mais vulneráveis à anorexia.[28,45]

Fatores Relacionados a Experiências Individuais, Ambientes e Contexto Sociocultural

O segundo grupo de fatores considerados como causa ou contribuição para a anorexia é formado por experiências individuais no ambiente social e cultural imediato. Este grupo inclui eventos, atividades e ocupações estressantes, a influência de parentes e colegas e aspectos mais amplos do contexto social e cultural.

Experiências estressantes

A anorexia é descrita, com frequência, como uma forma de lidar com experiências estressantes da vida.[35,46] Experiências traumáticas como abuso sexual, físico ou emocional podem estar envolvidas ocasionalmente no desenvolvimento da anorexia.[47,48] Alguns teóricos acreditam que a pessoa abusada desvia sua atenção para o peso e a alimentação, para escapar de emoções intoleráveis e ter algum senso de controle, enquanto outros acreditam que as vítimas voltam-se para a magreza excessiva para fugirem da atenção ou do desejo de seus abusadores e/ou potenciais abusadores.[9,49,50]

Outros fatores ligados a estresse intenso, como a morte de alguém amado ou o rompimento de um relacionamento importante, podem ter influência para algumas pessoas, mas estressores quotidianos e transições como mudança de casa, troca de escola ou estudar para exames acadêmicos importantes podem ser fatores contribuintes no desenvolvimento da anorexia em indivíduos vulneráveis.[51]

Para algumas pessoas, determinados eventos não são vistos como insuportavelmente estressantes, mas sim suas situações de vida. Por exemplo transtornos alimentares entre mulheres de minorias têm sido descritos como uma reação a condições de vida que essas mulheres não conseguem mudar, como pobreza, racismo, discriminação pela classe social e heterossexualidade.[50]

Atividades e ocupações

Algumas pessoas participam de atividades e têm ocupações nas quais há uma pressão considerável por desempenho, e o peso pode afetá-lo. Algumas pessoas têm ligado sua anorexia ao desejo de ter sucesso em um esporte ou ao incentivo e pressão de um treinador e colegas para perderem peso.[52] Os estudiosos identificaram uma relação entre a incidência de anorexia e subculturas ligadas a atividades que salientam a magreza ou impõem restrições ao peso, como balé e esportes "para pessoas leves", como ginástica. As pessoas envolvidas nessas atividades podem apresentar maior risco de ter anorexia, por um foco no corpo, alimentos e desempenho, e esses atributos são privilegiados por membros da subcultura. Entretanto, fatores pessoais também podem estar envolvidos. Traços de personalidade frequentemente ligados à anorexia, como perfeccionismo, controle e temperamento obsessivo, podem ser mais comuns nessas ocupações competitivas, porque são as qualidades exigidas para o sucesso.[56]

Famílias

Alguns pesquisadores afirmam que as famílias podem ser um fator causal ou contribuinte no desenvolvimento da anorexia.[57,58] Tal afirmação baseia-se em observações clínicas de padrões familiares aparentemente disfuncionais em famílias "anoréxicas" típicas, e inclui a falha dos pais no incentivo à autoexpressão, falta de envolvimento emocional e sinceridade, inflexibilidade, superenvolvimento e participação excessiva da mãe na vida da filha, interações críticas e coercivas, invasão de espaços privados, hostilidade, evitação do conflito e expectativas irrealisticamente altas por parte dos pais.[6,59,60] Similarmente, a literatura de terapia familiar identifica altos códigos éticos de sacrifício e lealdade em famílias de pessoas com anorexia, mas também indica que essas qualidades podem ser opressivas e limitadoras para pessoas com diagnóstico de anorexia.[61] A anorexia também tem sido ligada a problemas no início da infância, como fraco vínculo entre mãe e bebê e falha da mãe em responder às necessidades da criança.[62] Outros sugerem que a anorexia pode ter uma função construtiva dentro da família, por exemplo, para manter o relacionamento do casal onde existe tensão.[60]

Embora as famílias exerçam uma influência sobre os filhos e algumas pessoas sustentem que seu ambiente familiar contribuiu para sua anorexia,[51,63] esta influência não ocorre de um modo previsível. Pesquisas demonstram que famílias "anoréxicas" não são mais disfuncionais que famílias "normais", antes do início da anorexia, e que a aparente disfunção familiar pode ser um resultado, não uma causa da presença de anorexia.[9,64]

A ênfase familiar sobre o peso e a forma física também tem sido identificada como possível fator no desenvolvimento e manutenção da anorexia, por exemplo, quando parentes demonstram preocupação com o peso e dietas, criticam a forma corporal de uma menina ou exibem atitudes negativas prejudiciais em relação a pessoas com sobrepeso.[59,65] Embora as famílias certamente exerçam um papel na transmissão de preocupações culturais sobre a alimentação e a forma corporal, bem como atitudes sobre comida, isto não é necessário ou suficiente para o desenvolvimento de anorexia.[9,66]

Colegas

Os colegas têm uma importante influência durante a adolescência e podem ser uma fonte de aprendizagem para atitudes e comportamentos.[9] Os colegas podem modelar e incentivar dietas ou purgação, promover um foco sobre a aparência física e corpos esbeltos, ou incentivar a competição pela magreza.[67] Ser rejeitado ou provocado pode afetar a autoestima, o comportamento e as emoções de um adolescente, e pessoas jovens podem tentar mudar sua aparência para obterem aceitação.[69] Comentários negativos e provocações com relação ao peso por colegas têm sido ligados a transtornos alimentares,[34,70,71] assim como formas de assédio sexual por toques, comentários sexuais inapropriados, gestos e comportamentos como classificação por notas da aparência de meninas por meninos. Tais incidentes podem fazer com que as meninas rejeitem seus corpos e encorajá-las a criticar e alterar sua forma física, em uma tentativa para aumentar sua autoestima.[72]

Fatores Sociais e Culturais Mais Amplos

Elementos socioculturais mais amplos podem exercer um papel no desenvolvimento e na manutenção da anorexia.[17] Segundo a sabedoria popular, a anorexia está se tornando mais comum e se difundindo para diferentes grupos sociais e culturais porque corpos femininos mais magros são apresentados como o ideal social nas sociedades ocidentais. Historicamente, porém, a autoinanição floresceu durante períodos de prosperidade, quando o alimento era abundante e quando atitudes menos repressoras deram às mulheres oportunidades fora de casa. Não está claro por que isso ocorre, mas já foi sugerido que a exuberância corporal é valorizada em mulheres quando a capacidade feminina para obter alimentos e perpetuar a família é mais apreciada, e que a magreza é valorizada quando a sobrevivência biológica não é um problema e se espera que as mulheres se envolvam em buscas mais estéticas, espirituais ou intelectuais.[17]

No mundo atual, a magreza não é vista apenas como uma questão de aparência ou moda. Os governos preocupam-se com as taxas crescentes de obesidade e uma associação entre magreza e saúde é promovida de forma maciça por indústria, governos, sistemas de educação e associações médicas. Embora as pessoas sejam bombardeadas com mensagens sobre a importância de ser magro, elas também são parte de uma corrente em que a busca pelo prazer e o consumismo são imensamente promovidos. Alimentos altamente calóricos são baratos, estão sempre disponíveis e são comercializados de modo agressivo.[73] Ao ligar a anorexia a fatores socioculturais, as meninas salientam o conflito entre diferentes mensagens sociais e valores.[74] Estudiosos do feminismo, entretanto, sustentam que a organização patriarcal da sociedade contemporânea oprime as mulheres e as mantêm em uma posição social e econômica inferior. Em comparação com os homens, este cenário faz com que as mulheres sejam definidas por seus corpos e as levam a usar a restrição alimentar como um mecanismo de enfrentamento.[6,75]

Nas sociedades ocidentais, as dietas e o desejo de perder peso se tornaram a norma, até mesmo para mulheres que não estão acima do peso.[76] Nas sociedades em que a magreza é altamente valorizada, a capacidade para emagrecer e permanecer magra com frequência é recebida com admiração e inveja[52,77] e isso ocorre mesmo quando a perda de peso é seriamente ameaçadora à saúde.[9]

O papel mediador de fatores socioculturais geralmente é reconhecido, mas, como ocorre com todos os fatores de risco associados com a anorexia, a presença desses fatores não significa que a doença é inevitável ou mesmo provável. Em vez disso, o elemento decisivo parecer ser a forma como determinadas combinações de fatores de risco se unem em cada caso individual.

Como Tratamos a Anorexia?

Existem diversos tratamentos para anorexia nervosa, mas não há certeza sobre o mais eficaz.[78-80] Diferentes tratamentos parecem apropriados para diferentes pessoas, dependendo de fatores individuais como idade, histórico, problema médico e estado psicológico. Uma vez que a anorexia é um problema complexo, uma abordagem multidisciplinar ao tratamento é importante[81] e a equipe pode incluir um psiquiatra, pediatra (para crianças e adolescentes), médico, nutricionista, psicólogo, assistente social, terapeuta ocupacional, fisioterapeuta e enfermeiros.

Hospitalização

A hospitalização, às vezes necessária se a pessoa está em risco médico,[81] geralmente salienta o ganho de peso por meio de refeições supervisionadas, suplementos e, ocasionalmente, métodos não orais, como alimentação por sonda nasogástrica.[82] No passado, o tratamento muitas vezes era visto como uma punição. Atualmente, os hospitais geralmente utilizam uma abordagem indulgente, com programas comportamentais positivos que recompensam a alimentação e o ganho de peso com privilégios como licenças para sair. Além do ganho de peso e a estabilização clínica, os hospitais tentam ajudar pacientes com anorexia a estabelecer hábitos alimentares mais normais, como o consumo de uma variedade maior de alimentos,[83,84] e atenção aos problemas e necessidades psicológicas. A extensão em que isto é conquistado varia[85,86] e as internações podem ser mais curtas do que o desejável, porque o tratamento hospitalar é caro e limitado por convênios de saúde.[87] Mesmo após a hospitalização, pessoas com o diagnóstico de anorexia e suas famílias precisam de apoio contínuo.[88]

Tratamento em hospital dia

Algumas clínicas oferecem a opção de hospitalização parcial, ou programas diurnos, de modo que os pacientes podem ir para casa à noite e nos finais de semana. As metas e os tratamentos são semelhantes aos da hospitalização integral e geralmente envolvem manejo médico, enfermagem, referências com supervisão de quatro a sete dias por semana e a participação em diferentes grupos administrados pelos médicos. Programas diurnos podem ajudar pessoas com diagnóstico de anorexia a transferir as habilidades que aprendem para a vida quotidiana com mais eficiência, porque esses pacientes não são totalmente afastados de suas famílias e ambientes normais.[89,90] Embora esses programas concentrem-se no desenvolvimento de hábitos alimentares normais, a alimentação dos pacientes é menos supervisionada do que para pacientes internados e pessoas com anorexia precisam estar motivadas para participar e se sentir à vontade com a terapia de grupo, porque esta é a principal forma de tratamento.[90,91] Embora a hospitalização parcial não seja apropriada para todos, para alguns ela pode ser uma alternativa benéfica à hospitalização ou servir como uma transição útil para os cuidados ambulatoriais.

Tratamento ambulatorial

A maioria das pessoas com anorexia é tratada em um programa hospitalar, em uma clínica ou em consultórios de especialistas em transtornos alimentares. Esses programas geralmente envolvem exames médicos e manejo clínico, aconselhamento nutricional, como o desenvolvimento de planos alimentares, e tratamentos psicológicos.[92]

Tratamentos psicológicos

Tratamentos psicológicos têm por objetivo reduzir o risco de danos causados pela anorexia, reduzir sintomas, incentivar o ganho de peso e auxiliar na recuperação psicológica. Uma gama de diferentes tratamentos psicológicos está disponível para pessoas com anorexia, em modalidades como internação, ambulatório ou hospital dia. A terapia familiar visa abordar problemas familiares, usando diversas intervenções e/ou oferecendo às famílias e aos indivíduos estratégias para lidarem com a anorexia.[93] Para adolescentes com anorexia de curta duração, a terapia familiar é recomendada com frequência e pode ser particularmente eficaz.[78,79,94,95]

Para adolescentes e adultos, muitos outros tratamentos psicológicos estão disponíveis. Embora pessoas com diagnóstico de anorexia e suas famílias possam sentir-se mais confortáveis com alguns tratamentos psicológicos que com outros, a evidência de sua eficácia varia imensamente. Os exemplos a seguir ilustram a ampla faixa de tratamentos disponíveis:

- Terapia comportamental, terapia cognitivo-comportamental e terapia cognitivo-analítica utilizam evidências e lógica para diferenciar entre crenças reais e distorcidas envolvendo o pensamento anoréxico e os comportamentos resultantes.[96]

- A terapia interpessoal aborda quatro áreas ligadas à trajetória e manutenção da anorexia, especificamente o pesar (quando a anorexia está associada com a perda de uma pessoa/relacionamento), déficits interpessoais (se a pessoa está socialmente isolada ou em um relacionamento problemático), disputas interpessoais por papéis (conflito com outra pessoa relevante na vida do paciente) e transição de papéis (uma mudança significativa de vida).[97]
- A psicoterapia individual e familiar emprega a psicanálise para ajudar pessoas com diagnóstico de anorexia e suas famílias a desenvolverem um entendimento e uma explicação para seus problemas.
- A terapia narrativa tenta ajudar para que os indivíduos abandonem a anorexia como a narrativa dominante em suas vidas, descobrindo outras histórias pelas quais possam construir um forte senso de si mesmos.[98]
- Terapias experimentais, não verbais, como movimentos de dança e arteterapia, são usadas para a expressão de sentimentos e experiências.[78,99]

Medicamentos e farmacoterapia

Nenhum medicamento é considerado eficaz no tratamento dos sintomas da anorexia em si mesma, mas o medicamento pode ser útil com parte dos problemas que acompanham a anorexia, como depressão e ansiedade.[100,101] Por exemplo, fármacos como inibidores seletivos de recaptação da serotonina (ISRSs) podem ser prescritos para ajudar pacientes com transtornos adicionais ou sintomas de transtornos afetivos e de ansiedade, especialmente se essas outras condições afetam o tratamento da anorexia.[102]

É difícil prever que abordagem de tratamento será a melhor para qualquer pessoa com anorexia, e algumas teorias e observações clínicas argumentam que até que alguém diagnosticado com anorexia esteja pronto para melhorar, nenhum tratamento tende a apresentar muito benefício.[85]

Recuperação na Anorexia

O que é a recuperação?

Não existe um consenso claro sobre a definição de recuperação.[95,103] No nível mais básico, uma pessoa pode ser considerada recuperada se não reúne mais os critérios de diagnóstico do *DSM-IV* para anorexia, mas isto não significa que houve um retorno à saúde física e mental total. A pessoa pode ainda ter dificuldade e sofrimento em relação a seu corpo e a alimentação, ter problemas psicológicos e com relacionamentos em um grau significativo e estar propensa a recaídas.[101,104,105] De acordo com um estudo de desfechos em cinco anos com 95 pessoas com anorexia nervosa, apenas pouco mais da metade das pessoas que não tinha mais transtorno alimentar diagnosticável podia ser descrita como recuperada, se esses outros problemas eram levados em conta.[106]

Às vezes, a recuperação é definida como um desfecho "bom" em uma escala padronizada.[107-9] Essas escalas levam em conta uma gama de aspectos como peso, menstruação, comportamentos alimentares como dietas, vômitos e abuso de laxantes, relacionamentos sociais e funcionamento acadêmico ou ocupacional. Embora tais medições forneçam mais informações que os critérios de diagnóstico, elas ainda definem a recuperação sob uma perspectiva clínica e médica. Elas têm sido criticadas por presumirem incorretamente a existência de uma norma que pode ser aplicada a todos os indivíduos, em todos os contextos, e por não levarem em consideração as perspectivas e experiências que as pessoas diagnosticadas com anorexia têm de seu próprio bem-estar.[110]

Alguns médicos e pesquisadores argumentam que as percepções de pessoas que tiveram anorexia são o guia mais útil para entendermos a recuperação, porque esta pode significar diferentes coisas para diferentes pessoas. Para algumas delas, a recuperação pode não ter um ponto final, mas ser um processo contínuo e não linear que continua por anos após o ganho de peso saudável.[95,110-12]

Pesquisas sobre a perspectiva de pessoas que se recuperaram da anorexia sugerem que a recuperação é individual, mas envolve diversos elementos fundamentais. Pessoas que se recuperaram da anorexia descrevem o abandono de obsessões com alimentos e peso; a convicção de que nunca retornarão aos antigos hábitos anoréxicos; criticam a pressão social para a magreza; acreditam que suas vidas agora são significativas e que são pessoas dignas e integradas; e não se sentem mais socialmente isoladas.[113] A recuperação tem sido descrita como um processo de autodesenvolvimento que inclui o reconhecimento de sentimentos, sensações e percepções íntimas; manutenção da própria identidade nos relacionamentos com outros; e o estabelecimento de controle sobre emoções desagradáveis.[112] Tal entendimento sobre a recuperação não menciona peso ou menstruação e tem pouca semelhança com medições tradicionais e objetivas da recuperação física.

Até que ponto a recuperação é provável?
Quando apenas os sintomas básicos como peso, menstruação e comportamentos alimentares são considerados, um grande corpo de pesquisas indica que

cerca de metade dos pacientes com anorexia chega a recuperar-se, embora isso possa consumir vários anos. Cerca de um terço é razoavelmente bem-sucedido, mas ainda pode ter alguns sintomas e cerca de um quinto tem mau resultado, torna-se cronicamente enfermo ou morre por complicações físicas da anorexia ou por suicídio.[114-116] As chances de recuperação são mais complexas e menos claras quando preocupações psicológicas e sociais são consideradas ou quando as pessoas que se recuperam sem a ajuda de serviços padronizados são levadas em consideração.[52, 114]

Apesar de pesquisas consideráveis, nenhum fator que preveja de forma consistente um bom ou mau desfecho para a anorexia foi identificado.[116-117] Características históricas, clínicas e ambientais não predizem o grau de recuperação de um indivíduo.[109]

Outras abordagens

Pesquisas sobre fatores além do tratamento para o auxílio a pessoas que se recuperam de anorexia nervosa são escassas,[113] mas as pessoas que se recuperaram salientam consistentemente a importância de fatores além do tratamento.[63,118,119] Em particular, elas relatam a importância de relacionamentos que forneçam apoio e empatia, seja com parentes, amigos ou outros; a importância de tomar uma decisão consciente para recuperar-se e estar pronto para a recuperação;[85,111] e, às vezes, apoio espiritual.[113] Mesmo quando a decisão de se recuperar é tomada, a recuperação ainda é uma longa e árdua jornada e as pessoas que passaram pela anorexia salientam que a recuperação requer paciência, determinação e persistência.[85,119]

2

"A Mais Anoréxica"

A História de Ângela, Maureen, Mike, Dan e Marta

Ângela está cansada de ser anoréxica. Cansada do vazio que sente; de a anorexia consumir seus dias e do controle que tem sobre sua vida. Os últimos seis anos têm sido uma série interminável de longas internações hospitalares, e Ângela sabe que a vida está passando por ela, que já esteve próxima de sofrer paradas cardíacas e insuficiência renal algumas vezes. Sua densidade óssea está perigosamente baixa e seus belos dentes – resultado de um trabalho ortodôntico extenso – estão frouxos e apodrecendo junto às gengivas. Sua altura é de 1,58 m, mas o peso é de apenas 38 quilos e há uma preocupação real de que seu coração possa parar se a pressão sanguínea cair. Ângela estava hospitalizada quando fez 18 anos e celebrou seu vigésimo aniversário também em um leito hospitalar. Seu vigésimo primeiro aniversário ocorrerá em alguns dias, e ela acabou de ser internada novamente.

Esta jovem sonha com um emprego, uma vida social e um namorado. Em suas conversas, há o anseio por casar-se e ter um bebê, mas sua capacidade física para realizar esses sonhos se torna cada vez mais distante, a cada dia que passa. Seus pais, Maureen e Mike, acham que Ângela não entende *realmente* o que a anorexia está fazendo com seu corpo ou com as possibilidades para seu futuro. Coisas simples, que a maioria dos jovens faz naturalmente – estudar, trabalhar e se socializar com amigos – não são mais parte do mundo de Ângela.

Ângela é a filha do meio, entre três filhos. Ela era uma adolescente alegre, confiante e despreocupada, o tipo de menina popular que sempre tinha um grupo constante de amigos entrando e saindo de sua casa. A família vive junto a uma grande escola particular muito boa, onde Mike é o técnico de futebol. Maureen e Mike acham que viver em um *campus* é como "viver dentro deu um aquário". Estar tão próximo ao trabalho significa que Mike está sempre de plantão, e isso consome o tempo que ele tem para a família, mas existem compensações. A família gosta da residência espaçosa, e as crianças têm acesso livre e gratuito a tudo no complexo da instituição de ensino, incluindo a rica biblioteca e instalações esportivas de primeira linha.

Quadro 2.1 Efeitos Físicos da Anorexia

A anorexia pode causar uma ampla variedade de problemas físicos, devido ao baixo peso, desnutrição e uso de estratégias não saudáveis para a perda de peso, como vômitos autoinduzidos e abuso de laxantes.[8,120,121] Esses causam perda de gordura, perturbações bioquímicas como desidratação, desequilíbrio eletrolítico e redução nos níveis sanguíneos da maioria dos hormônios. As manifestações físicas da anorexia incluem:

- emaciamento
- cessação do ciclo menstrual (amenorreia)
- problemas gastrintestinais, como constipação, inchação e indigestão
- pele seca e cabelos frágeis e quebradiços
- pelos finos e que crescem no rosto e braços (lanugo)
- má circulação sanguínea e mãos e pés frios, podendo mostrar-se azulados
- batimentos cardíacos lentos ou irregulares (arritmia cardíaca)
- baixa pressão sanguínea e baixa taxa cardíaca (hipotensão e bradicardia)
- baixa temperatura corporal
- cansaço, falta de energia e fraqueza muscular
- tontura e desmaios
- anemia
- equilíbrio eletrolítico anormal (com frequência devido a vômitos)

- desidratação
- danos aos dentes (por vômitos ou alterações na produção da saliva)
- problemas hepáticos (por exemplo, redução na função, "fígado gordo")
- problemas renais (incluindo risco de cálculos renais)
- retenção de fluidos, causando inchaço, especialmente das mãos e pés (edema)

A maioria dos problemas pode ser revertida quando o peso normal é alcançado e mantido, mas há a possibilidade de dano físico permanente, incluindo osteoporose (ossos frágeis), baixos níveis hormonais e retardo do crescimento, particularmente para meninas que desenvolvem anorexia antes da puberdade. Os problemas físicos mais extremos são insuficiência cardíaca ou renal, que pode ser fatal.

A escola de Ângela está a uma curta caminhada de sua casa. Para ela, a escola sempre foi uma parte rotineira da vida quotidiana – um evento diário e necessário. Ela a aceitava sem questionar, porque estudar é o que todos os jovens fazem. Seu período favorito do ano eram as longas e quentes férias de verão. Sem a pressão de aulas e deveres, a menina usava esse intervalo como uma oportunidade para emagrecer e entrar em forma. Ela fantasiava que, se *realmente* se esforçasse, ficaria *muito* bonita. Então, atrairia a atenção dos meninos quando retornasse às aulas. *Então* eles gostariam dela.

O ano em que fez 15 anos foi diferente. Mike lembra-se de que, desta vez, Ângela continuou a dieta e o programa de exercícios do verão mesmo após o reinício das aulas e à chegada dos dias mais frescos do outono:

"Ela começou a nadar bem cedo, todas as manhãs – dava cerca de 50 voltas na piscina olímpica – e então ia para a aula. Depois da escola, ela corria e às vezes nadava um pouco mais, todos os dias. Acho que foi nessa época que tudo começou. Seu corpo estava cada vez mais magro e tudo evoluiu a partir daí."

Em casa, o peso nunca foi um problema e a família nem sequer tem uma balança. A mãe de Ângela, Maureen, lembra-se de que isso mudou quando Ângela decidiu participar da equipe de remo da escola. Então, o peso tornou-se muito importante:

> "Ela era pesada para as regatas, e todos precisavam estar acima de 45 quilos. Ângela tinha 52 ou 51 quilos, e 50 era o peso ideal. Contudo, havia outra menina que capitaneava um bote com oito remos. Era uma garotinha asiática muito leve. Ângela achou que havia perdido a posição de comando por ser pesada demais, mas sempre foi uma pessoa pequena e em forma. Em qualquer seleção que a escola fizesse para remo, ela batia todos os remadores. Então, estava muito apta, mas isso a tornou mais obcecada ainda em ficar em boa forma e magra."

Maureen e Mike perceberam que Ângela havia reduzido a quantidade de alimentos e se exercitava mais agora, mas estava tão tonificada e musculosa que os efeitos físicos negativos não podiam ser percebidos ainda. Os amigos de escola e a irmã de Ângela, Marta, sabiam que Ângela andava vomitando depois de comer há muito tempo, mas os pais não sabiam, até que Maureen pegou Ângela no banheiro após o jantar, certa noite. Ângela insistiu com veemência que havia sido apenas naquela vez. Maureen sentiu que a filha apresentava sintomas, mas não conseguiu admitir que a explicação defensiva de Ângela podia não ser verdadeira.

Com o tempo, porém, a pele de Ângela tornou-se mais seca e uma fina penugem começou a crescer em sua face. Maureen preocupou-se e levou a filha ao médico da família. Ele pareceu certo de estar lidando com uma adolescente que começara a menstruar recentemente e achou que poderia tratar-se apenas de um desequilíbrio hormonal. O profissional solicitou exames e garantiu que o problema poderia ser facilmente controlado. Um ou dois dias depois, logo cedo, Ângela foi à cama dos pais e confessou que há meses vomitava regularmente.

Maureen achava a ideia de vomitar estranha e repulsiva, mas deixou de lado essas sensações – era mais importante encontrar uma solução que pensar no problema. Maureen e Ângela conversaram sobre as opções e decidiram, juntas, consultar um especialista particular em transtornos alimentares. Maureen achou que esta decisão era "quase como iniciar uma jornada para a melhora". O prognóstico inicial da especialista foi positivo. A anorexia de Ângela estava no início e ela poderia recuperar-se em um ano. Entretanto, confessar-se à mãe e consultar um especialista em transtornos alimentares não levou a uma redução dos exercícios, nem impediu a menina de vomitar após cada refeição. Em semanas, os batimentos cardíacos de Ângela estavam tão irregulares que ela foi colocada sob atenta supervisão médica. Em dois meses, sua condição se deteriorava tanto que precisava ser monitorada atentamente e foi internada em um hospital como paciente com licença para dormir em casa. Duas semanas depois, seus batimentos cardíacos ainda estavam tão irregulares que ela foi levada às pressas à emergência do hospital.

Sua internação durou nove meses. Mesmo no hospital, Ângela tinha dificuldade para abandonar os comportamentos que agora estavam tão entranhados que haviam virado hábitos – eram seu estilo de vida. Ângela insistia que "estar com outras anoréxicas só piorava seu estado", mas Maureen e Mike suspeitam que isso era apenas uma desculpa. Uma vez que a filha trabalhava furiosamente para subverter qualquer ajuda ou intervenção, seu peso e saúde continuavam em declínio. Em parte, como explica Maureen, isso devia-se ao fato de Ângela "conseguir vomitar tudo e livrar-se do alimento até mesmo duas horas depois de comer". Os médicos já não sabiam o que fazer e, finalmente, decidiram que ela estaria melhor em uma clínica psiquiátrica especializada em transtornos alimentares. Maureen e Mike não se sentiam à vontade com esta ideia, já que recém começavam a conhecer a equipe clínica, a rotina do hospital e a reorganizar suas vidas para poderem visitar a filha. Transferi-la para outro local significaria refazer todo o processo. Entretanto, esses problemas eram secundários. Ângela não queria ir para outro lugar. Ela não confiava em si mesma em um lugar diferente: "Lá, ficarei sozinha em um quarto. Ninguém irá me impedir de fazer as coisas e essas vozes em minha mente me deixarão doente." Maureen e Mike questionaram se deveriam mesmo transferi-la, se a menina era tão contrária à ideia.

Quadro 2.2 Anorexia: Parte de um *Continuum* da Alimentação?

Existe um debate acerca de anorexia ser parte de um *continuum* alimentar ou um problema distinto.[22] Defensores do modelo de continuum sustentam que os comportamentos alimentares da população

> geral existem ao longo de um *continuum* que vai da autoinanição (anorexia) até a superindulgência excessiva (obesidade)[123] e que os comportamentos alimentares da anorexia são típicos de uma proporção significativa de pessoas na população que também se preocupam com o peso, têm autoimagem deturpada, fazem dietas constantes e têm medo de engordar.[124] Eles argumentam que o uso de critérios psiquiátricos para descrever os comportamentos alimentares estigmatiza os indivíduos, enquanto o modelo de continuum situa os conflitos com alimentos como o PRD de uma sociedade que celebra a magreza e condena pessoas gordas.[125, 126]
>
> Em contraste, aqueles que consideram a anorexia como um problema distinto argumentam que a anorexia nervosa torna-se "a única finalidade" da vida e se caracteriza por comportamentos psiquiátricos mais complexos e por uma taxa de mortalidade significativamente maior que entre indivíduos que se envolvem com dietas "normais" e definem metas de peso muito baixo, mas que raramente estão satisfeitos quando esses objetivos são alcançados e lutam por diminuir seu peso ainda mais, apesar de efeitos colaterais físicos negativos. Com base em indicadores clínicos e psicométricos de baixa autoestima, perfeccionismo e depressão, a anorexia também foi identificada como uma condição psiquiátrica distinta.[128] Aqueles que veem a anorexia como um problema distinto, também apontam que o modelo de continuum não é útil para os médicos que tratam a anorexia e seus problemas associados, porque não diferencia entre o diversos transtornos alimentares identificados pelo *DSM-IV* e vistos em apresentações clínicas.

Ainda assim, Ângela foi transferida e, em sua opinião, o único modo de escapar da clínica seria emagrecendo tanto e ficando tão doente que não houvesse opção, exceto enviá-la de volta ao hospital. Agora, Ângela já possuía um extenso repertório de estratégias para boicotar qualquer esforço para ajudá-la a readquirir seu peso perdido. Foram necessárias apenas duas semanas antes de sua condição deteriorar-se tanto que foi levada de volta ao hospital para atendimento de emergência.

Embora tivesse apenas 16 anos, Ângela terminou na ala psiquiátrica para adultos, porque não haviam leitos disponíveis na ala para adolescentes. Ângela achou que ali era melhor que a clínica para transtornos alimentares, mas ainda detestava o lugar e suplicava e perturbava os funcionários para ser transferida para a ala de adolescentes. Maureen e Mike a visitavam todos os dias, às vezes até duas vezes por dia, mas Maureen recorda como esta fase foi difícil para todos:

> "É assustador para os pais quando oito meses antes eles tinham uma menina aparentemente normal e, de repente, ela vai para uma unidade psiquiátrica para adultos. É terrivelmente assustador para alguém com 16 anos que apenas acha que tem um problema com comida. Ela não entende muito bem que isso também é uma doença mental. Foi incrivelmente difícil para nós. Na ala psiquiátrica, o pessoal era rígido... mas era disso que Ângela precisava. Foi duro, no começo. Mas então, ela ficou cada vez pior. Eles colocaram uma enfermeira especial para supervisioná-la, e mesmo assim ela ainda fazia tudo o que não deveria fazer. Lembro-me de implorar ao médico para simplesmente lhe dar remédios para dormir e fazê-la engordar. Foi uma experiência realmente horrível. Eu não desejaria isso para o meu pior inimigo. Assistir a alguém que você ama passando pelo inferno e não poder fazer nada... Como pais, conseguíamos ajudá-la nos primeiros anos de escola, quando era fácil abraçar e reconfortá-la. Conseguíamos ajudá-la nos primeiros anos do ensino secundário, nos momentos mais difíceis da adolescência. Contudo, é terrível sentir-se impotente para dar uma ajuda real. Foi brutal. Essa época foi um pesadelo."

Neste estágio, a saúde de Ângela estava tão deteriorada que Maureen e Mike concordaram em entregar formalmente a autoridade para a equipe médica, para que tomassem decisões sobre o tratamento e bem-estar de Ângela a qualquer momento. Na época, isto pareceu a coisa necessária e certa a fazer, mas significava que o casal não seria mais consultado sobre o tratamento da filha. Quando queriam saber sobre seu progresso, os médicos lhe diziam invariavelmente para "perguntar a Ângela". Entretanto, os pais sabiam que não podiam contar com a filha para informações confiáveis. Maureen lutou com falta de informações, mas também estava muito incomodada com a súbita mudança de seu status de mãe para "ninguém".

Desgastados pelos inúmeros problemas envolvendo a longa hospitalização de Ângela, Maureen e Mike prometeram à filha uma viagem internacional com a família e os alunos do colégio de Mike – desde que ela ficasse suficientemente boa para receber alta. A estratégia sedutora colocou Ângela em ação e ela conseguiu aumentar seu peso para 37,5 quilos. Embora isto fosse menos do que o desejado, os médicos e os pais acharam que seria melhor para o bem-estar emocional da menina receber alta e viajar. A tão esperada viagem aconteceu, mas Maureen tem recordações difíceis daquele tempo. Viajar com Ângela foi difícil e exaustivo:

> "A viagem foi gostosa, mas ela não podia comer isto ou não podia comer aquilo. Assim, eu tinha de lidar com restaurantes e pessoas perguntando se poderiam grelhar os alimentos, se poderiam servir apenas peixe e salada, ou tentar encontrar locais onde servissem sopa, porque ela não queria comer sanduíche. Foi assim o tempo todo. Perdemos certas oportunidades, porque tínhamos de encontrar o lugar certo onde Ângela comeria."

Ao voltarem para casa, Maureen e Mike definiram uma nova rotina doméstica. A família estava unida novamente, mas a doença de Ângela dominava suas vidas. Maureen e Mike amavam a filha, mas nunca aceitaram certos aspectos de seu transtorno alimentar:

> "Ela regurgita o alimento constantemente. Ela saiu do hospital fazendo isto. Quando nos sentávamos para uma refeição, Ângela ficava trazendo a comida à boca novamente, mastigando e tornando a engolir. Isso continuava por horas. É revoltante. Eu não me acostumo com isso. Deixa-me enojada. Vivemos assim, mas não é nada bom."

Ângela descobriu que não poderia retomar sua vida do ponto onde havia parado. Após um período tão longo de isolamento do mundo social, ela era uma sombra do que havia sido e a adolescente antes vibrante e alegre agora era quieta e reservada. Os laços que a uniam a seus tantos amigos haviam se desfeito, e havia apreensão sobre a tentativa de reacender antigas amizades:

> "Eu era realmente quieta, porque havia vivido em um hospital por um ano. Não sabia mais como conversar com as pessoas e sentia medo de fazer isso. Eles achavam que eu não queria mais ser amiga e a intimidade não existia mais. Eu quase não mantenho mais contato com as pessoas de antes, agora."

Uma vez que havia perdido um ano de escola, Ângela precisou rematricular-se em uma série anterior para recapitular o conteúdo. Apesar da ansiedade por conhecer novas pessoas, Ângela adequou-se com facilidade e estabeleceu rapidamente um novo círculo de amigos. Ela comparecia a *check-ups* periódicos no hospital e isso garantia a manutenção de um peso relativamente estável. Tendo acontecido mais por sorte que por um compromisso com a recuperação, porque a menina ignorava obstinadamente os conselhos dos pais sobre o que ou quanto comer e logo abandonou as consultas à nutricionista e ao psicólogo que haviam organizado.

O fim do ano trouxe uma nova série de crises. Ângela sabia que tinha ainda um ano de escola, mas era doloroso saber que sua antiga turma estava terminando os estudos e partindo para o trabalho ou para a faculdade. O antigo padrão de oscilar entre a autoinanição e vomitar após comer reiniciou-se com uma vingança. Em fevereiro, a saúde de Ângela começara a deteriorar-se novamente e seu peso despencou. A hospitalização parecia provável. Isto era a última coisa que Ângela desejava, mas desta vez ela escutou os conselhos dos pais. Ela conseguiu comer apenas para escapar da crise, consumindo queijo e iogurte suficientes para ganhar quatro quilos em uma semana. Ela não apenas evitou outra internação, mas sentia tanta disposição e energia que começou a remar novamente. Esta reviravolta foi tão positiva e promissora que Maureen e Mike acharam que finalmente veriam o fim da anorexia da filha.

Na memória de Ângela, o ano seguinte destaca-se como um período idílico – o tipo de época que ela gostaria de relembrar. Ela manteve uma vida social ativa e feliz e finalmente fez amizade com alguns dos meninos da escola de seu pai. Ângela estava determinada a ir bem na escola e estudou com dedicação, às vezes até 12 horas por dia. Seu esforço era excessivo, mas valeu a pena e ela saiu-se bem em seus exames finais para entrar na universidade que escolheu. Durante este período, seu peso permaneceu relativamente estável. Ela ainda era assombrada por pensamentos e desejos anoréxicos, mas achava que os tinha "sob controle", porque não queria emagrecer mais.

A transição entre o término do ensino médio e entrar para a faculdade foi mais difícil do que ela havia imaginado. Ângela sentia-se perdida no grande *campus*, seus amigos estudavam em outros locais e sua vida social não era tão ativa quanto ela havia esperado ou desejado. Neste ambiente, era difícil fazer novos amigos e sentir-se à vontade. A solidão chegou. Gradualmente, Ângela deslizou para um buraco de depressão e voltou ao antigo padrão de inanição e purgação. À medida que seu peso caía para um nível crítico, os efeitos da inanição se mostravam e Ângela sentiu-se gradualmente zangada, agressiva e difícil de convencer. Maureen lembra-se daquela nova internação:

"Tentar falar com Ângela era como falar com uma mulher louca. Ela não aceitava racionalmente o que estava acontecendo e acreditava honestamente que estava tudo bem. Por aí já se vê o inferno pelo qual ela passava. Ela dizia que só desejava morrer e que não conseguia mais lidar com aquilo, que não queria viver. E nós tentávamos desesperadamente convencê-la a mudar de ideia."

"Lembro-me que minha filha me atacou. Isto aconteceu na noite em que nos reunimos com os cirurgiões e outros médicos para vermos como poderíamos tentar salvá-la. Ela pulou da cama e exigiu que lhe disséssemos sobre o que estávamos conversando. Eu disse: 'Você vai morrer em alguns dias, se não fizerem algo agora, porque já está apresentando insuficiência renal... nós assinamos os documentos para que eles possam costurar um tubo nasogástrico em seu nariz'. Ângela pulou da cama e começou a dar socos em mim, gritando e dizendo que me odiava e que morreria me odiando, se eu deixasse fazerem isso. Foi horrível. Achei que se não a salvassem no dia seguinte, ela morreria me odiando e que eu não conseguiria viver com isso. Nos despedimos naquela noite desse jeito. Foi horrível... Foi muito difícil."

"Eu esperava que a raiva dela tivesse passado após a cirurgia e a anestesia geral, mas ela não dormia, porque então a frequência cardíaca e a pressão arterial e temperatura cairiam. Então, as enfermeiras chegavam com outra lata de suplemento vitamínico líquido. E então ela se forçava a ficar desperta. Era como ver uma lunática em plena crise. Seus cabelos caíam. O que restava deles estava desgrenhado. Era uma pessoa totalmente diferente. Eu esperava que, após dormir, as coisas melhorassem um pouco, mas havia apenas ódio. Minha filha mandava-me calar a boca, não falar com ela e não me aproximar. Ao falar com os outros [médicos e enfermeiros] e com os amigos, ela era muito calma, mas comigo era sempre lágrimas e raiva... Ela estava atada ao leito e chorava, chorava sem parar. Toda aquela raiva por ser alimentada... era difícil vê-la assim. No fim, Ângela readquiriu algum peso e se acalmou e foi mais fácil conversar com ela, mas era quase como tratar com uma criança."

Quando Ângela chegou aos 39 quilos e recebeu alta, era tarde demais para voltar à faculdade e ela estava absorta demais em sua anorexia para concentrar-se em estudar. Em vez disso, passou o resto do ano "sentada em casa, sem fazer coisa alguma" e chegou a tentar a faculdade novamente no ano seguinte, mas não tinha reservas físicas ou emocionais para conseguir ir em frente. No fim, Mike e Maureen apoiaram sua decisão de abandonar os estudos, desde que conseguisse um emprego, mas Ângela não conseguia tomar iniciativas e o emprego nunca se materializou. Em vez disso, a garota trancou-se em casa, tornando-se cada vez mais retraída e isolada, e os dias de inatividade tornaram-se meses.

Quadro 2.3 Realimentando o Corpo Faminto

A realimentação é necessária quando uma pessoa está abaixo do peso, em risco de morte ou sua saúde é susceptível de ser comprometida sem intervenção no longo prazo. Os pais muitas vezes assumem a responsabilidade pela realimentação com alimentos caseiros, com sucesso considerável. Na "abordagem de Maudsley" à terapia familiar, por exemplo, a realimentação ocorre fora do hospital e os pais ou cuidadores responsabilizam-se pelas refeições e alimentação com o apoio de terapeutas.[130,131]

A realimentação também pode ocorrer em um ambiente hospitalar, particularmente em casos de desnutrição grave. A realimentação no hospital visa melhorar o bem-estar físico e emocional, a capacidade de raciocinar com clareza e a capacidade de se beneficiar de psicoterapias e terapias com fármaco para permitir a alimentação eficaz após a alta hospitalar.[130,131]

Métodos de Realimentação em um Contexto Hospitalar

A maioria dos médicos prefere realizar a realimentação por refeições assistidas. Estas consistem em refeições e lanches balanceados com supervisão, apoio e incentivo da alimentação por um membro da equipe do hospital.[132] Um paciente em um programa de refeições assistidas geralmente deve consumir até 3.000 calorias por dia. Isso geralmente inclui três refeições e três lanches, e suplementos líquidos também podem ser prescritos.

O tubo de alimentação nasogástrica pode ser usado quando alguém diagnosticado com anorexia está em perigo físico ou é incapaz de ganhar peso com refeições assistidas. Um tubo de plástico macio é inserido do nariz ao estômago, e alimentos líquidos e suplementos vitamínicos são administrados com o uso de uma bomba de alimentação, com frequência durante a noite. O tubo de alimentação nasogástrica geralmente é conduzido em conjunto com as refeições assistidas.

A nutrição parenteral total é usada raramente e apenas com pacientes muito crônicas, como uma medida de salvação da vida. As pacientes recebem nutrição por meio de um cateter inserido em uma veia grande.

Complicações Físicas da Realimentação

A realimentação no hospital requer cuidado para evitar complicações como a "síndrome de realimentação". Esta envolve uma perturbação no equilíbrio de eletrólitos no organismo e está associada com delírio. A síndrome de realimentação é prevenida pelo monitoramento dos níveis sanguíneos de substâncias como potássio, cálcio, magnésio e fosfato e suplementos podem ser necessários para que a súbita ingestão de nutrientes não sobrecarregue o sistema cardiovascular e cause insuficiência cardíaca. A probabilidade de complicações é reduzida significativamente se a ingestão de alimentos é aumentada gradualmente.[81,132,133]

Outros efeitos físicos da realimentação são menos perigosos, mas podem ser desagradáveis para os pacientes. Estes incluem a sensação de plenitude e inchação e cólicas estomacais, cãibras, náusea, fraqueza, diarreia ou constipação. Pacientes sujeitados a realimentação tendem a reter líquidos, o que podem causar inchaço, especialmente ao redor da face e parte inferior das pernas, resultando em ganho de peso rápido e temporário, o que os pacientes podem considerar assustador.[81,92,134] Exercícios controlados às vezes são recomendados para combater o estresse físico da realimentação e apoiar a reabilitação muscular.[135]

Experiências Psicológicas da Realimentação

As pessoas diagnosticadas com anorexia podem considerar difíceis e desagradáveis os efeitos psicológicos da realimentação, particularmente se não concordam com a necessidade de ganhar peso. Após receberem refeições assistidas em um hospital, algumas pessoas podem ter dificuldade para regular sua própria alimentação quando precisarem ser independentes e contar com seus próprios recursos.[136,137]

A alimentação nasogástrica também provoca ambivalência. Algumas pessoas com diagnóstico de anorexia descreveram a alimentação com sonda nasogástrica como uma experiência traumática e negativa, mas outras a descrevem como uma etapa benéfica para a recuperação.[82] Para pessoas diagnosticadas com anorexia, o significado da alimentação nasogástrica é mais complexo do que meramente uma experiência física e é visto de maneiras diferentes por diversas pessoas. Este tipo de alimentação pode ser visto como um símbolo importante da anorexia, uma intervenção médica necessária na qual as pessoas nem pensam, uma forma de controle e punição pelo pessoal do hospital ou uma maneira de enganar a anorexia disfarçando o consumo de alimentos.[82]

Os pacientes podem experimentar alguns ou todos esses sentimentos e sua resposta à realimentação pode mudar ao longo do tempo. Os pacientes podem ter mais energia e pensar com mais clareza após a realimentação, mas podem achar que perderam parte de sua identidade e se sentir ansiosos ou angustiados pelo aumento de peso, especialmente se os aspectos psicológicos da anorexia e da realimentação não foram exaustivamente abordados.[136]

Os problemas de Ângela perturbam seu irmão mais velho, sensível e talentoso, Dan, que se distanciou dos dramas diários passando mais tempo com seus amigos e, por fim, saindo de casa. A história da irmã de Ângela, Marta, foi diferente. Ela era três anos mais nova que Ângela e ainda vivia em casa. Marta muitas vezes era o alvo, quando a depressão de Ângela explodia em ataques raivosos e violentos. A animosidade resultante causou uma profunda ruptura entre as irmãs. Maureen sentia por sua filha mais nova:

"Toda vez que a levávamos ao hospital, Ângela gritava palavrões e era realmente horrível com a irmã... No fim, dissemos: 'Sabe, isto não é bom para ela e seria melhor se não viesse visitá-la'. Marta sentia que muita culpa era colocada sobre seus ombros... Ângela era agradável com ela em um momento e, em seguida, mostrava-se muito desagradável."

Maureen também se lembra de como Marta lutou para "lidar com a necessidade de ser uma boa menina, enquanto todo mundo só falava sobre Ângela". A resposta de Marta foi rebelar-se. Ela começou a beber, fumar, a ignorar o horário de voltar para casa, e começou a namorar com o "pior garoto da escola". Durante os anos seguintes, Maureen e Mike lutaram com o duplo fardo de uma filha com anorexia e outra sofrendo suas próprias crises de comportamento e psicológicas.

A fase rebelde de Marta passou há algum tempo e desde então os problemas entre as irmãs foram conciliados. O relacionamento entre ambas agora está muito diferente, mas Ângela tem dúvidas sobre a reversão dos papéis entre as irmãs que a anorexia causou:

> "Marta cresceu e amadureceu muito. Agora, é mais como se ela fosse minha irmã mais velha e cuidasse de mim. É realmente estranho. Eu não gosto disso porque me faz sentir inadequada. Ela tem sido muito boa, mas está apenas tentando cuidar de mim agora, e não quero isso, porque me faz parecer uma menina. Eu era o seu modelo, por ser três anos mais velha. Ela está saindo e se divertindo muito. Eu quero ser assim. Mas agora ela está fazendo tudo isso e sou eu quem fica em casa sem fazer nada."

Após seis anos de luta com a anorexia de Ângela, Mike decidiu que precisavam de uma mudança no estilo de vida. Ele abandonou sua ocupação como técnico na escola e assumiu um emprego que lhe dá mais tempo com a família. Mike considera difícil entender a anorexia da filha, e finalmente chegou à conclusão de que tentar resolver a sua resistência à alimentação só leva ao fracasso. Ele acha melhor demonstrar afeto e tentar encorajá-la de forma positiva, que demonstre seu apoio. Apesar de sua determinação, a frustração de se sentir impotente persiste:

> "Ela está muito melhor do que no começo, quando era muito agressiva, irritável e desagradável. Estamos muito próximos e temos um relacionamento muito bom, mas tudo – nossa vida inteira – foi dominado pelo que ela quer."

Quadro 2.4   O Efeito da Anorexia sobre os Irmãos

Ter uma irmã ou irmão com uma doença grave pode ser difícil e o bem-estar emocional, o comportamento e o desempenho acadêmico dos

irmãos que estão bem podem ser afetados.[138] Os irmãos dizem que a anorexia tem um impacto profundo em suas vidas e causa emoções intensas e cheias de conflito.[139,140] As pesquisas sobre as opiniões de irmãos identificam que esses podem:
- ter pouco conhecimento sobre a anorexia e vê-la como busca de atenção e comportamento manipulativo;
- comparar os seus próprios corpos, hábitos alimentares e força de vontade desfavoravelmente em relação ao irmão, e isso pode ter um impacto negativo sobre sua autoestima;
- ter medo que o irmão morra ou fique doente para sempre;
- ter sensação de perda, rejeição, isolamento e abandono, se os pais estão focados na criança com anorexia, ou se sentir magoados, ressentidos, frustrados e esquecidos, ou como se já não ocupassem um lugar especial no mundo de seus pais;
- experimentar sua relação com o irmão com anorexia como hostil ou imprevisível e lamentar a relação perdida;
- vivenciar a vida familiar como cheia de caos, conflito e tensão, e vê-la como sendo controlada pelo irmão/irmã com anorexia;
- sentir-se responsáveis por cuidar do irmão/irmã com anorexia e, ainda assim, sentirem-se impotentes para ajudar;
- sentir-se sobrecarregados pelas expectativas irracionais de outras pessoas de que serão sempre tolerantes, compreensivos, sensíveis, altruístas e pouco exigentes;
- sentir-se culpados por seus sentimentos de raiva, perda, ressentimento e frustração; e
- ter dificuldades com emoções e problemas pessoais porque guardam seus próprios sentimentos e problemas para si mesmos.

A anorexia pode ter alguns efeitos positivos para os irmãos, tornando-os bem mais maduros, tolerantes e compreensivos ou reforçando a compreensão entre os parentes.[139,141] Pesquisas sugerem que é útil para os pais ser sensíveis sobre as percepções e as atitudes dos irmãos e comunicar-se de modo eficaz com eles sobre a doença.[142,143] Programas formais para apoiar os irmãos com doenças crônicas ou que representam uma ameaça à vida podem ser úteis,[144] bem como o apoio de outras fontes, como família, amigos, conselheiros escolares e terapeutas familiares.

> "Simplesmente não podemos nos sentar para uma refeição em família, porque o foco dela é totalmente em si mesma. Não podemos ir a nenhum lugar, porque há o temor de: 'Eu tenho de comer', 'Preciso comer as ervilhas' ou 'Preciso comer a cenoura'. Obviamente para ela isto é muito importante, mas é frustrante. Você pensa: 'Por que ela precisa fazer isso? Existem coisas maiores. Há coisas maiores e mais importantes nas quais você pode se envolver ou para fazer com sua vida que se preocupar em comer um pouquinho de batata."

Maureen manteve seu emprego como professora do jardim de infância. Ela aprecia o trabalho e a mudança na rotina é um alívio bem-vindo para a tensão diária em casa. Além disso, o dinheiro extra ajuda com as contas constantes de médicos, psicólogos e outros profissionais de saúde. Em um nível pessoal, no entanto, a batalha com a anorexia de Ângela corroeu sua confiança em suas habilidades como mãe. Maureen sente que "falhou de algum modo" e sente-se amargurada por ter de cuidar de Ângela como fazia vinte anos atrás: fornecer alimentos e roupas; estar constantemente disponível e vigilante; levar a filha onde esta precisa ir; tomar decisões por ela. Desgastada por anos tentando ajudar Ângela quando esta não quer ser ajudada, Maureen sente-se roubada de um relacionamento adulto com sua filha, em uma idade em que Ângela já deveria viver por conta própria:

> "O estresse tem sido enorme. Lidar com médicos, ir às consultas – arrastá-la para as consultas às quais não quer ir e lidar com sua teimosia. A estrada tem sido muito difícil."

Maureen e Mike tentaram fazer terapia familiar, mas decidiram que não servia para eles. Em retrospectiva, Maureen cogita se poderiam ter se beneficiado de orientação profissional adicional. Isto poderia tê-la ajudado a ligar com Ângela de um modo mais eficaz e a alertado para as necessidades de Marta mais cedo. No entanto, Maureen e Mike não lutaram sozinhos. Ambos vêm de grandes famílias e conseguiram recrutar o auxílio de seus pais, irmãos e irmãs. Os colegas e alunos de Mike foram solidários e Maureen recorreu a muitas fontes de apoio:

> "Eu podia conversar com minha família, e isto é bom. Isso é muito necessário. Eu também converso com as meninas no trabalho. Elas sempre me perguntam como vão as coisas, e isso tira um peso do meu peito. Não consigo falar com meus filhos neste nível. E também tenho meu marido. Às vezes, é realmente bom falar com ele sobre coisas diferentes e ele me faz pensar com mais clareza sobre determinadas situações. É bom ser capaz de falar com pessoas diferentes, porque as pessoas na comunidade veem transtornos alimentares como se fossem uma atitude egoísta. As pessoas entendem muito pouco a doença. Assim, quando falo com outras pessoas, espero poder lhes transmitir um pouco de conhecimento... É como qualquer outra doença, e ninguém escolhe tê-la. E eu tive um bom apoio da minha equipe e de outras mães que tiveram filhas com transtornos alimentares. Partilhamos problemas semelhantes, e é bom simplesmente ter com quem falar."

Maureen e Mike sabem que não existe uma "cura mágica" e, de muitas formas, sentem-se como se estivessem de luto:

> "Eu perdi a filha que eu tinha. A anorexia a levou. Acho que todos nós tentamos, vezes sem conta, trazê-la de volta – trazer novamente a pessoa que conhecíamos –, mas não sei se Ângela algum dia será quem já foi. Talvez isto seja bom, em alguns aspectos." (Maureen)

Ultimamente, no entanto, Maureen e Mike estão cautelosamente otimistas. Apesar de Ângela ter sido hospitalizada recentemente pela quinta vez, ela parece mais calma e mais disposta a ouvir e a falar. Ângela acredita que está mais motivada para recuperar-se do que no passado:

> "Eu sempre quis fazer bem tudo o que tentava e, então, acho que precisava me sair bem como anoréxica. Quando fiquei doente, no início, eu tinha de ser a mais anoréxica. Eu competia com todos os outros pacientes anoréxicos. As pessoas dizem: 'Bem, por que você não tenta ser a melhor em termos de recuperação?' Não é bem assim. Mas isto já se arrasta há tanto tempo que agora eu só quero que termine. Desperdicei muitos anos da

minha vida com a doença. Ela é um atraso de vida. Todos os meus amigos estão avançando e obtendo empregos bons ou estão quase se formando na faculdade, e eu não fiz nada. A doença me prejudicou muito. Eu amadureci. Agora , estou motivada. Semana que vem eu farei 21 anos, mas não fiz nada esses anos todos. Eu quero uma vida e quero melhorar, ser capaz de trabalhar e sair com os amigos e não me estressar com isso. Eu só quero ser feliz de novo."

Ainda não há certeza de como tudo será, no futuro. No entanto, Maureen e Mike finalmente reconheceram que a anorexia da filha não pode controlar suas vidas como tem feito. Eles vão estar sempre ao seu lado, mas chegou a hora de Ângela cuidar do seu futuro. Os sinais são promissores e a família anseia por um tempo em que Ângela progredirá e desfrutará de uma vida produtiva.

Quadro 2.5 O Efeito da Anorexia nos Pais

A anorexia pode afetar o bem-estar emocional e sua saúde física e mental.[145-7] Diversas características da anorexia podem causar aflição particular aos pais:

Impacto sobre a filha – É particularmente angustiante para os pais testemunharem o crescente emagrecimento e as mudanças no comportamento e na personalidade da filha e saber quanto ela está perdendo como consequência da anorexia. Os pais carregam o peso de saber que a filha pode permanecer cronicamente doente, sofrer danos físicos permanentes ou até mesmo morrer.

Incerteza – os pais podem receber conselhos conflitantes, imprecisos e até mesmo inúteis e sentir-se confusos sobre o melhor curso de ação. Eles podem descobrir que outras pessoas não entendem ou têm um entendimento equivocado sobre a anorexia, o que pode isolá-los.

Problemas com o tratamento – alguns pais têm dificuldade de acesso a tratamento e suporte adequados, enquanto outros testemunharam uma série de tratamentos fracassados, sentiram-se excluídos do tratamento de seus filhos ou encontraram profissionais que não foram úteis.

Impacto sobre o relacionamento pais-filho – muitos pais esforçam-se para evitar incômodos para a filha doente, mas enfrentam conflitos constantes na tentativa de induzir a filha a comer mais, exercitar-se menos e aderir do tratamento. Muitos têm dificuldade para saber quando ser firmes ou flexíveis e os relacionamentos podem tornar-se desconfortáveis e perder a franqueza e espontaneidade. Alguns adolescentes com anorexia afastam-se de um ou de ambos os pais, enquanto outros se tornam cada vez mais dependentes de um ou de ambos os pais.

Impacto na vida doméstica – os pais podem ter menos tempo para seu parceiro, outros filhos e outros parentes. Atrito e conflitos podem surgir se outros membros da família se sentem abandonados, não entendem a anorexia ou discordam sobre como lidar com a pessoa diagnosticada com anorexia. Conviver com o comportamento errático, imprevisível ou até mesmo violento ou abusivo provoca níveis elevados de estresse em uma família e rotinas diárias como fazer compras, cozinhar e fazer as refeições podem ser perturbadas ou evocam tensão e batalhas.

Impacto sobre as atividades dos pais – muitos pais sentem que sua vida é controlada pela anorexia em todas as esferas. Alguns precisam desistir de atividades que valorizam, como trabalho, estudo ou esportes, porque são incapazes de deixar a filha sozinha ou porque cuidá-la consome seu tempo e energia. Atividades de lazer da família podem se tornar algo do passado, particularmente se envolvem alimentos ou afetam as rígidas rotinas anoréxicas.

Apesar das dificuldades, a maioria dos pais permanece firme e dedicada a ajudar filhos anoréxicos. Muitos pais tentam conscientemente ser otimistas e alguns acham que a anorexia é o gatilho para uma renovação de sua fé religiosa, maior sensibilidade ao sofrimento alheio e melhor relacionamento e comunicação familiar.[148,149]

Algum Tempo Depois...

A família de Ângela entrou em contato conosco para nos contar como andam as coisas. Sete anos após o diagnóstico de anorexia, Ângela ainda tem alguns problemas com a alimentação, mas está muito melhor. Ela se mudou para outra cidade, está mantendo o emprego e finalmente desfruta de uma vida independente. Quanto a Maureen e Mike, com todos os seus filhos crescidos e morando longe dos pais, os dois estão realizando um sonho de longa data, de viver e trabalhar no exterior.

3

"Crise de Gordura"
A História de Carol, Laura, John, Ben e Peter

Em um brilhante dia de outono, o sol inunda a arejada e grande sala. A casa irradia a sensação calorosa e relaxante de um lar que cresceu em torno de seus ocupantes, e a sala está cheia com os três filhos de Laura e John. Nas paredes há desenhos e pinturas da filha mais velha e a única menina da casa, Carol. Sobre o aparador, em meio a fotos de família e lembranças de férias com todos juntos, há uma coleção de troféus de futebol e flâmulas de esportes conquistados pelos dois irmãos mais novos de Carol.

Laura cresceu no centro agitado da cidade. Embora seus pais tenham falecido recentemente, ela e sua irmã são próximas e sabem que podem contar uma com a outra em uma crise. Laura abandonou seu emprego como tecnóloga de alimentos depois que Carol nasceu, mas voltou a trabalhar quando os três filhos começaram a estudar. Agora, ela dá aulas de higiene e saúde em uma escola secundária próxima. John também cresceu em uma família pequena e unida. Ele trabalha na indústria de alimentos e está na mesma empresa há mais de 30 anos. O trabalho envolve longas horas, mas ele é promovido com frequência e é popular entre sua equipe.

Laura e John conheceram-se na igreja quando eram adolescentes e se casaram quando Laura tinha 19 anos. Agora, os dois estão na casa dos quarenta anos. Como Laura diz, "Nós crescemos juntos". Ambos cultivam a tradição, a segurança e a união familiar. John gosta de planejar para o futuro, então sabe onde está indo e como chegará lá. Ele e Laura alcançaram a maioria dos objetivos que definiram no começo da vida de casados. Agora que seus filhos estão mais velhos, ambos acham que é hora de definir novas metas, para poderem aproveitar uma aposentadoria confortável juntos.

Carol é uma jovem muito inteligente e vibrante que se move com a graça que vem de anos de prática de balé. Ela é mais alta que seus pais, mas a semelhança familiar é clara. Carol tem os olhos azuis de seu pai e os cabelos loiros da mãe. Hoje, não existem pistas físicas da longa luta de Carol contra a anorexia. No entanto, a mesa de jantar está repleta de livros sobre transtornos alimentares que vão desde volumosos manuais para profissionais até biografias, obras de consulta populares e até mesmo trabalhos feministas e acadêmicos. Carol e seus pais ainda estão procurando uma "causa", na esperança de descobrirem um gatilho definitivo que torne o trauma dos últimos anos compreensível. Eles passam horas pesquisando e folheando esses e outros livros, mas a resposta que buscam sempre lhes escapa.

Quadro 3.1   Em Busca de uma Causa

A ideia de que é preciso descobrir uma causa para resolver um problema é comum nas pesquisas, na prática clínica e na sabedoria popular. Esta ideia originou-se nas ciências físicas e nas "leis" da natureza, que presumem que tudo tem uma razão e que os problemas podem ser resolvidos pela descoberta e conserto do que está errado.[150,151] Nas ciências biológicas, há a concepção de que os problemas relacionam-se a falhas subjacentes que podem ser diagnosticadas e eliminadas.[152] Sigmund Freud, cujas teorias influenciaram a moderna psicologia, a psicoterapia e o pensamento popular, acreditava que os problemas eram causados por experiências e sentimentos reprimidos do passado, e que esses podiam ser examinados, entendidos e resolvidos, se trazidos a um nível consciente.[53]

Enquanto a maioria dos tratamentos médicos e comportamentais para anorexia tem por objetivo abordar sintomas ou fatores de manutenção, as pessoas buscam causas para explicar e entender as experiências. Um princípio fundamental da terapia narrativa é que as pessoas extraem sentido de suas vidas, organizando mentalmente experiências passadas em uma sequência que forneça uma história coerente sobre si mesmas e seu mundo. Tais histórias fornecem um senso de significado e continuidade que pode influenciar como as pessoas veem suas ações e as ações dos outros.[98,152,154]

Muitos pais gastam tempo e energia tentando identificar as causas da anorexia em um filho, para entenderem o que aconteceu ou está acontecendo, na esperança de que tal entendimento leve a uma solução. Eles leem muitos livros e tentam encaixar suas recordações do passado em diferentes teorias sobre a anorexia. Eles observam traços de personalidade, comportamentos ou eventos que pareçam ter contribuído para a condição do filho para identificarem aqueles aspectos que parecem "típicos" da anorexia e conciliarem os aspectos que não se ajustam à sua leitura e ao entendimento dos transtornos alimentares.

Pessoas com diagnóstico de anorexia interessam-se menos pela busca de uma causa, sobretudo se não reconhecem ou desejam mudar sua situação. Sob sua perspectiva, não há necessidade de buscar uma causa, se a anorexia não é vista como um defeito que requer cura. Aqueles que descrevem sua anorexia como uma dieta que foi longe demais podem recordar por que decidiram perder peso, mas não como ou por que a dieta transformou-se em um problema. Outros explicam sua anorexia em termos consistentes com a literatura sobre transtornos alimentares, como genética, baixa autoestima, problemas com a imagem corporal, perfeccionismo, problemas com o controle e problemas com amigos ou namorados. Estas e outras explicações mais específicas e complexas frequentemente desenvolvem-se como resultado de pesquisas pessoais ou por meio da terapia.

Enquanto alguns indivíduos diagnosticados com anorexia veem a identificação de problemas subjacentes como importante e benéfica para a recuperação, pode ser incômodo ter de lidar com perguntas constantes sobre a "causa" de sua anorexia feitas por médicos, familiares e amigos. Por outro lado, o anseio de buscar uma causa pode levar a atribuição de culpa e distrair da questão mais importante, que é a recuperação. Alguns relatos sugerem que as pessoas diagnosticadas com anorexia podem resistir ativamente à busca por uma causa. Por exemplo, quando as pessoas usam a anorexia como uma estratégia de enfrentamento, a busca por uma causa pode desmascarar questões cujo confronto evitam arduamente.[155]

Para algumas pessoas, encontrar uma causa para a sua anorexia pode ser o primeiro passo para resolver os problemas subjacentes e solu-

> cionar o transtorno alimentar. Encontrar a razão para a experiência da anorexia, desenvolvendo uma explicação plausível, pode fazer parte do processo de cura. Para outras, a busca de uma explicação razoável pode ser inútil e o melhor curso de ação pode ser a procura de soluções e o foco na recuperação.

Em retrospectiva, Carol acredita que seus problemas alimentares começaram aos nove anos de idade. Foi quando ela decidiu parar de comer carne vermelha. Sua decisão não foi moldada por qualquer preocupação ética ou ideológica. Foi completamente estética. Ela não gostava da textura da carne e sentia repulsa pela visão da carne vermelha sangrando: "Eu achava aquela visão grosseira. Acho que o sangue foi o que me afastou da carne." Alguns anos depois, Carol descobriu que as mudanças físicas da puberdade também não eram animadoras:

> "Eu detestei quando comecei a ganhar corpo. Especialmente por praticar balé isto foi muito difícil, era bem desconfortável não usar um sutiã, mas mesmo quando comecei a usar ainda me sentia mal. Eu odiava a mudança de todo o meu corpo... Eu não sabia como lidar com isso. Não sabia como lidar com essas mudanças."

Laura havia explicado as mudanças físicas que a puberdade poderia trazer, e Carol sabia o que esperar enquanto amadurecia, mas nada poderia prepará-la para o que realmente significa menstruar ou para a sensação que isto causava. Seu primeiro período chegou quando a família viajava de carro em suas férias anuais. Carol sentiu pavor ao pensar que passaria pela mesma coisa a cada mês:

> "Mamãe me deu aquele absorvente enorme e espesso e eu chorei durante toda a viagem até a casa de férias. Chorei uma semana inteira, sem parar. Eu simplesmente não conseguia lidar com isso. Meu único pensamento era que aquilo era um completo inferno. Não acredito – quer dizer, não é possível que as mulheres aguentem isso. Mamãe ensina sobre isso na escola, de modo que aprendi com ela, mas todo o processo me assustava... Eu simplesmente detestava a menstruação."

Carol e seu pai tinham um relacionamento estreito e afetuoso durante a sua infância e início da adolescência. Eles não precisavam falar muito um com o outro. Nas palavras de Carol: "É o tipo de relacionamento em que se faz coisas juntos. Fazíamos coisas um para o outro, mas não conversávamos muito". No entanto, era um relacionamento carinhoso que se caracterizava por muitos abraços e aconchego – pelo menos até o início da puberdade de Carol. Ao chegar a puberdade, Carol sentiu que o pai se distanciava e retraía cada vez mais, e que o apego que compartilhavam desaparecia misteriosamente. John tem uma recordação diferente da mudança em seu relacionamento. Segundo o pai, Carol tornou-se cada vez mais distante e isolada. Ela parecia excessivamente sensível e hostil em relação ao contato físico e a qualquer invasão de seu espaço físico. No fim, até mesmo o menor incidente parecia transformar-se em um grande evento. John lembra que esbarrou acidentalmente em Carol enquanto ela se curvava para tirar os pratos da lava-louças. A reação exagerada da filha fez com que se sentisse um molestador de crianças. Depois disso, John fazia o possível para evitar qualquer contato físico com sua única filha.

Anos mais tarde, depois de uma sessão de terapia com seu psicólogo, Carol cogitou se sua anorexia não foi uma tentativa de recuperar a conexão física de seu relacionamento pré-adolescente com seu pai. Laura tem uma visão diferente. Ela ressalta que a mudança no relacionamento de Carol com seu pai era típica da maioria dos relacionamentos de Carol durante esta fase de sua vida: "O transtorno alimentar realmente afetou seu relacionamento com muitas pessoas... ela tornou-se muito difícil, irritável e amarga. Não podíamos nem abraçá-la".

Carol gostava da escola. Seu círculo de amigos era grande, ela era diligente com seu trabalho escolar e sempre se saía bem. Contudo, a escola perdeu a graça quando Carol rejeitou um menino que queria ser seu namorado. Irritado com a rejeição, o rapaz reuniu os amigos para provocar e insultar Carol e ela descobriu-se, inesperadamente, alvo de comentários sarcásticos e piadas cruéis:

> "Eu usava aparelho ortodôntico na época, e então eles me chamavam de dentuça e coisas assim, e faziam piadas preconceituosas. Rebaixavam-me por seu ser mulher e eles homens... Muitos dos meus colegas voltaram-se

contra mim por não gostar deste garoto e, segundo eles, provocá-lo mesmo assim."

A perseguição durou meses e tornou a vida de Carol bem difícil. O percurso de ida e vinda no ônibus escolar todos os dias era especialmente cansativo, e a perseguição trazia lágrimas rancorosas aos olhos da menina. Ela escreveu ao menino, pedindo-lhe para controlar seus amigos e parar com as provocações. Em vez disso, o menino publicou seu pedido na Internet e a carta circulou para os endereços de e-mail de seus colegas de classe.

Laura acha que este longo episódio afetou Carol intensamente, porque a filha é uma pessoa gentil e sensível. Baseando-se em sua leitura sobre a anorexia, Laura descreve Carol como "típica", ou seja, o tipo de garota que pode desenvolver anorexia – perfeccionista, bem comportada, alguém que sempre coopera e é responsável, que se esforça para ter sucesso em tudo. John tem uma opinião diferente. Ele acredita que os problemas alimentares de Carol eram sintomáticos de uma profunda e duradoura ausência de autoconfiança – a mesma insegurança e autoestima frágil que muitos professores escolares já haviam observado ao longo dos anos. Embora Laura e John discordem sobre o assunto, eles concordam que o episódio com o menino teve um efeito prejudicial. Nas palavras de Laura, "Sua autoconfiança foi realmente afetada, de modo que ela decidiu que os meninos, em geral, só lhe trariam problemas. Esse foi um pequeno acontecimento, mas teve um efeito bastante traumático naquele ponto de sua vida".

Carol admite que os insultos e provocações corroeram sua autoconfiança. Apesar de estar em forma e esbelta, ela se tornou cada vez mais desconfortável com suas formas femininas que só se definiam mais e mais a cada dia. Ela detestava seu corpo mais maduro e estava convencida de que ele era feio. Incapaz de controlar as provocações na escola, os pensamentos de Carol voltaram-se para o seu íntimo, para o controle de seu corpo e do que comia. Ela começou a pesar-se regularmente – com frequência, dezenas de vezes por dia – e ficava na frente do espelho do banheiro por horas, compondo listas detalhadas de defeitos físicos imaginários que sonhava em mudar:

Quadro 3.2 Escolas Mistas *versus* Escolas Exclusivas para Meninos ou Meninas

Pouco se sabe sobre a incidência de diagnóstico de transtornos alimentares em diferentes tipos de escolas, mas existe um vigoroso debate acadêmico e na mídia em termos da propensão para apoio a transtornos alimentares em escolas para o mesmo sexo ou mistas, nos Estados Unidos.

Estudos comparando os comportamentos alimentares e as atitudes de meninas em escolas do mesmo sexo e mistas produziram resultados contraditórios. Huon[156] comparou 311 alunos em duas escolas mistas e duas escolas exclusivas para meninas e descobriu que as garotas de escolas mistas estavam mais propensas a fazer dietas intensas do que aquelas que frequentavam escolas só para meninas. Dois estudos comparativos não revelaram diferenças em comportamentos alimentares e atitudes entre escolas do mesmo sexo e mistas.[157,158] Em contraste, dois estudos concluíram que as meninas que frequentam escolas do mesmo sexo têm mais sintomas de transtornos alimentares. O primeiro estudo comparou 142 meninas em duas escolas[159,160] e o segundo estudo baseou-se em uma amostra de 647 estudantes universitárias que estudaram em diferentes instituições.[161] Essas descobertas desafiam a sabedoria popular de que há menos pressão para ser magra em escolas exclusivas para meninas e que garotas de escolas mistas têm mais consciência de seu peso e forma corporal porque desejam ser mais populares com os meninos.

De fato, os pesquisadores propuseram que as escolas mistas podem encorajar visões mais flexíveis de tipos corporais aceitáveis e que meninos de escolas mistas servem como um teste de realidade, porque não consideram meninas emaciadas atraentes. Foi sugerido também que escolas exclusivas para meninas podem fornecer prescrições para papéis do gênero mais conflituosas para que as garotas sejam mais delicadas e dedicadas ao sucesso, e que isto pode contribuir para transtornos de alimentação.[160,162]

Embora o ambiente escolar esteja propenso a influenciar os comportamentos alimentares,[163] precisamos de mais pesquisas a respeito do impacto de características específicas das escolas sobre o comportamento alimentar de seus alunos.[164] É provável que as características de cada

> escola, tais como política escolar, práticas de educação sobre a saúde, cultura escolar, expectativas de comportamento e de desempenho e atitudes do corpo docente e de seus funcionários sobre o peso e a forma corporal tenham mais influência que o tipo de escola.[165-8]

"Eu nem me lembro de pensar: 'Ah, eu tenho que emagrecer. Tenho de perder peso'. Isso simplesmente aconteceu. No final, eu me pesava o tempo todo, mas não chegava a pensar que estava gorda. Lembro-me que não me considerava acima do peso, mas então mergulhei na anorexia e, um dia, olhei-me no espelho e pensei que estava mesmo gorda. Com o transtorno, toda a mente se distorce. Não dá para explicar, mas você olha para si mesma e acha que está realmente gorda."

Embora Carol não possa apontar uma decisão consciente de perder peso, ter parado de comer carne vermelha muito tempo antes facilitou o abandono de outros alimentos. Ela começou eliminando bolos e biscoitos de sua dieta. Logo Carol começou a pular refeições e, progressivamente, deixou de comer quaisquer produtos lácteos e a maioria das proteínas e carboidratos. Sem perceber, sua decisão de reduzir o que comia tornou-se um temor profundo aos alimentos. Até mesmo a *ideia* de comer a apavorava. Seu coração disparava, as palmas das mãos suavam e ela se sentia presa e com falta de ar. Isso não ocorria porque Carol não gostava do *sabor* dos alimentos. Em sua mente, até mesmo a *ideia* de comer significava o início de um caminho inevitável e tenebroso rumo à gordura e feiúra. Ao mesmo tempo em que começou a cortar alimentos de sua dieta, Carol aumentou sua rotina de exercícios. Para evitar o assédio que acompanhava as viagens no ônibus escolar, ela começou a fazer a pé o longo percurso de ida e volta à escola.

Para Carol, a lenta queda dos números na balança parecia confirmar que seus esforços estavam funcionando. Outra confirmação de seu sucesso foi quando, para sua alegria, ela parou de menstruar. No fundo, Carol sabia que restringir a alimentação de forma tão rígida não era bom para sua saúde, mas deixou de lado as dúvidas. Era mais difícil resistir à autoinanição que se render a seu chamado incessante.

Inicialmente, Carol conseguiu esconder o fato de que comia cada vez menos. Ela usava cinco ou seis camadas de roupas para esconder sua magreza e especializou-se em disfarçar que comia. Era fácil saltar o café da manhã e o almoço, porque eram refeições feitas sempre às pressas ou não monitoradas. A hora do jantar era mais complicada. Quando chegava em casa tarde da aula de balé, Carol jantava sozinha e a comida geralmente acabava na lata de lixo. Quando a família reunia-se para o jantar, Carol conseguia dar a maior parte da refeição para o cachorro, às escondidas. O cão aproveitava o tratamento especial. Carol logo se tornou a melhor amiga do cão, mas este engordou muito, e rapidamente. Refletindo sobre seu passado, até mesmo a própria Carol surpreende-se até onde chegou para disfarçar sua evitação a alimentos. Ela ri ao lembrar que chegou a esconder alimentos em suas meias e a embrulhar musse de chocolate em um guardanapo para enfiá-lo nos bolsos de seu jeans. Carol desenvolveu um crescente repertório de desculpas para recusar o consumo de determinados alimentos. Laura e John não podiam deixar de notar que a filha se tornava cada vez mais irritável e que as refeições se tornavam momentos de estresse crescente.

Carol sonhava em se tornar uma bailarina profissional e passava a maioria das tardes e noites tendo aulas de balé, ensaiando ou treinando na academia. Ela conseguia conciliar seus horários de balé com seus compromissos escolares. Carol também estava determinada em ser bem-sucedida academicamente e passava horas fazendo suas tarefas escolares, além de ensaiar rotinas de dança. Contudo, à medida que a anorexia de Carol se consolidava, ela se tornava cada vez mais crítica sobre seu desempenho. Ela queixava-se de não estar se saindo bem, de não atingir seus objetivos e de sentir-se inadequada. Em um esforço para corrigir as falhas que percebia, Carol intensificou suas energias em seu trabalho escolar e balé. Laura e John sentiam-se perplexos por sua autocrítica impiedosa e determinação zelosa com os resultados. Eles sabiam que Carol sempre ia bem em tudo o que se propunha fazer. O problema era que Carol não estava preparada para se contentar com ser apenas *muito boa*. Ela queria ser *a melhor*.

Quadro 3.3 Imagem Corporal

O termo "imagem corporal" foi usado pela primeira vez por psicólogos na década de 1950 e se refere à maneira como as pessoas percebem, pensam e se sentem sobre seus corpos.[169] Um aspecto da insatisfação com a imagem corporal é uma área particular de foco nas pesquisas sobre transtornos alimentares. Os médicos descrevem a experiência de insatisfação com o corpo de três maneiras:
- distorção da imagem corporal: *"Acho que sou maior do que realmente sou"*.
- discrepância em relação ao ideal: *"Sou maior do que gostaria de ser"*.
- sentimentos negativos sobre o corpo: *"Não gosto do meu corpo"*.[170,171]

Médicos e pesquisadores podem avaliar a insatisfação com o corpo pedindo que as pessoas comparem seus corpos com o que veem como o corpo "ideal" ou que estimem seu tamanho ou as dimensões de partes corporais usando imagens computadorizadas ou silhuetas.[170,171]

Estudiosos feministas têm criticado essas técnicas, porque implicam que qualquer desconforto que as mulheres sintam com seus corpos é um problema individual e interno. Eles argumentam que as avaliações da imagem corporal reforçam os sentimentos negativos das mulheres sobre seus corpos e as incentiva a focar a atenção unicamente neste aspecto.[172-4] Esses estudiosos argumentam que a imagem corporal negativa é uma patologia comunitária, resultante de uma sociedade que define as mulheres por seus corpos, sujeita os corpos femininos a intenso escrutínio e incentiva as mulheres a fazerem dietas, exercícios e a se submeterem a cirurgias plásticas para obterem o corpo "perfeito".

Quadro 3.4 Comportamentos Anoréxicos

A anorexia pode manifestar-se de muitas maneiras diferentes. Essas incluem:
- Severa redução na qualidade e quantidade de alimentos consumidos.
- Vômitos depois de comer ou alimentação compulsiva.

- Consumo de medicamentos para perda de peso como laxantes, comprimidos para emagrecer, diuréticos e xarope (que induz vômitos).
- Substituição de alimentos por goma de mascar sem gordura (contém sorbitol, que possui efeito laxante).
- Alimentos e bebidas com baixas calorias e baixo teor de gordura.
- Exercícios físicos em excesso.
- Rígidos padrões alimentares.
- Insistência em cozinhar a própria comida.
- Recusa em comer, mas cozinhando para outros.
- Uso de truques para fingir que se alimenta.
- Disfarce da perda de peso pelo uso de roupas largas.
- Uso de pesos escondidos nas roupas ou ingestão de água antes de se pesar.

Com seus horários exaustivos de aulas de dança, ginástica, exercícios e estudos, Carol escapou das provocações que havia sofrido na escola, mas isso também significava que não fazia mais amizades. Ela não tinha mais tempo para amigos, porque qualquer tempo que sobrasse era gasto com um cuidadoso planejamento em detalhes minuciosos de seus horários para cada dia, que Carol seguia com precisão matemática:

> "Eu passava a noite anterior, antes de ir para a cama, planejando o que comeria no dia seguinte. E então, a cada hora do dia, eu esperava por aquele horário marcado para comer metade de uma maçã ou algo assim. Desse modo, eu tinha objetivos a cumprir. Era como se houvesse sempre um objetivo a cumprir."

Ao fazer dezesseis anos, Carol começou a sentir dores lombares debilitantes e crônicas. Às vezes, a dor era tão intensa que não podia se mover. Inicialmente, Laura e John pensaram que a dor era causada por uma lesão no balé. Laura levou Carol a diversos médicos, que procuraram em vão por uma explicação. Laura confiava nos profissionais de saúde para encontrar soluções, mas John tornava-se cada vez mais frustrado. Ele sempre teve certeza de que Carol tinha um transtorno alimentar:

> "Na mesa do jantar, os meninos e eu comíamos carne e coisas normais, e ela ficava escolhendo isto e aquilo, e discutindo sobre o que iria comer, o que não deveria comer e esse tipo de coisa [e então] a comida tornou-se um assunto tabu e, com o passar do tempo, pensei que estava acontecendo algo com minha filha. No caso dela, havia esse problema com as costas. Carol passou por todo os tipos de exames médicos para ver o que estava errado. Cheguei a dizer aos especialistas que ela tinha um problema com a alimentação. Mesmo assim, eles só viam o problema orgânico, como baixa densidade óssea, e pediam mais exames. Eles seguiam todas as pistas erradas. Gastamos uma fortuna em despesas médicas [e] sabíamos que ela precisava ser levada a um programa de ajuda para transtorno alimentar. Eu disse a Laura: 'Esta menina tem um problema com comida.' Eu disse isso desde o início."

Após um ano indo de médico em médico e irritado pela série aparentemente interminável de exames e investigações, John decidiu parar de teimar com suas ideias. Frustrado e irritado com o fracasso médico para ajudar, ele desligou-se de qualquer envolvimento direto no tratamento de Carol.

Em retrospectiva, Carol admite que seu pai estava certo e que sua perda de peso era a causa de seus problemas lombares: "Eu não tinha mais qualquer músculo que sustentasse minha coluna. Estava tudo desgastado em torno dela." No entanto, na época Carol disfarçava sua perda de peso bebendo litros de água antes de ser pesada pelo médico e mentindo deslavadamente quando consultava a nutricionista. Criada em uma família religiosa, com um compromisso profundo e pessoal com sua fé cristã, Carol reprovava a si mesma quando mentia. Os subterfúgios e enganos constantes faziam com que sentisse incômodo e desconforto.

À medida que a autoinanição de Carol se tornava mais evidente, ela se recusava a comer qualquer coisa exceto cereais com água. Inevitavelmente, isso significava que as refeições eram cheias de lágrimas e birra, mas os irmãos de Carol não mais comentavam sobre sua magreza ou alimentação frugal. Eles temiam comentar algo e provocar uma grande briga. Carol sabia que seu comportamento e emoções estavam saindo de seu controle, mas não tinha os recursos internos para controlá-los. Seu investimento físico e emocional na anorexia era tão intenso que a ideia de mudar era insuportável.

A crise veio pouco antes dos exames finais de Carol na escola, quando o pai de John faleceu. Carol e seu avô sempre haviam sido muito próximos, e a súbita perda deixou-a inconsolável. Os anos anteriores de estudo intensivo e prática de balé, nutrição inadequada e angústia mental finalmente mostraram seu peso e Carol ficou tão arrasada que não conseguiu prestar os exames finais. Laura ficou alarmada ao descobrir a profundidade real do sofrimento da filha:

> "Encontrei um bilhete que ela havia escrito, dizendo que havia decidido não comer mais. Que tudo era demais, que a vida era muito difícil. Foi quando entrei em contato com seu médico e ele a internou [na unidade de transtornos alimentares] com urgência. Então, eles a examinaram – aquela unidade é sensacional – e analisaram as informações e disseram que, independentemente do que já havia sido feito em termos médicos e do que lhe haviam dito, era importante saber que Carol tinha um transtorno alimentar, precisava enfrentá-lo e ponto final. O médico foi excelente. Ele foi o primeiro que assumiu o controle, por assim dizer."

O médico explicou a Carol que ela estava muito abaixo do peso, sua pressão arterial estava baixa e tinha arritmia cardíaca, além de amnorreia. O diagnóstico de anorexia nervosa colocou em palavras o que Carol já sabia, mas *ouvir* as palavras reais foi inesperado: "Eu tive esse medo repentino, porque percebi que estava começando a morrer e que, na verdade, estava começando a me matar". Laura ficou aliviada por ter uma explicação oficial para os problemas que a assombravam havia tanto tempo. O diagnóstico confirmou o que John dizia desde o início, mas a notícia atingiu Laura como um raio. Era muito mais difícil aceitar a anorexia do que aceitar problemas lombares. Todos os tipos de cenários futuros passaram pela mente de Laura. Ela chorava incontrolavelmente. Preocupada consigo mesma e desesperada para acalmar sua mãe, Carol foi a um café com Laura, onde pediu um sanduíche de queijo e comeu-o sem qualquer reclamação, como se pretendesse refutar o diagnóstico para si mesma e para a sua mãe: "Eu recordo o pavor que senti de comer o sanduíche. Mas também me lembro de pensar: 'Rápido, eu tenho de comer alguma coisa para acalmar minha mãe, porque ela está chorando e não suporto isso'".

No entanto, o diagnóstico deu a Carol algo que ela havia perdido, como resultado de passar pelas mãos de tantos médicos – um médico designado para gerir o seu caso e supervisionar o seu bem-estar. O médico deu a Carol instruções claras sobre o que deveria comer e como deveria comportar-se, mas Carol ignorou estas instruções, logo que saiu pela porta da unidade de transtornos alimentares. Ao retornar para um *check-up* uma semana depois, Carol estava um quilo mais magra. Seu médico queria interná-la imediatamente e Carol sentiu raiva, demonstrando resistência:

> "Eu estava apavorada, com medo que fossem me engordar. Porque eles fariam isso. Era isso o que iriam fazer. Iriam me alimentar. Era só isso o que pretendiam corrigir em mim. Eu não queria. Eu estava contente com o jeito que era. Eu realmente não me importava se era magra demais."

A hospitalização significaria ficar sozinha no Natal e perder a viagem tão esperada para passar o Natal com sua avó. O médico explicou a Carol que a única forma de poder visitar sua avó seria aderindo a uma dieta normal e tomando suplementos líquidos pelo menos duas vezes por dia.

Laura e John determinaram algumas regras. Se Carol não cumprisse e aderisse às regras, suas férias terminariam e ela seria mandada de volta para casa e internada no hospital. Carol sabia que seus pais nunca faziam ameaças vazias. Ela também sabia que não haveria como pular refeições ou esconder comida na casa de sua avó. Lá, esperava-se que todos fizessem as refeições juntos e comessem o que era servido – sem exceções e sem desculpas. Carol lembra-se vividamente da visita:

> Passei a semana seguinte na casa da minha avó chorando a cada dose do suplemento por meia hora, tentando bebê-lo com um canudinho. Quando voltamos, eu havia engordado, e isso me arrasou. Então, recomecei a sentir prazer com o sabor dos alimentos. Passei um mês sendo forçada a beber o suplemento, antes de perceber que na verdade eu realmente adorava bebê--lo e mal podia esperar pela próxima dose [risos]. Acho que meu corpo estava se acostumando com o suplemento. Me adaptei. Ao mesmo tempo, lembro-me de estar sentada vendo mamãe descascar um abacate. Eu

acho que ela só pensava que este era o melhor tipo de gordura que poderia me dar. Levei uma hora para comer. Até hoje não consigo comer abacate, porque senti um medo imenso. Lembro-me de simplesmente odiar ter de comê-lo. Odiar a comida e a sensação de estar com algo no estômago."

Quando a família voltou, Carol começou um programa de visitas semanais a seu médico e sessões regulares com um nutricionista e terapeuta. As notas das provas de Carol na escola eram suficientemente boas para ser aceita em uma faculdade sem concluir seus exames finais, mas ela decidiu dar a si mesma um ano de folga. A ideia de lidar com a faculdade quando estava começando a enfrentar o desafio de recuperar-se da anorexia era demais. Carol interrompeu sua dança e começou a trabalhar em uma pizzaria próxima. Este era um projeto novo para ela, que o adotou com o perfeccionismo e a atenção aos detalhes que lhe eram típicos, mas sem a obsessão com a qual encarava o balé e os trabalhos escolares. Ela era eficiente e bem organizado e logo foi promovida a gerente, apesar de sua juventude e inexperiência. Sentindo-se mais relaxada e confiante, Carol também usou este ano para reconstruir alguns dos relacionamentos rompidos com algumas de suas amigas da escola.

Apesar desses sucessos, quase todas as refeições ressuscitavam nela o medo dos alimentos e causavam um ataque de pânico doloroso. Uma das estratégias de recuperação que ela usou foi introduzir um novo alimento em sua dieta a cada dois meses. Era sempre algo substancial, como pão, frango ou leite. Lentamente, esta abordagem teve sucesso. Em 12 meses, Carol sentiu que havia feito progresso suficiente para entrar na universidade. Laura e John estavam confiantes de que ela conseguiria lidar com sua decisão de sair de casa e residir em uma moradia estudantil.

Dois anos após o diagnóstico, Carol parece firme no caminho para a recuperação. Ela é líder em seu grupo na faculdade e está tentando ser um pouco mais tolerante e menos exigente consigo. Ela se esforça para ser mais tranquila acerca de concluir tarefas acadêmicas – resistindo à necessidade de ser perfeita em cada aspecto e se recusando a ser levada pelo desejo de ter as melhores notas da classe o tempo todo. Ainda assim, Carol tem o que chama de "crise de gordura". Quando uma "crise de gordura" a atinge, Laura a chama de volta à realidade, convencendo-a com argumentos lógicos e sistemáticos durante a crise:

"De repente, ela ficava triste e dizia que se sentia gorda. Talvez tivesse comido algo e sentisse culpa e, então, começava a chorar. Perguntávamos qual era o problema e ela dizia que se sentia gorda. É algo que está em sua mente. Nós chamamos isto de 'crise de gordura'. Ela precisa de reforço constante, e que este venha de todos nós. Carol não mora mais conosco, mas me liga no meio da noite, se tem um desses ataques. Nas últimas semanas ela não teve um, mas algum tempo atrás acho que tinha um desses a cada três semanas. Ela chorava um pouco por se sentir gorda e precisava de alguém que a convencesse do contrário. Lembrando-lhe que seu manequim era 38 e, portanto, não poderia estar gorda. Então ela dizia que se sentia inchada. Nós dizíamos a ela que talvez fossem gases. Sua mente a levava a uma ideia e precisávamos trazê-la de volta à realidade, usando argumentos lógicos, já que não era possível confiar em sua mente para isso. Parecia que ela precisava de que outra pessoa a ajudasse a ficar no controle, naquela época, de modo que cabia a mim fazer isso, até que ela própria pudesse controlar seus pensamentos."

Carol não acredita que está recuperada, mas está no caminho certo e comparece a sessões de terapia para ajudá-la a manter-se nessa trajetória. Agora que sente que pode compreender sua anorexia racionalmente e também emocionalmente, ela é mais capaz de analisar e aceitar seus sentimentos sobre os alimentos. Nesta fase, Carol sabe que sempre sentirá ansiedade relacionada à alimentação e terá dificuldades com a comida. Ela compara recuperar-se da anorexia com recuperar-se do alcoolismo – só se está bem até o momento da recaída. No entanto, aceitar a si mesma reduziu sua dependência da anorexia:

"Agora, meu eu interior está em paz com o lugar em que estou. Acho que dentro de mim eu tenho duas metades distintas. Há uma pequena parte dentro de mim, que é meu transtorno alimentar agora. Ela provavelmente tem o tamanho de uma bola de tênis, mas antes era do meu tamanho. Eu tinha o hábito de cobrir meu corpo. À medida que melhoro, minha disposição mental também melhora. Estou tentando entender meu íntimo e então trabalhar em coisas externas. Então, tudo o que há fora de mim não parece tão ruim."

Seu novo entendimento sobre si mesma deu-lhe a força necessária para superar suas fobias sobre alimentos e reavaliar suas prioridades. Embora no passado tenha sonhado em ser bailarina, a anorexia de Carol fez com que repensasse essa ideia. Ela hesita em conquistar uma carreira em uma cultura tão centrada no corpo e onde estaria mais vulnerável a perturbações na alimentação ou a recaídas. Carol ainda gosta de dançar, mas quer fazê-lo para diversão e prazer e está examinando diferentes opções de carreira. Ela gosta de ensinar na escola dominical em sua igreja e acha que o ensino pode ser o caminho certo para sua vida.

Carol recuperou a independência e autoconfiança que a anorexia havia lhe roubado. Ela tem um namorado que tem sido generoso, solidário e compreensivo. Eles estão juntos há apenas seis meses, mas Carol já sabe que se casarão. Seu relacionamento com o pai voltou ao normal, e ela sente-se grata à mãe, por seu apoio inabalável, mesmo quando as coisas ficaram difíceis. Carol descreve sua mãe como sua "melhor amiga".

Laura e John acham que agora a família pode relaxar e brincar com Carol, sem a preocupação de que um comentário qualquer sobre alimentos cause um grande alvoroço. A prioridade número um de Lyanne e John sempre foi atender às necessidades dos três filhos, mas, agora que Carol superou a doença, ambos sentem-se mais tranquilos sobre o futuro. Agora, eles acham que têm o tempo e a liberdade para cuidar um do outro, aproveitar a vida e planejar o futuro juntos.

Algum Tempo Depois...
Carol entrou em contato e nos contou que sua história teve um final feliz. Suas dificuldades com alimentos ficaram para trás, ela concluiu a faculdade e realmente casou-se com seu namorado. Acabaram de celebrar seu primeiro aniversário de casamento.

4

"Se Você Não É a Garota com Anorexia, então Quem É Você?"

A História de Kate, Margie, Carl, Donna, Lucas, Joseph e Roger

Kate é uma garota inteligente, capaz e talentosa de 14 anos de idade. Sua irmã, Donna, é dez anos mais velha e se casou alguns anos atrás. Seus três irmãos Lucas, Joseph e Roger têm 12, 10 e 8 anos de idade. A família de Kate vive no subúrbio da cidade, naquela linha divisória invisível em que a expansão urbana começa a se desfazer em fazendas e campo aberto. É um distrito com uma aura peculiar de indefinições – não é cidade nem campo e não se sabe ao certo como definir o que há no meio.

Kate adora ir para a escola. É o seu "alívio de tudo". Durante algumas horas por dia, Kate consegue distrair-se com seu trabalho escolar e a companhia de amigos. Ela pode escapar do fardo implacável de sua anorexia. Contudo, a escola nem sempre é uma experiência positiva. Kate é alta e forte, como seu pai. Na 5ª série (com 10 anos), ela já era cerca de 20 centímetros mais alta que qualquer um de seus colegas e pesava 65 quilos. Sua mãe, Margie, lembra aqueles difíceis anos finais na escola elementar:

"Ela chegou à puberdade quando tinha dez anos... era grande e, por isso, tinha seios enormes... Seu professor na 5ª série insistiu em que todo mundo escrevesse seu peso no quadro para ilustrar diferenças... aquele dia realmente afetou-a. Ela voltou para casa perturbada e disse: 'Eu nunca havia percebido que sou realmente muito mais pesada que os outros, até ver meu peso escrito no quadro'. E então todos começaram a provocá-la. Eu ia buscá-la na escola à tarde e a encontrava em lágrimas porque havia sofrido provocações e era chamada de 'gorda' e 'peituda gorducha', além de outros insultos. Era *bullying* verbal, tão mau quanto o *bullying* físico."

Margie tentou consolar Kate, lembrando que este estágio passaria. Seu corpo iria mudar e as outras crianças cresceriam. Contudo, as tentativas de Margie de confortar a filha não podiam compensar a mágoa que Kate sentia quando era ridicularizada por ser grande.

> **Quadro 4.1   As Escolas e a Prevenção da Anorexia**
>
> As escolas estão sob crescente pressão do governo, dos meios acadêmicos e da imprensa para conter a onda de transtornos alimentares pela criação de programas de prevenção.[176,177] Programas de prevenção têm por objetivo reduzir a incidência de transtornos alimentares diagnosticados por meio da redução das dietas, de comportamentos alimentares não saudáveis (alimentação compulsiva, jejuns e vômitos) e da preocupação com o peso corporal entre estudantes.[178] A eficácia dos programas de prevenção tem sido contestada.[13,179] Alguns pesquisadores argumentam que é melhor investir na identificação de estudantes em risco de desenvolvimento de transtornos alimentares como consequência de dieta, insatisfação corporal ou outros fatores de risco, enquanto outros pesquisadores têm questionado a extensão em que programas de prevenção implementados por escolas podem combater mensagens sobre o excesso de exercícios e magreza nas escolas e na sociedade em geral.[180]
>
> Muito poucos programas de prevenção foram avaliados sistematicamente e muitos dos que foram avaliados não parecem apresentar grandes resultados.[25,181] Até mesmo programas que demonstraram alguns resultados positivos fracassaram em isolar os elementos essenciais para a eficácia.[166]
>
> Ainda assim, programas implementados pelas escolas visando prevenir atitudes e comportamentos alimentares incorretos parecem válidos, porque tais comportamentos são comuns nas escolas, particularmente entre meninas, e podem ser danosos mesmo quando não são sintomáticos de um transtorno alimentar diagnosticável.[76,182] Especialistas da área identificaram os seguintes princípios orientadores, úteis no planejamento e oferta de programas de prevenção nas escolas:
> - Os programas de prevenção devem ir além de treinar as pessoas para que se adaptem a ambientes prejudiciais (por exemplo, resistir à pressão social para ser magro). É preciso criar ambientes sociais mais promotores de boas atitudes, educando-se os pais, os professores e os treinadores esportivos, mudando normas dos grupos de

pares, alterando currículos escolares e adotando medidas para influenciar as imagens na mídia.[76,166] Uma parte importante de fornecer ambientes que promovam a saúde diz respeito à criação de políticas e práticas escolares para abordagem ao assédio baseado no corpo, que inclui provocações ligadas ao peso e assédio sexual.[70,180]

- Os pesquisadores advertem que as ideologias contemporâneas de saúde podem fazer com que comportamentos como exercícios e dietas, que podem ser perigosos para a saúde quando levados ao excesso, sejam vistos como virtudes.[163,183] Pessoas jovens são vulneráveis a esses comportamentos, que fazem parte de subculturas que privilegiam a magreza, como balé, dança, moda e alguns esportes.
- As pesquisas sugerem que não há utilidade em apresentar informações a estudantes apenas na forma de palestras.[71,182] Uma abordagem melhor talvez seja trabalhar com estudantes em grupos interativos, nos quais o conhecimento e as experiências dos próprios alunos podem ser a base para o aumento da conscientização, apoio social e mudança de atitude.[168]
- É preciso ter cuidado na apresentação do conteúdo durante programas educacionais. Educar os alunos sobre transtornos alimentares pode levá-los inadvertidamente a táticas perigosas de perda de peso como jejuns, vômito e uso de laxantes[184] e aprender sobre transtornos alimentares também pode sugerir perturbações na alimentação como uma estratégia para expressar ou obter atenção para o sofrimento emocional.[185]
- Ensinar sobre peso "normal" e gestão de peso "saudável" aos estudantes é uma estratégia de prevenção comum, mas as pesquisas sugerem que isso não tem como consequência uma imagem corporal ou comportamentos mais saudáveis.[25,182] Isso também pode enviar mensagens indesejáveis de que é preciso monitorar, gerenciar e controlar atentamente o corpo para conformar-se a um ideal sem muito espaço para variações.[70,168] Uma estratégia mais útil pode ser a promoção de nutrição e padrões de exercícios saudáveis para pessoas de todos os pesos, com incentivo simultâneo para a aceitação da diversidade corporal própria e dos outros.[13,186]
- Educação sobre mensagens dos meios de comunicação (ou seja, a capacidade de avaliar criticamente as mensagens da mídia) pode ajudar os alunos a identificar imagens incorretas e estereótipos.[180]

> No entanto, tal educação deve ir além de um foco simplista em modelos magras, e abordar as formas diversificadas e complexas como a mídia reflete culturas sociais e influencia como os indivíduos sentem e veem seus corpos e a si mesmos.
>
> - Especialistas que consideram os transtornos alimentares como uma forma de lidar com problemas emocionais e fatores de estresse na vida[187] argumentam que os programas de prevenção devem concentrar-se em ajudar o estudante a lidar de forma mais eficaz, visando fatores como autoestima, manejo do estresse, enfrentamento, assertividade, habilidades sociais e fatores ligados ao estresse durante a adolescência.[182,185,188]

Sofrendo por ser ridicularizada por seus colegas, Kate estava determinada a começar o ensino médio magra. Ela cortou "porcarias" e pedalava regularmente, subindo e descendo pelas estradas vazias e sinuosas da vizinhança. No meio de seu primeiro ano do ensino médio, Kate foi dama de honra no casamento de sua irmã, Donna. Para Kate, este foi um dos dias mais felizes de sua vida: "Quando lembro do casamento de minha irmã, sei que estava com o peso ideal e que me sentia feliz e saudável. Meu objetivo é voltar a este estado".

Na época, no entanto, Kate estava com a ideia fixa de que a vida seria ainda melhor se pesasse um pouco menos e fosse um pouco mais magra. Aos poucos, ela cortou mais alimentos, reduzindo cada vez mais as porções. Margie e Carl percebiam o que estava acontecendo e se preocupavam. Na escola, Kate tomava água e quase nada mais. Apesar de protestar, Margie sabia que em alguns dias Kate não comia quase nada. Ao mesmo tempo, Kate aumentava o tempo em que se exercitava. Ela pedalava durante horas, fazia muitas flexões e caminhadas. Se falhasse na dieta, comendo sorvete, por exemplo, compensava pedalando a bicicleta ergométrica por uma hora. Os exercícios tornaram-se um vício. Nas palavras de Margie, "Ela estava obcecada por exercícios. Se estava chovendo e não podia sair para fazer exercício, ela ficava histérica. Absolutamente histérica". Até mesmo as atividades cotidianas transformaram-se em uma forma de exercício concebido para queimar calorias:

"Ela fica de pé o tempo todo. Até mesmo para fazer o dever de casa... ela fica de pé sobre a cama. Jamais se consegue convencê-la a sentar-se para fazer as lições. Ela leu isso em uma revista. A matéria dizia que queimamos mais calorias de pé do que sentados". (Margie)

Margie e Carl sentiram-se incomodados com a iniciativa inesperada de Kate para emagrecer, e pensaram que tudo ficaria bem se pudessem apenas fazê-la comer. Em retrospectiva, Margie admite que esta era uma esperança vã:

"Você tenta alimentar sua filha porque simplesmente não quer admitir. E então, certo dia, você olha para ela e pensa: 'Meu Deus, ela está um esqueleto'. Ela parecia doente. Tinha perdido muito peso. Ela se virou para o lado e seus ossos saltavam. Sempre achamos que algo assim não acontece com nossos filhos e pensamos que é só uma questão de lhes dar mais comida no jantar ou no café da manhã que isso bastará para corrigir o problema. Mas isso não acontece."

Ao mesmo tempo, diversas compulsões inquietantes emergiram. Kate mal comia, mas se preocupava o tempo todo com comida. Ela passava horas cozinhando para a família todos os dias.

"Ela fazia bolos e muffins maravilhosos. Eram tantos muffins que mal dávamos conta de comê-los, mas ela não comia, e ainda preparava o almoço dos irmãos. Kate insistia em cozinhar e preparar refrescos para eles. Além disso, tentava controlar o que comíamos no almoço. Era como se a anorexia dissesse: 'Se estou fazendo os sanduíches, então ainda controlo a comida'."

Kate estava tão observada com a ideia de comida que se metia na cozinha e ficava colada em Margie enquanto esta cozinhava. Ela ficava na frente do forno por horas sem se mover ou falar, apenas assistindo enquanto o alimento cozinhava. Kate era um incômodo tão grande no pequeno espaço que foi proibida de entrar na cozinha enquanto as refeições eram preparadas, mas isso não a detinha. Kate apenas redirecionava suas energias para inventar motivos urgentes para estar na cozinha enquanto algo era preparado: a necessidade de telefonar a um amigo, fazer uma pergunta sobre a lição de casa ou beber um copo de água.

Uma das outras obsessões de Kate é contar. Ela conta tudo e qualquer coisa: os segundos que passam no relógio do corredor, o número de passos necessários para ir a algum lugar, os carros que passam na frente de casa. Às vezes, ela não precisa contar *algo*. Ela apenas conta. O som monótono e rítmico da contagem parece acalmá-la.

Ela também se preocupa com a limpeza. Margie costumava ser meticulosa com a ordem na casa, mas três filhos bagunceiros curaram sua dedicação à limpeza. Agora é Kate quem demonstra fanatismo por manter tudo em perfeita ordem. Tudo em seu quarto tem o seu lugar: sua cama é sempre feita antes de ir para a escola, as canetas e lápis são bem arrumados em fileiras iguais em sua escrivaninha e suas roupas estão sempre bem dobradas em seu guarda-roupa. Kate estendeu sua compulsão por arrumação para seus três irmãos. Ela limpa constantemente o que os meninos sujam, incomodando-os para não fazer bagunça e perturbando-os para que arrumem seus brinquedos e mantenham seus blocos de montar e jogos bem organizados quando brincam:

> "Ela tira a paciência dos irmãos. Se estão sentados, manda levantarem e endireita todas as almofadas e a capa dos sofás. Eles a mandam sair dali e deixá-los em paz. Então, ela os arrasta para fora da sala e tenta arrumar tudo, mandando-os sentar e não se mover! É assim que tenta controlá-los." (Margie)

Sua outra compulsão lhe consome o tempo todo. Ela é escrava de um desejo incontrolável de manter o piso da sala imaculadamente limpo. Mesmo indo a extremos para aspirar o piso de madeira, sua paixão por limpar não lhe traz qualquer prazer:

> "Sua obsessão por aspirar é porque o cachorro solta pelos e temos piso de madeira no andar de baixo. Ela sente necessidade de aspirar todos os dias, e se não faz isso, é um desastre. Ela fica histérica. Hoje, começou a usar o aspirador assim que acordou. Ela perguntou se eu pretendia aspirar e eu disse que não, e que ela não deveria também. Ela ficou histérica. Se não a deixo aspirar, ela varre por uma hora e fica passando a vassoura pelo mes-

mo lugar várias vezes. Então, o que eu varreria em cinco minutos, ela leva uma hora... depois, se agacha para tirar a sujeira e os pelos com uma toalha ou guardanapo de papel. Ela fica ali, limpando mesmo quando não há nada no chão." (Margie)

O cão da família, George, tornou-se uma das vítimas de Kate. O grande São Bernardo parece preencher todos os espaços e seus pelos no chão são um lembrete constante de sua presença. Margie recorda a luta de Kate para controlar George:

"Nosso piso é de madeira, e sempre que George passa pela sala ela o manda sair. Então, o pobrezinho murcha as orelhas e quase dá para imaginá-lo pensando 'por que raios ela está gritando comigo'. Kate não suporta os pelos do cachorro no chão. Ela bloqueia a sala de estar e de jantar com as cadeiras para que o cão não entre ali e fecha as passagens para a cozinha e sala de jantar para impedir a passagem, porque George é grande demais. Ela grita com ele e depois pede desculpas. George fica confuso. Ele olha para nós como se dissesse: 'Eu não fiz nada!' Tudo porque ele solta pelos. Assim que ouve Kate chegar, George dispara para longe dela. O cão fica muito estressado. Fica mesmo. Não estou brincando. Quando tudo isso começou, ele chegou a emagrecer quatro quilos, segundo o veterinário."

Os professores de Kate também começaram a expressar preocupação com sua perda de peso e comportamento. Kate dormia na aula e estava tão fraca que mal conseguia erguer sua mochila. Foi uma vizinha quem mencionou pela primeira vez a palavra anorexia. Ela viu no emagrecimento e comportamentos compulsivos de Kate os mesmos sintomas que tinha visto em seu sobrinho durante sua batalha com a anorexia. Apesar da dificuldade de Margie e Carl para aceitarem essa ideia, de repente tudo parecia se encaixar.

Kate foi ao médico com a mãe, e este a encaminhou a uma nutricionista. Kate decidiu que consultar a nutricionista era perda de tempo: "Ela não sabia o que eu estava passando e apenas me disse o que eu deveria comer!". Kate pensava que a falta de conhecimento sobre nutrição era o menor dos seus problemas.

> **Quadro 4.2 Homens com Anorexia**
>
> A anorexia normalmente é considerada um problema feminino[189], mas pesquisas médicas sugerem que 5 a 10% das pessoas com anorexia são homens[190] e a incidência é maior entre os grupos etários mais jovens. No entanto, o diagnóstico de anorexia em homens pode estar muito abaixo do número real de casos, porque é menos comum que entre as mulheres ou porque apenas cerca de metade de todos os homens com transtornos alimentares procura tratamento.[189] Algumas pesquisas sugerem que a incidência de anorexia pode ser maior entre homens mais efeminados. Entretanto, a razão para este padrão pode ser porque este grupo está mais disposto a buscar tratamento e admitir um problema que ocorre com mais frequência entre as mulheres.[191]
>
> Há maior propensão de obesidade nos homens antes do desenvolvimento de anorexia e de fazerem dieta na tentativa de serem musculosos em vez de magros.[192] Consequentemente, a anorexia entre homens tende a ser mais focada na forma do corpo do que no peso. Duas razões para a perda de peso observada entre os homens, mas não entre as mulheres, são para compensar a redução da atividade após uma lesão esportiva e para evitar resultados negativos à saúde por alguém que sofre de um problema de saúde ligado ao peso, como doença cardíaca ou diabete.[190,193]
>
> O quadro clínico para homens e mulheres com anorexia é semelhante. Os dois grupos tendem a evitar alimentos como carboidratos e contêm um subgrupo que utiliza estratégias de purgação, como vômitos e laxantes. Ambos os grupos sofrem maior incidência de outras doenças mentais diagnosticadas do que a população em geral e podem ter dificuldades em situações sociais, particularmente quando se sentem desconfortáveis com seus corpos.[194]

Kate estava tão fraca e magra que foi hospitalizada. Na época, ela pesava 42 quilos e tinha um índice de massa corporal (IMC) de 15,5. Os médicos fizeram o diagnóstico de anorexia nervosa e decidiram que suas preocupações com exercícios físicos, limpeza e contagem eram sintomáticos de transtorno obsessivo-compulsivo. Kate não se importava com os efeitos de suas compulsões ou com as implicações de sua perda de peso severa.

Em retrospecto, Kate admite que estava em "total negação". Ela sabia que era "muito, muito magra" e sentia que "parecia repugnante com todos os meus ossos saltados", mas também pensava: "Se cheguei até aqui, por que parar agora?". Sua única prioridade durante a hospitalização de seis semanas era ir embora. Ela acreditava que era diferente de todas as outras meninas na ala. Sabia que precisava de ajuda, mas estava convencida de que poderia recuperar-se sozinha quando bem entendesse.

Kate recebeu alta ao atingir o peso de 45 quilos. Margie e Carl trataram de garantir que ela compareceria aos exames periódicos e achavam que a filha estava melhorando lentamente, até que o médico sugeriu que era hora de introduzir fisioterapia para "recondicionar os músculos". Margie lembra claramente desse momento: Eu quase podia ouvir as engrenagens de seu cérebro funcionando, 'isto é exercício' e pensei, 'Ai, não...'". Como Margie previra, a compulsão de Kate com exercícios voltou redobrada. Em vez de fazer uma série de cada exercício, Kate fazia 10. Era horrível assistir a isso, para seus pais. Kate ficava "histérica e banhada em suor" e suas costas ficavam vermelhas, sensíveis e machucadas com tantos exercícios abdominais, mas ela não conseguia parar. Margie e Carl insistiram e proibiram todos os exercícios, mas isso somente fez com que Kate passasse horas planejando desculpas para exercitar-se: fazer com que Margie a deixasse mais longe da escola para que pudesse correr cruzando o campo esportivo; ir à casa de uma amiga; correr até lojas próximas em busca de coisas irrelevantes. Às vezes, Margie e Carl achavam que quase podiam sentir a "presença" da anorexia:

> "Era como se estivesse ao lado dela. Quase podíamos ver uma sombra dizendo: 'Vamos lá. Vamos forçar mais um pouco, porque não queremos engordar de novo'. Podíamos ver o transtorno. Era horrível. Mas ela não podia parar. Ela queria parar, mas seu cérebro lhe dizia: 'Ah, vamos lá, só mais um pouquinho!'"

Após alguns meses, Kate foi hospitalizada novamente. Desta vez, ela tinha uma ideia melhor do que esperar, mas o ponto alto de sua semana ainda era a sessão de fisioterapia. Esta era sua oportunidade de exercitar-se de forma legítima, ainda que sob estrita supervisão, e ficava agitada e chateada se o fisioterapeuta não podia realizar a sessão ou perdia a consulta.

Kate detestava o hospital. Em sua opinião, ele era necessário para pessoas que estavam com problemas médicos, mas não acreditava que se encaixava nesta categoria ou que o hospital poderia prepará-la para alimentar-se direito no mundo exterior:

> "Éramos vigiadas o tempo todo e sempre nos acusavam de tentar vomitar ou de fazer exercícios no banheiro. Algumas meninas fazem isso, mas é realmente chato quando nós não vomitamos e as vemos agir assim. E então pensamos: 'Ah, bem, talvez eu também devesse'. E precisamos ir para casa e dar um jeito de fazer isso por conta própria. Não é possível ter alguém que nos alimente pelo resto da vida."

Desde a alta de Kate, a família iniciou um programa estruturado de terapia familiar e se reúne semanalmente com o terapeuta. Margie está encantada. Antes da terapia familiar, ela e Carl se sentiam como em um "voo às cegas", tentando descobrir como lidar com a anorexia de Kate, sem saber quanto pressioná-la ou se estavam fazendo a coisa certa. O que aprenderam por meio da terapia familiar deu-lhes confiança, uma estrutura para o dia a dia, habilidades para reconhecer quando a anorexia volta a se manifestar e estratégias para impedir que controle suas vidas.

Margie e Carl trabalham juntos. No início de cada semana, eles decidem sobre a sua linha de ataque, para que tenham uma só abordagem. Carl chega em casa do trabalho mais cedo, para estar por perto enquanto Margie prepara o jantar. Este é o momento mais estressante do dia. É quando a guarda de Margie está baixa e quando Kate quer exercitar-se e começa a sentir ansiedade por ter de comer. É sempre mais ou menos neste horário que Kate tenta manobrar Margie para dar-lhe menos comida ou usar alimentos de baixa caloria no cardápio.

Para Margie, a abordagem firme defendida na terapia familiar tem sido um alívio. Ela mudou completamente a forma como a casa é organizada e como as coisas acontecem. Não há mais referências individuais ou comidinhas especiais para Kate e os meninos. Margie faz compras uma vez por semana e todos precisam contentar-se com o que há no armário. Agora, a família sempre se reúne à mesa da sala de jantar e come exatamente a mesma refeição. Antes, os meninos tinham preferências e protestavam ruidosamente quando uma refeição não os agradava. Agora, eles comem o que é servido, com maior variedade de alimentos. Margie também está descobrindo que eles não se cansam e não adoecem tanto quanto antes. Kate também come mais, mas isso não significa que as refeições são fáceis:

> "Há birras porque servimos um pouquinho mais em seu prato, mandamos sentar-se à mesa e dizemos que precisa comer o que está ali. [Uma vez que ela consiga sentar-se para comer] não há mais problema e ela come. É apenas entre cozinhar e sentar para comer que temos tensão... Eu acho que é o medo de como se sentirá depois que comer. Essa é a única explicação que encontro. Então, ela come e eu pergunto se foi ruim. Ela diz: 'Não, está tudo bem'. É muito, muito estranho. É como se falássemos com duas pessoas diferentes. Como ontem, que não foi tão ruim. Ela perguntou: 'O que temos para o jantar?'. Eu respondi: 'Espaguete à bolonhesa'. Kate disse: 'Bem, não me dê muito'. Falei que não lhe daria uma quantidade impossível de comer. Assim, servimos espaguete à bolonhesa e salada... era um prato bem cheio... quase não houve birra. Eu não sei como será hoje à noite, porque comeremos frango e batatas cozidas com legumes. Ela gosta de comer frango embalado em pedaços, porque adora tudo o que não tem gordura e é difícil livrá-la deste hábito porque gosta de contar todas as calorias. Mas pretendo comprar o frango inteiro, e pronto. Então, veremos como será nossa noite!"

Quadro 4.3 Problemas Psiquiátricos Associados com a Anorexia

Pessoas com anorexia estão mais propensas do que a população em geral a sofrer de outros transtornos psiquiátricos.[10] Quatro *transtornos principais de ansiedade* são comuns entre pessoas com anorexia: transtorno de ansiedade generalizada, transtorno obsessivo-compulsivo, transtorno do pânico e fobia social:

Transtorno de ansiedade generalizada leva as pessoas a sofrerem de ansiedade ou preocupação excessiva com eventos ou atividades em suas vidas.

Transtorno obsessivo-compulsivo envolve pensamentos ou impulsos persistentes e intrusivos que causam ansiedade e angústia. Os indivíduos podem executar ações repetitivas e excessivas, como lavar várias vezes as mãos, organizar tudo ou contar.

O *transtorno de pânico* produz ataques de pânico recorrentes e inesperados envolvendo períodos de intenso medo, que causam sintomas como palpitações, tonturas, sensações de irrealidade e medo de morrer.

A *fobia social* envolve medo excessivo e ansiedade desencadeada por situações sociais potencialmente embaraçosas que a pessoa muitas vezes evita.

Alguns estudos descobriram que cerca de metade das mulheres com anorexia também sofre de um transtorno de ansiedade em algum momento de suas vidas.[10,195] Para este grupo, a ansiedade não se restringe ao peso ou à comida, mas relaciona-se com outros aspectos da suas vidas e causa desconforto mais generalizado. A *depressão* também é comum entre as pessoas com anorexia. Embora a depressão envolva sentir-se triste e sem esperança, para algumas pessoas, especialmente para crianças e adolescentes, ela pode se manifestar como irritabilidade e envolver explosões regulares de raiva sobre incidentes aparentemente sem importância. Estima-se que 20 a 80% das mulheres com anorexia também sofrem de depressão maior em algum momento da vida.[195] Tratamentos convencionais para depressão e ansiedade, como medicação e psicoterapia, muitas vezes são menos eficazes com indivíduos de baixo peso do que entre a comunidade em geral, mas, em muitos casos, a restauração do peso reduz ou elimina os sintomas de ansiedade e depressão.

Alguns *transtornos de personalidade* também têm sido associados com a anorexia, bem como com outros transtornos alimentares.[196] Um transtorno de personalidade é um padrão duradouro de comportamento e experiência íntima visivelmente diferente da maioria das outras pessoas e que torna difícil levar uma vida normal. Os seguintes transtornos de personalidade estão frequentemente associados com a anorexia:

- O *transtorno de personalidade esquiva* causa muito retraimento, sensação de inadequação e sensibilidade excessiva à desaprovação de outras pessoas.

- O *transtorno de personalidade obsessivo-compulsivo* envolve preocupação com organização, perfeição e controle.

- O *transtorno de personalidade borderline* (ou limítrofe) caracteriza-se por impulsividade, assim como por relacionamentos, autoimagem e humor flutuantes e instáveis.[7, 196, 197]

Transtornos do espectro do autismo também são considerados mais comuns em pessoas com anorexia.[198] A síndrome de Asperger é típica. Nela, as pessoas têm interesses e comportamentos restritos e repetitivos, além de dificuldades com interações sociais.

Ainda não se sabe ao certo como ou por que esses problemas psiquiátricos estão ligados à anorexia. Eles podem ter uma causa comum, contribuir para o desenvolvimento da anorexia, ou ser um resultado desta. No entanto, qualquer problema psiquiátrico adicional complica o diagnóstico e o tratamento da anorexia.

Por causa de todo o trabalho duro durante a semana, Carl está sempre tenso na noite anterior à sessão de terapia familiar. É nessa noite que Kate se pesa, e Carl sempre se desaponta quando a filha perde peso e se irrita se descobre durante a terapia que ela está se exercitando em segredo. A terapia familiar impôs um novo nível de sinceridade a todos os membros da família. Na primeira, os irmãos de Kate reclamaram e resmungaram aborrecidos, mas agora eles percebem os benefícios e estão começando a contribuir nas sessões. Kate admite que a terapia familiar é útil, mas não gosta. Ela se ressente por ter de se pesar, o tempo que envolve, e detesta entregar o controle do que come aos outros. Contudo, ela admite que a terapia uniu a família: "Eu sei que, quando superarmos isso, seremos uma família realmente boa, porque cuidaremos uns dos outros pelo que passamos juntos".

Margie e Carl estão sendo firmes também sobre outras coisas. Eles proibiram qualquer exercício físico, incluindo passar o aspirador no piso. Carl chegou até mesmo a levar o aspirador e a vassoura para o trabalho. Isso causa grande aflição em Kate, e a paciência de Margie vai se esgotando:

"Ela pega a pá de lixo e uma escova, se ajoelha no chão e chora histericamente limpando o chão. Isso acontece sempre que não consegue passar o aspirador ou varrer e eu fico pensando que aquilo é ridículo, porque é o comportamento que Kate tinha aos 2 anos de idade."

Ser rigorosa não faz parte do temperamento natural de Margie. Ela acha que Carl é melhor quando se trata de disciplina. Ele simplesmente diz: 'Coma agora mesmo. Faça isso. Não comece.'" Margie e Carl acham que Kate respondeu bem à abordagem mais firme. Ela certamente está começando a aceitá-la sem tanta reclamação. Entretanto, o constante monitoramento e supervisão são desgastantes. Margie descreve a situação como "estar vigilante 24 horas por dia. É muito cansativo mentalmente. Isso acaba com a gente. É como se estivéssemos presos em uma gaiola." Margie sente que "ser dura" com Kate é necessário para "afastar" a anorexia e impedir que "entre pela porta dos fundos", mas ela sabe que cada deslize tem consequências:

> "É preciso muito pouco para algo dar errado. Se a deixarmos comer pão sem margarina no café da manhã apenas uma vez, podemos ter certeza de que em sua mente uma vez levará a novas tentativas em todas as outras vezes. É como se ela dissesse 'eu não quero isso. Posso deixar de comer isso?'. Precisamos dizer: 'Não, você precisa comer sim. Sem desculpas.' Veja bem, se aliviarmos, daremos [à anorexia] a oportunidade de dizer: 'Ah, bem, talvez possamos tentar força a barra...' Percebemos que ela quer melhorar, mas também podemos ver alguma indecisão no fundo de sua mente."

Apesar dos esforços de sua família, Kate não acredita que alguém entenda o quão difícil realmente a anorexia é para ela:

> "É tão difícil e eles não sabem como é difícil para mim. Eles pensam que eu gosto. Quero melhorar por eles e por mim, mas a anorexia diz: 'Bem, eu quero você do jeito que está'. É reconfortante saber que temos isso. Mas ninguém lhe diz que você pode ter TOC [transtorno obsessivo-compulsivo] ou que seus ossos se tornarão frágeis e não permitirão que você pratique qualquer esporte por alguns anos porque pode fraturar um tornozelo e ninguém lhe mostra que cada segundo de cada minuto de cada hora e semana simplesmente gira em torno disso. As pessoas não têm ideia de como isto é doloroso, mental e fisicamente. Você sofre muito se tem TOC e se exercita demais; há muita tensão e pressão. É horrível e assustador."

Assim que se aproxima de sua meta de peso, Kate se assusta e reduz o consumo de alimentos e começa a se exercitar novamente. Parte do problema é que Kate se sente ambivalente sobre a recuperação. É como se um terço dela quisesse ficar melhor e os restantes dois terços quisessem permanecer como estão para o resto da vida. Ela descreve sua anorexia como um cobertor de segurança. Está com ela há tanto tempo que se tornou inseparável da forma como pensa sobre si mesma:

> "Você só tem esse estereótipo de si mesmo e então pensa que, se não é a menina com anorexia, então quem é você? Você não sabe como ser outra coisa. Isto é parte de mim agora. Nunca se afastará totalmente de mim. Tomou conta da minha vida."

Ao mesmo tempo, Kate fica frustrada porque não pode fazer tudo o que deseja. Seu desejo é voltar a ter uma vida normal:

> Queríamos ir esquiar este ano, mas eu não pude, porque congelaria, sofreria uma fratura, ou algo assim. Simplesmente não podemos ser mais uma família normal. Porque eu adoro corridas... meu pai me prometeu que quando eu ficar melhor ele correrá comigo e isto me faz sentir melhor, porque é algo pelo que esperar."

Para Margie e Carl, este é o tipo de declaração que lhes dá esperança. Ambos dizem que trabalhar para ajudar uma adolescente a recuperar-se da anorexia é como desbastar uma tumba de granito que encerra um tesouro precioso. É uma questão de desgastar lentamente. A cada fragmento, fica-se um passo mais perto do prêmio, mas é um trabalho lento. Há sempre a ameaça de que o menor deslize não intencional possa danificar lá dentro.

Quadro 4.4 Terapia Familiar

A terapia familiar é um tipo de psicoterapia em que mais do que um membro da família é incluído no tratamento. Ela presume que a família é mais do que a soma de suas partes e que as interações dentro da família afetam todos os seus membros.

Muitos tipos diferentes de terapia familiar são utilizados no tratamento da anorexia. A eficácia da maioria dos modelos não foi avaliada. A investigação foi conduzida em um modelo de tratamento baseado na família, desenvolvido no Maudsley Hospital. Esta terapia foi considerada eficaz com adolescentes que sofrem de anorexia há menos de três anos, com recuperação de 60 a 90% dos pacientes.[199] Na "Abordagem Maudsley", o terapeuta educa os pais sobre os efeitos físicos e psicológicos da anorexia e constrói uma aliança com os pais,[200] incentivando-os a assumir o comando da alimentação de seu filho e os apóia em seus esforços para promover o ganho de peso. Quando o peso e a alimentação do paciente melhoram, o terapeuta ajuda a família a entregar o controle da alimentação de volta ao adolescente. Na última fase do tratamento, temas mais gerais são explorados, tais como questões de autonomia e sexualidade.

Ao contrário de algumas formas de terapia familiar, a "Abordagem Maudsley" vê as famílias como recursos para a recuperação, em vez de como problemas que precisam ser corrigidos.[129] Outras características importantes deste modelo de tratamento são que o terapeuta exerce uma função de consultoria, em vez de alguém com autoridade, e o paciente é visto como separado da anorexia e não culpado por ela ou por sua situação.[199] Embora não haja evidência de que a "Abordagem Maudsley" à terapia familiar é eficaz, não está claro se este é o melhor tratamento geral para os adolescentes, porque não foram realizadas pesquisas suficientes sobre outros tratamentos.[78,94,201]

As pessoas diagnosticadas com anorexia e seus familiares relatam diferentes experiências com diferentes tipos de terapia familiar. Muitos relataram que a terapia familiar permitiu que se expressassem abertamente, ajudando a resolver problemas em casa e fornecendo estratégias para lidar com a situação.[202] Em outras situações, a terapia familiar não tem sido útil e pode até mesmo ser uma experiência negativa se as pessoas diagnosticadas com anorexia ou suas famílias descobrem-se alvos de imposição de culpa, em vez de serem ajudadas.[121]

5

"O Problema Não É Você, mas a Anorexia"

A História de Ana, Laura, Peter e Luke

No ar parado da noite, a velha casa da família está envolta no aroma de cânfora das árvores grandes e antigas que ficam à margem da longa entrada. A casa está cheia de antiguidades e apetrechos de uma família atlética e cheia de energia – equipamentos esportivos variados, troféus e medalhas acumulados ao longo dos anos por Laura e Peter e seus dois filhos, Ana e Luke. A casa grande e antiga conserva praticamente a mesma aparência de cem anos atrás. A única grande mudança é que Laura e Peter instalaram armários enormes nos quartos de grandes dimensões.

À primeira vista, Ana parece uma menina que tem tudo – uma linda casa, uma família unida e popularidade entre seus colegas. Ela se destaca na escola e seu corpo magro e forte transformou-a em uma nadadora competitiva e promissora. Com o incentivo de Peter, Ana tinha apenas 13 anos quando conquistou um lugar na equipe estadual de natação. Horas de treinamento intensivo todos os dias garantiam que Ana estivesse sempre faminta. Com frequência no café da manhã, ela comia um bolinho com *milk-shake* na ida e vinda da escola e consumia sempre o que lhe servissem no jantar, chegando a pedir mais.

Ao conquistar a posição na equipe de natação, seu maior objetivo era vencer sua principal rival na equipe. Foi quando estava em treinamento intensivo que Ana teve uma ideia sobre o que poderia lhe trazer a vantagem competitiva que ansiava:

"A temporada de natação estava chegando. Eu queria me sair muito bem e realmente queria vencer essa menina. Li um livro que dizia que a melhor percentagem de gordura corporal para nadadores de competições era de 17%. Então, conferi meu IMC no ginásio e era de 23. Assim, eu decidi reduzir minha taxa de gordura corporal. Eu não tinha quaisquer problemas específicos com meu peso, e nem sequer sabia quanto pesava. Isso nunca me incomodou, porque sempre tive músculos. De acordo com todas as tabelas, eu estava acima do peso, porque o músculo pesa mais que a gordura. Isso não me preocupava e não me sentia gorda. Só queria diminuir um pouco minha gordura corporal para poder vencer aquela garota. Emagreci de forma saudável por mais ou menos um ano, apenas reduzindo alimentos não saudáveis e chocolate – eu era louca por chocolate – e me exercitando um pouco mais. Mas não cortei drasticamente a quantidade do que consumia."

Ana adicionou a prática de jogging ao seu treinamento de natação e exercícios de ginástica. Uma vez que seu único objetivo era ficar em forma e saudável, não parecia haver uma causa óbvia para preocupação. Na verdade, Peter recorda o quanto sua filha era normal, como qualquer adolescente:

"Ela comia muita salada, mas cortou totalmente a gordura e brincava de ser vegetariana. Ana lia muitos livros sobre dietas, mas imaginamos que estava apenas fazendo experiências com sua alimentação. Sempre pensei que as adolescentes tendem a obter muita informação em revistas para meninas e, assim, considerei aquele como um de vários estágios de sua vida, porque as coisas viviam mudando – sabe, em uma semana ela era vegetariana, na semana seguinte tudo era proteína e, depois, só comia carboidratos. Parecia uma grande brincadeira. Certamente não a víamos doente ou enferma sob nenhum aspecto. Ela estava muito saudável e nadava bem, andando pela praia de olho em todos os meninos de 16 anos, que também a olhavam, e isso era muito bom."

O primeiro sinal evidente de que a dieta de Ana tinha a ver com mais que um desejo de ser saudável veio pouco antes da data em que deveria sair para acampar com sua escola. Ela estava ansiosa e agitada. Que tipo de comida serviriam no acampamento? E se não tivessem o alimento que ela desejasse? Como aguentaria isso? Como poderia manter a sua dieta atual? A ideia de variar alimentos, mesmo por duas semanas, deixou-a muito agitada. A comida no acampamento não ajudou em nada. O cardápio era o de sempre nesses eventos – muito pão, massas e jantares gordurosos, com muita fritura. Confrontada com este menu, Ana recusava-se a comer ou comia o mínimo possível e corria 15 km por dia para compensar o que havia consumido. Seus professores ficaram tão preocupados que ligaram para Laura e Peter:

> "Parece que, no acampamento, se não havia o que ela desejava, ela simplesmente se recusava a comer. Assim, consumia apenas um prato de ervilhas no jantar, se não houvesse qualquer outra coisa aceitável." (Laura)

Quando Peter a buscou no acampamento, o rosto da filha estava murcho e acinzentado, sua camiseta parecia um saco enorme e seus braços e pernas estavam tão magros que pareciam prestes a se quebrar. Mas a conversa de Ana durante a longa viagem de carro para casa foi o que convenceu Peter de que estavam lidando com mais que uma dieta que deu errado:

> "Para ser franco, eu não a reconheci. Ela havia emagrecido muito, durante as semanas em que esteve fora. Estava horrível. E tudo sobre o que falava no carro a caminho de casa era o que havia comido, onde havia comido. Refeição por refeição. Durante aquele percurso de uma hora e meia, acho que ela não me contou nada sobre suas lições ou o que viram. Era 'Fomos a um lugar, almoçamos lá, e comi tal e tal coisa'. Ana sabia de cor o que havia comido em cada refeição. Quando chegamos em casa e pude conversar com Laura, avisei que tínhamos um problema. Era assustador. Estávamos preocupados."

Eles não eram os únicos com medo. Ana também estava preocupada. O que a preocupava, como Peter recorda, era o sumiço de sua energia: "Ana também sabia que estava com problemas, porque a primeira coisa que disse quando entramos no carro foi: 'Preciso ir a um médico'. Sua preocupação era uma possível carência de ferro... achava que sua contagem de ferro estava baixa, porque se cansava demais."

Laura e Peter insistiram para que ela parasse com o *jogging* e com a dieta. O casal levou-a a uma série de médicos, mas ela sempre encontrava uma desculpa para não voltar àquele profissional novamente e para ganhar um pouco mais de tempo: não queria ir a um médico próximo, não podia ser um homem a atendê-la, não havia gostado de determinado médico. Apesar da resistência de Ana, Peter teve a impressão de que os exercícios e a ansiedade com alimentos haviam diminuído:

> "Por algum tempo ela se esforçou e pareceu recuperar-se um pouco. Laura monitorava o que ela comia e eu controlava seus exercícios, porque estava treinando natação com ela. Apesar de sua fraqueza, achei que ela devia estar bem, se ainda podia nadar e correr. Acho que minha mente ainda estava em negação."

O alívio não durou muito. Pouco a pouco, Ana reduziu a faixa de alimentos que consumia. Não havia uma razão particular. Ela simplesmente não suportava comer:

> "Ela se servia e dizia que não conseguia comer aquilo ou que adoraria comer, mas não conseguia. Então, eu perguntava por que, e ela vinha com um simples 'por que não'. Eu dizia: 'Quero que você coma só um pouco, apenas coloque na boca e me diga o que acha'. Era como se todo o resto estivesse um caos, mas ela ainda pudesse manter o controle sobre sua comida. Era a única coisa que podia controlar. Ela sabia que seria assim todos os dias. Quanto mais as coisas mudavam por fora, mais apertava o controle sobre os alimentos." (Laura)

Laura e Peter pediam-lhe para comer algo diferente, um pouco de carne, pão ou massa, mas seus apelos eram ignorados. No fim, Ana sobrevivia com pouco mais que cenouras, e sua pele tornou-se alaranjada devido ao betacaroteno. Ao mesmo tempo, suas suspeitas aumentavam. Ela insistia em pesar tudo antes de comer e controlava com muita atenção as calorias. A família sempre havia feito refeições saudáveis e caseiras, mas Ana recusava-se cada vez mais a comer qualquer coisa preparada por outra pessoa. Nas palavras de Laura: "Ela não confiava mais em mim como cozinheira". Embora nunca tivesse apreciado refrigerantes, Ana começou a consumir litros de bebidas gasosas de baixas calorias em cada refeição, mas não permitia que ninguém tocasse em suas garrafas. Seu medo era que tentassem colocar suplementos vitamínicos no líquido. Ana também começou a manter um diário alimentar:

> "Parte do declínio em sua saúde teve a ver com o fato de anotar tudo. Ela saía da mesa no meio da refeição e começava a anotar no diário alimentar. Suas anotações eram muito meticulosas, no sentido das calorias. Ela pesava tudo para poder anotar." (Peter)

Em certo ponto, Ana começou a insistir em preparar suas próprias refeições. Isso irritou Laura:

> "Na hora das refeições, ela comia as mesmas coisas exatamente no mesmo horário e seguia inúmeros pequenos rituais. Ela tirava uma cenoura da geladeira. Então, descascava a cenoura. Tirava as pontas e então a fatiava. Então, colocava na panela a vapor. A cenoura cozinhava por exato um minuto e meio. Ana a retirava da panela e comia. Depois, ia até a geladeira e retirava outra cenoura e cortava as pontas. Antes de cozinhar, ela a pesava e tornava a pesar após o cozimento. Em seguida, vinha a parte dos vegetais congelados. Ela pegava um saco de vegetais ou refeição congelada e lia o valor nutricional na embalagem, anotando tudo. Então ela retirava o conteúdo da embalagem e o pesava, aquecia no micro-ondas, retirava, tornava a pesá-lo, reaquecia e, após pesar uma última vez, comia. Era a mesma ordem, a cada refeição, todos os dias.

Ao sentar-se com os vegetais, ela girava o prato e comia três garfadas. Depois, girava o prato novamente e comia mais três garfadas, e assim por diante. Eu lhe dizia: 'Se você pretende comer dois sacos de vegetais todas as noites, compre uma panela a vapor grande e cozinhe tudo, então sente-se e coma conosco.' Porém, ela não conseguia fazer isso porque tanta comida era um desafio grande demais. Então, parecia melhor servir-se dessas pequenas porções... Ficamos quase malucos, posso lhe garantir. Seu jantar demorava no mínimo duas horas e meia todas as noites, mas ela provavelmente consumia apenas 200 calorias. Era francamente enlouquecedor. Ana sabia disso, mas não conseguia evitar os rituais. Se houvesse qualquer atrito na hora da refeição, tudo só piorava. E se não comprássemos as coisas, tínhamos de sair, trazer exatamente o que ela queria e guardar na parte exata do refrigerador. Caso contrário, veríamos um grande ataque de gritos histéricos. Era muito frustrante."

Quadro 5.1   Efeitos da Inanição

Os comportamentos de pessoas com anorexia podem ser frustrantes para as famílias e os amigos, e muitas vezes são considerados "anormais" e indicativos de doença mental. No entanto, alguns dos comportamentos de pessoas com anorexia podem resultar da inanição. Pesquisas mostram que até mesmo pessoas saudáveis apresentam comportamentos anoréxicos quando se privam deliberadamente de alimentos. Três exemplos ilustram a relação entre fome e comportamento:

1. Durante a Segunda Guerra Mundial, um grupo de 36 pessoas que se opunham à guerra com peso normal participou de uma experiência para o estudo dos efeitos da fome e da realimentação. O objetivo da pesquisa era ajudar no planejamento de programas de reabilitação para pessoas de países ocupados que passavam fome. Os homens deveriam restringir severamente sua alimentação por seis meses para perder um quarto de seu peso corporal.[203]
2. No começo da década de 1990, oito cientistas e técnicos envolvidos em um experimento de vida autossustentável descobriram que não conseguiam produzir tanto alimento quanto esperavam. Em vez de abandonarem a experiência, passaram dois anos consumindo porções que forneciam nutrientes necessários, mas com muito poucas calorias.[204] Os quatro homens e as quatro mulheres perderam em média 20 e 13% do seu peso corporal, respectivamente.
3. Pessoas que praticam a Restrição Calórica para Aumento da Longevidade (RCL) reduzem a ingestão de alimentos em até 40%, na esperança de afastarem o processo de envelhecimento e viver mais.[205] A RCL inspirou-se nos resultados de experimentos de laboratório em que os animais eram alimentados com dietas densas em nutrientes, mas com muito poucas calorias. Os animais subalimentados viviam mais e envelheciam mais lentamente que aqueles com dieta normal, aparentemente devido a uma mudança biológica complexa de um modo de crescimento e reprodução para outro, de manutenção da vida.[205]

> Em cada um desses grupos, as pessoas demonstraram muitos sintomas e comportamentos anoréxicos clássicos, tais como depressão, irritabilidade, obsessões, falta de iniciativa, retraimento social e desinteresse sexual. Elas se tornaram muito preocupadas com alimentos, colecionavam receitas e fotos de alimentos, fantasiavam sobre comida e escondiam e roubavam alimentos. Essas pessoas passavam um tempo enorme comendo suas parcas rações e algumas desenvolveram estranhos rituais alimentares, ou consumiam alimentos de forma compulsiva, esporadicamente. Muitas tiveram dificuldade para voltar a comer normalmente depois, e relataram alimentação compulsiva, obsessão por comida e sensação de falta de controle sobre a alimentação.[207-9]
>
> Como outros animais, os seres humanos têm defesas complexas contra a restrição alimentar, e tais defesas mantêm as pessoas infelizes e preocupadas com alimentos, até se alimentarem de forma adequada.[210] Muitos médicos acreditam que, abaixo de determinado limite de peso, as pessoas com anorexia são incapazes de realmente se beneficiarem de terapias psicológicas.[155] Embora a restauração do peso por si só não represente a "cura" para a anorexia, reconhecer que o comportamento das pessoas com anorexia é semelhante à reação normal de qualquer pessoa à inanição pode tornar a doença um pouco mais compreensível para as famílias, amigos e aqueles com diagnóstico de anorexia.

Anteriormente plácida e relaxada, a paixão recente de Ana pela precisão estendeu-se para outras áreas de sua vida diária. O menor aborrecimento causava-lhe um ataque de fúria: "Como, por exemplo, se minhas roupas não fossem lavadas quando eu queria ou minha saia tivesse uma ruguinha." Com muita frequência, esses episódios degeneravam-se em gritos, berros e insultos que levavam às lágrimas Ana e sua mãe.

Os amigos de Ana perceberam a mudança em seu comportamento. Ela estava sempre cansada na escola e muitas vezes dormia durante a aula. Era "pavio curto" e começou a inventar desculpas para não sair com seus amigos ou não falar com eles quando telefonavam. No fim, os amigos desistiram de procurá-la. Peter levava a filha com ele quando ia nadar, mas em vez de divertir-se, rir com amigas e flertar com os garotos, Ana agora sentava-se sozinha no clube, envolta em camadas de roupas.

Laura e Peter "pisavam em ovos" para evitar inconscientemente fazer ou dizer algo que pudesse causar uma explosão. Os pais também se preocupam com Luke. Ana sempre havia sido a irmã grande e forte, e ele sentia falta das horas que passavam conversando em seu imenso quarto. Em vez disso, Ana estava sempre chateada e irritada e se voltava contra o irmão mesmo sem ser provocada. Luke estava tão abalado pela transformação que se retraiu para o seu próprio mundo privado:

> "Luke praticamente não falou, por cerca de três meses. Ele simplesmente fechou-se. Foi muito difícil para ele. Suponho que a irmã era a sua heroína. Ela sempre havia sido alguém invencível que podia fazer absolutamente qualquer coisa. Tudo o que fazia era perfeito e ele a amava. Agora, a irmã mudara muito. Ele dizia [sussurrando] 'Por que ela não come? Ela vai morrer'. Mas ele não podia fazer nada a esse respeito, e ficou confuso. Ele retraiu-se e parou de falar. Não era por teimosia, mas simplesmente não falava. A escola contatou-me porque estavam muito preocupados com o comportamento de Luke. E à medida que Ana começou a melhorar, o mesmo ocorreu com ele." (Laura)

Agora, o peso de Ana havia caído para 41 quilos e seu IMC estava em 11. Ela sofria problemas circulatórios e tinha pouca energia. Seu treino de natação tornou-se impossível e Ana conseguia permanecer na escola apenas duas ou três horas por dia. Ainda assim, ela não percebia que havia sido vencida pela anorexia. Para seu alívio, Laura e Peter acabaram encontrando uma médica muito persistente. Laura recorda que cada consulta era precedida por "palavrões e gritaria de Ana, que parecia possuída", mas a médica simplesmente ignorava a resistência e as reclamações:

> "Ela era bastante rígida e bem direta. Não media as palavras com Ana, [e lhe disse] que provavelmente iria odiá-la. 'Você me detestará', ela disse. 'Mas eu não me importo. Sou sua médica e meu papel é fazê-la melhorar'. Ela sabia que Ana poderia manipular nós dois, mas não a ela. Seu método era austero, e Ana não conseguia esquivar-se. A médica a fazia sentar-

-se na mesa de exames por uma hora, até duas vezes por semana, e não a deixava sair. Ana ficava muito irritada, mas a médica ordenada: 'Sente--se. Não terminei de falar com você ainda'. Às vezes, éramos convidados a entrar, mas em outras consultas eram só ela e Ana. Ana se levantava para buscar uma revista, mas a médica dizia: 'Deixe essa revista e volte aqui. Estou falando com você.' Acho que ela foi um verdadeiro ponto de virada. Ana sabia que uma ou duas vezes por semana tinha de vê-la e não escutaria gentilezas."

Apesar da falta de energia, Ana teimava, ao dizer que não poderia sobreviver sem se exercitar. Para Laura e Peter, o maior problema era não saberem como lidar com esta compulsão. Dado o histórico da filha como atleta de elite, ambos achavam que banir todos os exercícios prejudicaria a estabilidade psicológica de Ana, com o que a médica concordava. No entanto, os exercícios limitavam-se às sessões na academia, sob estrita supervisão de Laura. O plano caiu por terra quando outros membros da academia reclamaram com o gerente sobre Ana. Eles insistiam que Ana estava tão magra e doente que não deveria ter permissão para exercitar-se. Confrontado com tal oposição, o gerente cancelou a inscrição de Ana. Laura sentiu-se irritada e chateada por não terem falado com ela, antes de reclamarem com o gerente. Se tivessem feito isso, Laura teria explicado o quanto era importante e delicado, em termos emocionais, tentar ajudar nos exercícios da filha. A resposta de Ana foi mais grave. Ela iniciou um programa secreto de exercícios, despertando às 3 horas da manhã e correndo 12 quilômetros, antes de voltar para a cama. Seu peso despencou, deixando perplexos seus pais e médicos.

Em retrospectiva, Peter suspeita que Ana desejava ser descoberta, porque deixava sua roupa de corrida e tênis sob a janela. Ele se sente tolo por ter levado dois meses para descobrir sobre os exercícios, mas não conseguia crer que a filha poderia enganá-los. Depois de despertarem certa noite e descobrirem a cama de Ana vazia, Laura e Peter a confrontaram. Peter recorda que "a expressão em seu rosto era quase de alívio, ela mantinha o segredo havia tanto tempo e sentia-se culpada por escondê-lo de nós, mas não conseguia nos contar".

Agora, Laura e Peter preocupavam-se com o que ela poderia fazer, se a deixassem sozinha. Com tantos malabarismos para conciliar horários de trabalho e cuidar das necessidades dos filhos, eles agora precisavam desenvolver estratégias elaboradas para manter a filha sempre sob supervisão. Peter acredita que a anorexia funciona de acordo com o princípio de "dividir e conquistar", e Ana passou por fases de se recusar a falar com um dos pais. Laura e Peter trabalhavam como uma equipe:

> "Peter passava um tempo com Ana e então, quando se sentia a ponto de estrangulá-la, trocávamos de lugar. Luke e eu íamos muito ao cinema e também saíamos bastante à tarde. Passávamos muito tempo andando por aí de carro, só para ficarmos longe de casa. E, então, chegávamos em casa, e Peter saía para poder esfriar a cabeça e acalmar-se."

Quadro 5.2   Influência dos Irmãos

Os irmãos, e os relacionamentos entre eles, têm uma poderosa influência sobre os adolescentes, incluindo suas experiências com a anorexia e a recuperação.[211-13] Nossa pesquisa mostra que os irmãos saudáveis influenciam uma pessoa com diagnóstico de anorexia de três formas principais:[214]

1. Os irmãos exercem uma influência simplesmente por sua presença na família e em casa.
   - Eles podem causar problemas inadvertidamente apenas por continuarem realizando suas atividades normais se, por exemplo, essas perturbam a rotina da pessoa com anorexia.
   - Algumas pessoas diagnosticadas com anorexia afirmam que as ações de um irmão, como fazer uma dieta radical, podem ter contribuído para a sua anorexia.
   - Indivíduos diagnosticados com anorexia podem comparar suas vidas e realizações nas áreas pessoal, acadêmica ou esportiva com aquelas dos irmãos.
   - Indivíduos diagnosticados com anorexia podem sentir ansiedade e culpa sobre a possibilidade de que a anorexia tenha um efeito negativo sobre um irmão.
2. Os irmãos exercem influência por meio de suas respostas à pessoa com anorexia e à forma como essas são interpretadas.

- Algumas pessoas diagnosticadas com anorexia acham que seus irmãos as rejeitam ou evitam por causa de sua doença.
- Algumas pessoas diagnosticadas com anorexia julgam que seus irmãos não estão envolvidos ou ignoram seu problema e não percebem qualquer alteração em seu relacionamento com os irmãos. Isso pode trazer a perda de uma fonte potencial de apoio, mas também pode significar que uma relação normal entre irmãos pode ser mantida mesmo em um período difícil.
- Muitos irmãos tentam ajudar e apoiar a pessoa com anorexia. Eles oferecem ajuda prática, como trazer trabalho da escola para casa. Eles visitam e passam algum tempo no hospital, oferecendo conforto e demonstrando amor e carinho. Os irmãos tentam evitar transtornos e perdoam o comportamento da pessoa diagnosticada com anorexia. Irmãos mais velhos podem confrontar seus irmãos sobre a anorexia, expressar suas preocupações e dar conselhos, informações e incentivo.

3. Os irmãos influenciam os pais e a capacidade destes para enfrentar a situação, e isso influencia diretamente a pessoa com anorexia.
    - Os pais precisam dividir o seu tempo e atenção entre os irmãos. Isso pode significar a necessidade de descobrir soluções que atendam às necessidades dos irmãos e do filho com anorexia.[214]
    - Ansiedade e estresse podem afetar ainda mais os pais, se a anorexia tem um impacto negativo sobre os irmãos.
    - Ter outros filhos que estão bem pode ser reconfortante e servir como garantia de que sua maneira de criar os filhos não causou a doença.
    - Os irmãos apoiam os pais oferecendo apoio àquele com anorexia.
    - Os irmãos podem oferecer opiniões úteis, informações e conselhos aos próprios pais.
    - Eles também podem agir como intermediários ou como "abafadores" de tensão entre os pais e o filho com anorexia, quando o relacionamento está tenso e difícil.

A natureza e a extensão da influência dos irmãos são afetadas por diferentes fatores, incluindo seu grau de entendimento sobre a anorexia, o nível em que os pais e o indivíduo com diagnóstico de anorexia incentivam ou desencorajam o envolvimento dos irmãos com esse transtorno

> alimentar, o tipo de relacionamento que os irmãos tinham antes da anorexia e o estilo de vida mantido sem a doença. Fatores como a idade e o sexo dos irmãos, suas personalidades e comportamento no passado, o número de irmãos na família e a duração da anorexia também podem ter um impacto, mas estes parecem ocorrer principalmente através dos fatores listados anteriormente. Embora a idade e o gênero dos irmãos sejam fixos, fatores como o entendimento entre eles podem ser influenciados pelos esforços de pais e dos profissionais da saúde.[215,216] No entanto, o bem-estar dos irmãos é uma consideração importante e muito pouco se sabe sobre o efeito do incentivo ou da expectativa para que apoiem um irmão com anorexia.

Enquanto Laura arrastava uma Ana relutante às consultas médicas, Peter pesquisava na Internet e lia um fluxo aparentemente interminável de informações sobre anorexia. Uma ideia capturou lentamente sua imaginação, uma noção usada em tratamentos de terapia narrativa para a anorexia. A ideia é de que a anorexia é separada da pessoa afetada pela doença, quase como um indivíduo diferente e distinto. Laura e Luke sentiram-se atraídos pela ideia de que Ana era vítima de uma forte entidade separada. Isso ajudou-os a ver que estavam lutando contra a anorexia, não contra sua filha e irmã. Para Peter, a ideia de personificar a anorexia foi um grande avanço:

> "Nós dissemos, 'Ana, nós amamos você. Sempre lhe amaremos, mas odiamos esta pessoa que está em você, esta pessoa que possui você. Queremos que ela vá embora'. Então, nós realmente falamos sobre Ana e a outra pessoa. E, ao definirmos Ana e a entidade da doença assim, ficou muito mais fácil lidar com tudo."

Luke batizou a anorexia de Ana como "A Nojenta". Agora, ele podia se relacionar com a irmã, abraçá-la e consolá-la, garantindo-lhe que "o problema não é você, mas a anorexia".

Inicialmente, Ana sentiu dúvida sobre a ideia de personificar sua doença. No entanto, de alguma forma a noção deu-lhe um novo conjunto de recursos emocionais e "de repente eu podia ver que a anorexia não era eu e que havia um jeito de melhorar".

Na consulta médica seguinte, porém, Ana soube que sua contagem hepática estava muito alta e que precisaria ser hospitalizada. O fato de recém ter completado 16 anos e finalmente ter encontrado um possível ponto de entrada para a recuperação fez com que a necessidade de ser hospitalizada desencadeasse uma resposta complexa:

> "Ela voltou para casa transformada em uma criança de dois anos de idade. Ana pegou todas as bonecas e começou a brincar com elas. Parecia ter surtado, finalmente. Ela começou a brincar com as bonecas e pular e saltar pela casa, jogando longe as bonecas. Eu lhe perguntei qual era o problema. Ela me respondeu que estava livre. Era quase como se estivesse aliviada por ouvir que precisaria ser hospitalizada. Não haveria mais a necessidade de controlar coisa alguma, porque alguém assumiria o controle por ela. E então ela ficou realmente quieta e se trancou em seu quarto por cerca de três horas. Ficou sentada lá, sem fazer nada, como se estivesse em choque. A médica disse: 'Ela regrediu para a infância, porque o fato de lhe tirarem completamente o controle é traumatizante'... Então, lá pelas cinco da tarde, as coisas mudaram. Ela teve um ataque de fúria e começou a berrar. Jogava móveis e tudo o mais que conseguia pegar. Gritava, dava socos, berrava, chorava histericamente... Eu fiquei perplexa." (Laura)

Quadro 5.3   Redes de Apoio para Pais e Cuidadores

Os pais e cuidadores muitas vezes precisam de apoio prático e emocional, bem como informações e conselhos para lidar com as demandas da anorexia.[217] Os profissionais de saúde são uma importante fonte de apoio, mas outros tipos de apoio também estão disponíveis.

Grupos de apoio

Muitas associações para distúrbios alimentares patrocinam grupos de apoio, e esses podem ser encontrados em seus sites na Internet. O objetivo desses grupos é ajudar os pais e cuidadores a entender e cuidar de seus filhos, oferecer informação sobre anorexia e tratamentos, compartilhar estratégias de enfrentamento e de manejo e informar acerca de como os cuidadores podem apoiar a si mesmos, aos seus parceiros e outros filhos. Algumas associações de distúrbios alimentares oferecem aconselhamento por telefone ou e-mail, para que os cuidadores possam obter apoio individualizado.

Outros grupos de apoio são conduzidos por médicos e outros profissionais de saúde, por familiares de pessoas que se recuperaram da anorexia ou por pais e médicos que trabalham em conjunto. Por exemplo, a Flamengo Association Vereniging Anorexia Nervosa e Bulima Nervosa (VANBN) organizou um grupo de apoio de pais para pais. Profissionais de saúde treinaram pais voluntários com filhas recuperadas, que então organizaram grupos de discussão para cuidadores e visitaram escolas, falando sobre os distúrbios alimentares.[18]

Suporte on-line

Muitos sites na Internet oferecem apoio para os cuidadores. Muitos são dos Estados Unidos, mas estão ligados a sites semelhantes no Reino Unido, Alemanha, Israel, México, Austrália, e em outros países. Sites de apoio fornecem informações sobre distúrbios alimentares, tratamento e pesquisa, bem como grupos de apoio e salas de bate-papo on-line, em que os cuidadores podem compartilhar experiências e conhecimentos.

Apoio informal

Muitos pais e cuidadores estabelecem redes de apoio informais com parentes, amigos e colegas de trabalho, ou por meio de grupos de igrejas e da comunidade. Outros encontram apoio em outros pais e cuidadores que conheceram em hospitais e em centros de tratamento. Essas redes oferecem flexibilidade e diferentes níveis e formas de apoio.

Pontos fortes e fracos dos grupos de apoio

Nem todos têm igual acesso a grupos de apoio. Por exemplo, pessoas em pequenas cidades ou áreas rurais podem não ter um grupo de apoio próximo. O acesso à tecnologia necessária para o suporte on-line pode não estar disponível. Os benefícios positivos de um grupo de apoio incluem o compartilhamento de experiências e conhecimentos e o desenvolvimento de novas ideias. Um grupo de apoio pode reduzir a sensação de isolamento e ajudar os cuidadores a esclarecer seus pensamentos e sentimentos, permitindo que recebam conhecimento e atendimento para as dificuldades que vivenciam.[146] Um grupo de apoio formal e estruturado pode não ser o ideal para as necessidades de todas as pessoas.

> Alguns pais relatam que se sentem desconfortáveis e relutantes em dividir seus problemas ou escutar sobre as dificuldades de outros e testemunhar seu sofrimento. Idealmente, os pais e os cuidadores devem ter disponível uma gama de redes adequadas às suas necessidades.

O dia em que Ana deveria ser internar era também o dia da competição de natação na escola. No passado, ela sempre vencia todas as competições. Agora, ela não podia sequer competir. Ana abraçou Luke enquanto este saía para a competição, dizendo: "A Nojenta roubou dois anos da minha vida e não vai roubar nem mais um segundo." Antes de saírem para o hospital, Ana insistiu em um grande café da manhã e tentou comer um pedaço de chocolate para ver se a anorexia poderia vencê-la. A experiência foi um sucesso e Laura e Peter tiveram de parar cinco vezes para comprar comida no caminho para o hospital. Quando chegaram lá, Ana estava com quase dois quilos a mais do que no dia anterior, quando a médica a pesara.

Peter e Laura não tinham certeza sobre a sinceridade da transformação de Ana. Peter suspeitava que era apenas um truque para sair do hospital porque, em sua opinião, a anorexia envolve muita mentira. Conforme o tempo passava, no entanto, tornou-se óbvio que Ana estava determinada a melhorar. Ela já havia provado que podia ser "a melhor seguidora de dietas". Agora, estava determinada a provar que poderia ser a melhor em se recuperar.

Entretanto, a recuperação raramente é linear, mas sempre que Ana sentia-se desanimada, ela telefonava para seu pai. Suas conversas sempre a faziam sentir-se melhor. Quando Peter e Luke a visitaram, disseram a Ana que a anorexia encolhia-se em um canto de seu quarto, e se tornava cada vez menor, porque a família batia nela todas as noites. Laura e Peter também incentivaram os amigos de Ana a visitá-la e a ligar para ela, e Ana descobriu que grande parte do seu tempo no hospital era gasto na reconstrução de relacionamentos rompidos, explicando que era a doença, não ela, que havia desprezado seus amigos.

Ana teve alta depois de três semanas, uma semana antes da previsão dos médicos, pesando 50 quilos. Apesar da evolução positiva, Laura e Peter temiam que os antigos comportamentos ressurgissem quando ela voltasse para casa. A família concordou que seria melhor se a anorexia não estivesse à espera de Ana em seu retorno, de modo que Peter e Luke traçaram um plano: "Dissemos a Ana que pegamos pesado e a eliminamos [A Nojenta] completamente".

Quatro meses depois, a recuperação de Ana continua. Ela ainda está muito disciplinada acerca do que come, mas agora sua meta é consumir 2.500 calorias por dia, em vez de 600. Sua função hepática ainda não voltou ao normal e ela ainda não recomeçou a menstruar, mas os médicos esperam que esses problemas se corrijam com o tempo.

Durante todo o período da doença, Laura e Peter apreciaram o apoio da escola dos filhos. Os professores de Ana estavam disponíveis para conversas, mesmo fora do horário de aula, e isso deu ao casal a certeza de que não eram os únicos zelando por Ana. Os professores ligavam para Laura quase diariamente, para atualizá-la sobre o progresso de Ana. Quando Ana finalmente retornou à escola, o diretor fez questão de recebê-la de volta e de expressar prazer por seu retorno e de elogiar sua boa aparência. Laura também encontrou apoio em uma rede informal de amigas que variavam em idade dos 18 aos 50 anos. Elas a escutavam com paciência e ofereciam apoio prático, assumindo o trabalho quando Laura precisava afastar-se para cuidar da filha. Elas também compartilharam suas histórias de experiências semelhantes com as próprias filhas e com as filhas de seus amigos. Saber como os outros sobreviveram ajudou Laura durante os momentos difíceis.

Ana pensa em voltar a nadar, mas descarta a ideia da natação competitiva. Ela perdeu tanto tempo com a anorexia que seria muito difícil reconquistar sua forma, e ela não quer correr o risco de voltar para a cultura da natação competitiva e cair na mesma armadilha em que caiu anos atrás. Em vez disso, seu foco está no futuro. Ela quer ser nutricionista. Ela acredita que seu próprio sofrimento e dificuldades com a alimentação permitirão que ajude meninas jovens com traumas semelhantes.

Laura e Peter acreditam que o passo mais positivo que deram para ajudar na recuperação de Ana foi fazer suas próprias pesquisas e aprender a diferenciar Ana de sua anorexia. Para sua família, foi um avanço fundamental. Ao mesmo tempo, eles sobreviveram com muita adrenalina, muito pouco sono e esgotamento absoluto, mas, comparados com outros pais, acham que tiveram sorte. A doença de Ana durou apenas três anos. Eles se solidarizam com os pais cujas filhas estão doentes há anos.

Quadro 5.4   Conselhos de Pais e Cuidadores

Os pais e os cuidadores muitas vezes têm dificuldade em descobrir como ajudar alguém com diagnóstico de anorexia e em como lidar com seus prórios desafios e angústia pessoal. Uma vez que as circunstâncias de cada pessoa são diferentes, não há soluções ou respostas infalíveis ou garantidas, no entanto, os pais têm compartilhado os seguintes conselhos.[219]

Coisas a fazer

- Os pais podem receber conselhos conflitantes. É importante que pais e cuidadores não aceitem ou rejeitem sem qualquer crítica tudo o que ouvem, mas que se eduquem para que tenham conhecimento para tomar decisões informadas.
- Mantenha as linhas de comunicação abertas e lembrem constantemente a pessoa com anorexia que ela tem apoio e é amada.
- Seja proativo sobre encontrar o programa de tratamento certo, e ao encontrá-lo, trabalhe em estreita colaboração com os médicos, para que a pessoa diagnosticada com anorexia receba mensagens consistentes de todos.
- É importante manter-se atento e atender às necessidades de outros membros da família.
- Os pais e cuidadores precisam cuidar de seu próprio bem-estar físico e mental, para o seu próprio bem e para o bem de seus familiares.

Formas de pensar

- Uma perspectiva otimista é importante.
- Pode ser útil pensar na anorexia como uma entidade separada da pessoa afetada por ela porque isso permite que os pais detestem a anorexia, mas amem seus filhos.

- Pais e cuidadores não devem se culpar ou culpar a pessoa com anorexia pela doença.
- Os pais e cuidadores precisam aceitar suas limitações e reconhecer que não podem fazer com que alguém com anorexia se recupere e seja perfeito o tempo todo e em todas as situações.
- Os pais e cuidadores com frequência esperam que a família um dia venha a ser exatamente como antes da anorexia. Isso pode ser ilusório e pode ser melhor avançar e estabelecer um relacionamento diferente, mas positivo.

6

"Amor Inflexível"

A história de Jo, Julie, Michael e Sam

A casa se parece com todas as outras no subúrbio confortável à beira-mar, mas por dentro está marcada por anos de acessos de raiva de Jo – a mobília está destruída, enfeites e pinturas desapareceram, as portas estão marcadas por golpes, arranhões ou não existem mais e as janelas foram quebradas e consertadas mais vezes do que qualquer um pode lembrar. Julie e Michael conservam ainda um leve sotaque, embora tenham migrado da Inglaterra há mais de vinte anos. Seus filhos, Josephine, de 18 anos, e Sam, de 15 anos, são o centro do mundo de seus pais, e ambos herdaram a aparência tipicamente inglesa de Julie: cabelos loiros, olhos azuis e a pele clara e delicada como porcelana fina.

Quando criança, os cabelos encaracolados e loiros, bem como a natureza doce e cativante de Josephine, conquistavam todos que a viam. Em pouco tempo, tornou-se óbvio que o apelido "Jo" refletia melhor sua personalidade que o nome "Josephine", mais formal. Assim como suas amigas, Jo era uma moleca, mais interessada em nadar e surfar que em meninos ou moda. Julie e Michael lembram com carinho daqueles anos. Naquela época, Jo se parecia com qualquer outra adolescente. Hoje, Jo ainda tem a beleza clássica e quase angelical, mas a *persona* plácida que ela apresenta ao mundo disfarça uma alma turbulenta e torturada.

Desde criança, Jo sempre teve estranhos padrões alimentares e era cheia de vontades no que se referia aos alimentos. Ela não permitia que quaisquer alimentos no prato se tocassem, nem mesmo massa e molho de tomate, e sempre se alimentava em uma ordem fixa e não negociável: carne, salada e então batata seguida por outros vegetais. Jo atinha-se a este ritual inflexível em qualquer lugar e em todos os momentos. Aos 15 anos, Jo anunciou que havia decidido tornar-se vegetariana. Michael e Julie decidiram não contrariá-la:

> "Eu sei que todas as crianças passam pela fase vegetariana. Então, se Jo não queria comer carne, tudo bem! Simplesmente compraríamos mais vegetais e arroz. Eu não queria fazer disso um problema. Se você contraria, o problema só tende a aumentar. E, de qualquer forma, ela nunca foi muito fã de carne." (Julie)

Quando Jo conseguiu seu primeiro namorado, as mudanças foram maiores. Um namorado era um símbolo de status na escola de elite que Jo estudava, uma declaração pública de que a garota era popular, desejável, madura, e uma mulher 'de verdade'. Seu círculo de amigos ampliou-se e surgiram novas oportunidades sociais. Jo deliciava-se tranquilamente com sua nova persona recém-descoberta, até que uma provocação tola e rancorosa derrubou seu equilíbrio:

> "Eu estava feliz. Eu era saudável, comia o que queria, me exercitava e era alegre. Então, um menino estúpido me chamou de gorda. Foi realmente patético, mas nessa idade, quando alguém diz algo, você acredita e leva muito a sério, especialmente as meninas. Se chamamos um menino de gordo, ele esquece disso no dia seguinte. Se chamamos uma menina de gorda, ela não esquece, embora quem disse logo esqueça o que falou. Fui chamada de gorda em um momento em que começava a ter consciência de meu peso, em torno de 15 ou 16 anos de idade. Isso foi um grande golpe. Eu levei muito a sério e resolvi perder peso e ficar saudável e em forma. Eu comecei a tentar ficar saudável, mas confundi tudo. Acho que sou o tipo de pessoa que vai longe demais nas coisas."

Aquele comentário foi injusto e flagrantemente falso, mas balançou Jo. Por trás da bravata de ser adulta estava uma adolescente frágil e insegura:

> "Esse foi o catalisador real, o início real. Os meninos podem ser muito cruéis... Jo estava com o namorado e um dos amigos dele se virou e disse que ela não era boa o suficiente para ele, porque era gorda e feia." (Michael)

"Sim, foi isso que aconteceu. É assim que eles são nessa idade, e é horrível. Outra pessoa provavelmente ficaria com raiva e o ignoraria, mas ela infelizmente sempre havia sido muito sensível e levava tudo a sério. Faz parte de sua personalidade." (Julie)

A cultura na escola de Jo não ajudava. No ambiente disciplinado e competitivo, ser magra era um atributo altamente desejado. Isso caracterizava as garotas como autodisciplinadas, bem-sucedidas, o tipo de pessoa destinada ao sucesso em todas as esferas da vida e aquelas que não se encaixavam no molde aprovado eram rejeitadas, excluídas e solitárias. As meninas competiam para ver quem emagrecia mais, mas também partilhavam as dietas, truques para emagrecer e laxantes. Uma das amigas de Jo até escreveu instruções detalhadas sobre como fazer para vomitar depois de comer. Michael e Julie não conseguiam controlar a cultura na escola da filha, mas Julie chegou à conclusão de que "todas elas pareciam ter distúrbios alimentares".

Quadro 6.1 Cultura Escolar e Anorexia

As escolas desempenham um papel importante na vida das crianças e adolescentes. Nas escolas os jovens não apenas adquirem conhecimento acadêmico, mas também aprendem sobre as regras sociais e culturais, relacionamentos e expectativas. Elas são importantes locais para o desenvolvimento da autoimagem e confiança dos estudantes. As escolas veneram e incentivam três virtudes, em particular (isto é, valores e formas de pensar) que podem alimentar involuntariamente atitudes e comportamentos evidentes entre adolescentes com anorexia.[163]

A virtude da autodisciplina

Escolas são ambientes altamente estruturados e disciplinados. Sinos, horários e regras regulam o uso do tempo: lições e refeições têm horários fixos, o currículo é ensinado em prazos designados; trabalhos escolares e tarefas de avaliação têm horários e datas fixas para entrega e o horário de exames é cuidadosamente controlado e monitorado. Regras explícitas e implícitas ditam onde se pode estar (por exemplo, na sala de aula, playground, biblioteca ou ginásio) e as atividades aceitáveis nestes espaços (por exemplo, silêncio/conversa, trabalho/brincadeiras, jogos/aprendizagem, não comer/comer). Os mecanismos disciplinares das escolas apresentam a autodisciplina como uma virtude e como a demonstração de uma vida organizada e controlada.[163]

A virtude da autodisciplina, altamente considerada nas escolas, pode repercutir e reforçar os comportamentos e valores anoréxicos. Isso é evidente, por exemplo, quando a adolescente com anorexia segmenta sua vida em intervalos de tempo bem organizados, com fins específicos, e impõe rotinas rigorosamente disciplinadas à sua alimentação e exercícios.

A virtude da realização individual

A competição e a realização são altamente valorizadas nas escolas e muitos estudantes se sentem pressionados a competir com os seus pares e a ser empreendedores bem-sucedidos.[183,220] As escolas incentivam a competição através de avaliações e exames, atividades esportivas e ingresso competitivo em atividades privilegiadas, por exemplo, a banda da escola ou uma equipe esportiva. As escolas recompensam publicamente os vencedores e os alunos de sucesso com prêmios, privilégios e prestígio. Em comparação, a ausência de conquistas é um estado indesejável, que significa fracasso.[163]

Quando a competição e a realização individual são valores altamente apreciados, alguns adolescentes ampliam esses valores para seus próprios corpos. A abstinência alimentar (autoinanição) pode ser vista como uma área de conhecimento e conquista pessoal e como uma espécie de sucesso. Em comparação, a ausência de realizações é equacionada como fracasso e é evidente nos comentários de anoréxicas que recuperaram o peso e que se descrevem como anoréxicas fracassadas.[74]

A virtude de ser saudável e magro

A importância de ser magro é promovida nas escolas através da ligação com a saúde na educação física e outros conteúdos ligados à saúde.[221] As escolas também tornam os corpos de seus alunos objetos de exibição pública de maneira que nutrem comparações físicas, por exemplo, por meio de códigos de vestimenta institucionalizadas e em eventos, tais como torneios de natação e atletismo, bailes escolares, esportes e aulas de ginástica. Regras para refeições na escola normalizam comportamentos alimentares, tornando o consumo de alimentos um ato público passível de vigilância moral por colegas e outros, e a falta de autodisciplina sobre o tipo ou quantidade de alimentos ingeridos é suscetível a comentários ou ridicularização por colegas.

Quando os alunos são incentivados a ser magros e saudáveis por meio de dietas e exercícios, isso pode nutrir a ideia de corpos como problemas a serem controlados e como objetos de autodisciplina e realização.[70] Pode haver uma pressão ainda maior para que os estudantes sejam magros se esses aspiram a grandes realizações em áreas como esporte ou balé.[183,222]

A experiência que os alunos têm da escola também é moldada em ambientes informais, como o pátio, grupos de amigos e situações sociais em atividades escolares e extracurriculares. Quando grupos de pares colocam a prioridade em perder peso ou em ser magro, isso pode contribuir para uma cultura de distúrbios alimentares, e pesquisadores identificaram esse fenômeno em algumas faculdades nos Estados Unidos.[223] Esses tipos de experiências são motivos de preocupação para as escolas. Escolas não contribuem conscientemente para os distúrbios alimentares, mas as políticas e as práticas de educação escolar que endossam e exageram as virtudes da disciplina, competição e de ser saudável e magro podem resultar em pressões e condições prejudiciais para a saúde dos jovens. Por estas razões, recuperar-se da anorexia pode significar ir contra as virtudes promovidas como parte da rotina diária, práticas sociais e políticas sob as quais as escolas operam.

Determinada a nunca mais ser chamada de "gorda", Jo começou gradualmente uma rotina de dieta e exercícios, mas isso logo se degenerou em horas de corrida e natação todos os dias. Era um regime insustentável para um corpo faminto, e à noite Jo sentia tanta fome que comia compulsivamente tudo o que pudesse pegar: bolos, legumes, lanches prontos, massas, qualquer coisa. Depois, vinham o remorso e as recriminações a si própria. Ela fazia o que fosse necessário para eliminar de seu organismo o que havia comido.

Julie e Michael preocuparam-se com a perda de peso da filha. No entanto, quando Julie pegou-a vomitando após uma saída noturna, pensou que a causa havia sido o excesso de álcool, não os comportamentos anoréxicos. No novo círculo social de Jo, os finais de semana consistiam em uma série de festas com álcool liberado. Para Jo, o álcool era uma maneira de "ficar longe de tudo, de minha mente e meus pensamentos." Julie e Michael detestavam os finais de semana:

> "A impressão que dá é que todos esses jovens saem para beber de tudo, apenas para ficarem bêbados. Nós detestávamos – realmente detestávamos – as sextas e sábados à noite, porque recebíamos telefonemas de seu namorado ou de seus amigos para buscá-la em festas. Eu cheguei a encontrá-la caída na rua, porque ela não conseguia caminhar ou saltava do carro e fugia, sem saber o que estava fazendo. Ouvíamos sempre: "Eu tenho 16 anos e você não pode me dizer o que fazer." (Michael)

Michael e Julie se sentiam presos e impotentes. Os pais não queriam impedir Jo de ir a festas que faziam parte de crescer e ser adolescente, mas não conseguiam fazer nada para impedir os danos que ela causava a si mesma sempre que saía. Eles conversavam sobre as diferentes opções e sobre o que fazer por horas a fio. A cada ideia, suas escolhas eram limitadas pelo mesmo dilema que todos os pais enfrentam: como proteger seu filho, mas ainda lhe dar liberdade para aprender sobre a vida?

Tudo isto cessou à medida que a data do baile de debutante de Jo (nos Estados Unidos, aos 16 anos) se aproximava. Este deveria ser um evento extravagante, formal e o destaque do calendário social do ano. Durante meses, Jo e suas amigas vinham falando sobre os vestidos que usariam, sobre os meninos que as acompanharia e sobre as festas de "antes" e "depois", além de discutirem sobre a pompa dessa antiga cerimônia de apresentação à sociedade. Sem o conhecimento dos pais, Jo já estava restringindo alimentos, vomitando e abusando de laxantes havia meses, em um esforço para estar magra e esbelta para o baile. Ela emagrecera tanto que seu vestido sobrava em seu corpo, mas continuava insistindo que estava gorda demais para ser vista em público e se recusou a ir ao baile.

Este episódio chocou Michael e Julie, que finalmente deram voz às suspeitas que há muito tempo mantinham em silêncio: o comportamento de Jo era sintoma de problemas mais graves. Julie providenciou para que Jo viajasse para ver amigos fora da cidade ao faltar ao baile, mas não antes de localizarem um pediatra especializado em distúrbios alimentares entre adolescentes. Jo gostou dele imediatamente. O profissional receitou antidepressivos e marcou uma segunda consulta para quando Jo voltasse de viagem.

Julie e Michael esperavam que uma pausa pudesse estabilizar Jo e que sua vida familiar voltasse ao normal. Ao voltar para casa, Jo realmente parecia mais contente e tranquila, e começou a consultar o especialista periodicamente, até que a irmã mais jovem de um amigo fez um comentário irreverente sobre as suas coxas "flácidas". Jo sentiu-se arrasada. Assim que chegou em casa, ela voltou-se contra si mesma em uma fúria violenta, destruindo seu quarto, jogando pertences do armário no chão e quebrando enfeites e porta-retratos. Depois, cortou seu cabelo loiro tão elogiado e fez cortes tão profundos em suas coxas que as cicatrizes ainda permanecem. Finalmente, engoliu uma caixa inteira de sedativos à base de plantas em uma busca desesperada por paz.

Este episódio chocou e assustou toda a família. Eles esperavam que fosse um incidente isolado, mas este foi o início de uma espiral descendente de autodestruição. Como explica Julie, um padrão claro emergiu rapidamente:

> "Ela passava fome por dias. Depois, comia compulsivamente. Então, passava fome novamente. Seu padrão normal é não comer nada o dia inteiro, ou tomar apenas um suco ou comer uma banana e, depois, comer à noite e vomitar e, então, parar e não comer por um longo tempo. Por isto, os médicos lhe deram o diagnóstico de anorexia e bulimia."

Os ataques de fúria cega de Jo eram, muitas vezes, efeito da autoaversão que se seguia invariavelmente ao consumo alimentar compulsivo. Em outros momentos, eram desencadeados por um comentário casual ou simplesmente pelo estresse de tentar levar seus dias:

> "Às vezes eu perdia a cabeça, porque estava tentando fingir que era feliz e que comia e todo o resto. Eu levava esse peso nas costas e então perdia o controle de vez em quando. Eu fico maluca. Eu já destruí a cozinha, joguei frascos de ketchup e coisas por toda a cozinha. Simplesmente destruí tudo. Depois, eu me sentia como um monstro ou um animal."

Lembrando destes incidentes, Michael e Julie referem-se à filha como uma espécie de *Médico e Monstro* adolescente. Em um minuto, Jo gritava palavrões para a família e, em seguida, ria ao telefone com uma amiga como se nada tivesse acontecido. No entanto, Jo sabia que suas compulsões com alimentos e abusos verbais afetavam a todos em sua família, "Não tínhamos muita comida em casa, porque eu não comia ou, então, simplesmente comia tudo e depois me sentia horrível e tinha um acesso de raiva e eles precisavam me aturar." Sempre que havia comida em casa, Michael e Julie ficavam acordados à noite ouvindo Jo na cozinha:

"Ela preparava tudo o que via pela frente. E comia tudo. Até o último grão. Ela podia devorar um pão inteiro, um frango, um pacote de biscoitos e uma caixa inteira de cereal. Pela manhã, não havia mais nada. (Julie)"

Quando Julie cozinhava, Jo ficava à sua volta, insistindo para que lhe desse algo para comer, como se não comesse há dias. Julie conhecia a rotina: a insistência era apenas o precursor de uma compulsão incontrolável. Em certa ocasião, Julia foi vencida pela frustração. Ela ri ao recordar isso agora, mas na época sentiu raiva. Ela arrancou o prato de jantar da frente da filha, levou-o até o banheiro e jogou a comida no vaso sanitário, dizendo: "Vamos direto à etapa final, está bem?". Em desespero, Michael e Julie começaram a armazenar os alimentos em seu quarto, trancando-o a chave.

O regime autodestrutivo de Jo dificultava sua concentração e ela tinha problemas na escola e em uma série de empregos em tempo parcial. Sua existência girava em torno da comida. A tensão de viver desse jeito acumulava-se lentamente. A próxima grande crise envolveu um coquetel de álcool e medicamentos sem prescrição. Jo engoliu tudo o que podia em termos de analgésicos, álcool e laxantes e desmaiou na praia. Ela foi encontrada por um trabalhador local, que chamou uma ambulância. Michael e Julie souberam do episódio quando policiais ligaram da sala de emergência onde Jo passava por uma lavagem estomacal. Jo foi internada em uma clínica de distúrbios alimentares, mas logo fugiu. Na época, Jo sentiu que a fuga representava um poderoso ato de rebeldia, mas a filha não tinha dinheiro e estava desorientada, assustada e bem longe de casa. Ela acabou tentando voltar à clínica e foi encontrada por guardas de segurança do local.

O médico e os pais de Jo concordaram que não havia sentido em tentar forçá-la a ficar na clínica. Em conjunto, decidiram que a melhor opção era Jo ir para casa, mas consultar um psiquiatra regularmente. Michael e Julie não perderam tempo e providenciaram um psiquiatra, que seria o primeiro de muitos psiquiatras, psicólogos e terapeutas, dos quais Michael e Julie perderam a conta. A cada vez, Jo mostrava-se difícil e não cooperativa. Ela fazia um escândalo e saía furiosa do consultório ou sentava-se em silêncio sepulcral por uma hora.

Em dois anos, seu corpo e vida social já mostravam os efeitos do abuso repetido. Ela estava muito fraca para praticar esportes e abandonou o clube de surfe. Seus joelhos estavam tão machucados pelas corridas e ciclismo que ela tinha dificuldade para andar. A ulceração e sangramento gástrico pelo abuso prolongado de laxantes causavam dor de estômago constante, e os cortes que ela infligia a si mesma regularmente levavam cada vez mais tempo para cicatrizarem, enquanto seu sistema lutava com os efeitos da inanição. Jo tentou explicar o que acontecia em sua mente quando se punia e se cortava:

"São pequenos acontecimentos que começam a crescer dentro de mim e se acumulam até explodirem. Não parece como se fosse eu. Não sou eu que faço aquilo. Não dói quando faço coisas assim. Não sinto na hora, mas quando acordo e tenho todos esses cortes ou queimaduras no braço, aí dói de verdade. É como autotortura. Como se eu merecesse. Como se precisasse fazer isso porque fui má. Quando eu queimei o meu braço com fósforos, acho que meus pais tinham me chateado e eu pensei que não estava à altura do que eles desejavam de uma filha. Eu sei que é estúpido e sei que não é verdade, mas, naquele momento, me senti muito, muito mal, como se não tivesse me tornado o que esperavam. Parecia que eu tinha ido para o caminho errado e tinha destruído a família. E foi aí que aconteceu."

Jo passava horas infindáveis no computador à noite vasculhando a Internet para obter informações sobre os transtornos alimentares e imprimindo centenas de páginas. Ela navegava por sites sobre anorexia e conversava em salas de bate-papo com outras pessoas com distúrbios alimentares. Jo encontrou muitas meninas com interesses comuns para trocar confidências e fazer comparações. Também havia muitas aliadas do mundo inteiro que trocavam dicas sobre como emagrecer e purgar.

Jo passava a maior parte do dia dormindo, já que ficava acordava a noite inteira na Internet. Quase sempre faltava às aulas e, quando chegava a ir, perturbava outros ou se preocupava com a possibilidade de estarem falando a seu respeito e saía logo após chegar à escola. Michael e Julie tentaram tudo o que podiam para mudar as coisas. Houve discussões intermináveis, bajulações, negociações, subornos e até mesmo ameaças. Deram-lhe comprimidos para dormir para tentar ajustar seu relógio biológico, mas sem sucesso. O casal recrutava o apoio de pessoas que haviam se recuperado da anorexia, na esperança de que uma delas pudesse conectar-se com Jo e ajudá-la. Nada e ninguém parecia capaz de romper as barreiras que ela havia criado em torno de si mesma.

Quadro 6.2 Sites Pró-ana na Internet

Sites pró-ana (pró-anorexia) são sites criados e usados por pessoas com anorexia que não querem se recuperar. Esses sites oferecem dicas de exercícios e dieta e fóruns de discussão on-line, onde os usuários podem fazer perguntas, compartilhar ideias e conhecer outras pessoas que são pró-anorexia. Muitos sites pró-ana apresentam fotos de mulheres e celebridades emaciadas. Estas fotos são chamadas de "thinspiration" (inspiração para ser magra) e podem ser editadas para tornar a pessoa fotografada ainda mais magra.

A maioria dos sites concorda que a anorexia causa sofrimento e muitos também fornecem links para sites pró-recuperação.[224] No entanto, sites pró-ana destinam-se a pessoas que querem manter e aperfeiçoar seu distúrbio alimentar. Consequentemente, muitos deles apresentam um aviso isentando-se de qualquer responsabilidade pelas ações dos usuários após a visita aos sites. Tem havido um amplo debate acerca de coibir-se existência de sites pró-ana. Aqueles que querem os sites proibidos têm três preocupações principais:

- Pessoas vulneráveis visitam os sites e são expostas a informações e atitudes que podem desencadear ou piorar os seus distúrbios alimentares.

- Site pró-ana apoiam comportamentos indesejáveis e hábitos não saudáveis para a perda de peso.
- Os sites promovem a anorexia, retratando-a como uma opção de vida válida e até mesmo como uma virtude semelhante a uma busca religiosa. [225,226]

No outro lado do debate, os usuários dos sites afirmam que têm o direito de dar e receber apoio de pessoas como eles mesmos.[227] Eles alegam que os sites retratam a realidade, porque aceitam que algumas pessoas não se recuperam da anorexia e fornecem uma comunidade solidária e apoiadora que não está disponível em outro lugar.[224,228]

Mesmo alguns não usuários opõem-se à proibição de sites pró-ana, argumentando que ainda não existem pesquisas suficientes indicando que os sites são prejudiciais e que grande parte do conteúdo pró-ana está livremente disponível em sites tradicionais concebidos para as pessoas "normais" que fazem dieta. Eles também argumentam que a mídia popular promove a magreza e a obsessão com o peso de modo mais poderoso que os sites pró-ana. Banir os sites pró-ana, segundo eles, só os levará à marginalidade, e é melhor usá-los para entender seus usuários.[224,229]

Sites pró-ana são amplamente acessados. Pesquisas sugerem que cerca de 40% dos adolescentes com distúrbios alimentares visitaram um site pró-ana[230], mas investigações sobre os efeitos de tais sites sobre os usuários são limitadas. Em 2001, havia cerca de 400 sites pró-ana, mas o Yahoo! removeu cerca de 300 deles após ser pressionado por profissionais e organizações de saúde.[231,232] Usuários de sites pró-ana responderam iniciando uma petição para permitir páginas pró-ana. Até abril de 2005, a petição tinha mais de 10 mil assinaturas.

Ativistas antianorexia começaram a usar as mesmas estratégias dos sites pró-ana para levarem suas mensagens para os indivíduos. Um site pró-recuperação se disfarça como um site pró-ana, usando fotos de modelos esquálidas, na esperança de atrair pessoas que estão à procura de modos de permanecer anoréxicos e acabar com suas vidas com esta doença... É preciso falar para as pessoas que vão aos sites pró-ana... há uma necessidade desesperada por encararem a realidade.[233]

Depois da terceira ou quarta tentativa de suicídio, os pais de Jo aceitaram o fato de que ela oferecia perigo para si mesma. Seguindo o conselho do médico de Jo, eles concordaram em interná-la em um hospital psiquiátrico durante a noite, na esperança de que isso a assustaria e a levaria a tentar a recuperação. Julie foi com Jo para o hospital:

> "O médico assinou os papéis e contou ao pessoal da unidade psiquiátrica que esta adolescente estava por chegar. A ambulância apareceu e fomos. Eu estava apavorada... a unidade psiquiátrica é chocante. Eu estava morta de pavor. As portas eram trancadas a chave. Então me dei conta da loucura que estávamos fazendo. Estamos nos trancando ou trancando a ela, esta noite? Ou estamos apenas tentando assustá-la? A intenção era chocá-la, mas naquele momento eu não estava muito consciente do que estava acontecendo. Eu estava atônita... Por minha cabeça passava a ideia de que ficaríamos ali um pouco, eles iriam reavaliá-la e tudo bem... A ambulância precisa entregar os pacientes e não pode ir embora até a chegada do médico responsável da unidade psiquiátrica. Então, eles trancam a porta. Acho que aquilo a assustou, por algum tempo. Mas isto durou pouco. Eu estava desesperada para fumar e disse à pessoa que cuidava da ala que precisava sair para fumar um cigarro. Ele disse: 'Saia, mas volte logo'. Assim que saí para fumar, Jo também veio para sair comigo, mas ele trancou a porta, dizendo: 'Você, sente-se aí. Você não pode sair'. Pensei que ela explodiria, mas Jo conteve-se. Ela sentou-se em silêncio e eu voltei logo depois. As pessoas mais esquisitas olhavam para ela. Era como carne fresca. Eu estava apavorada. Aquilo era horrível. Eu havia dito, antes, que aquele era o tipo de lugar onde ela terminaria, se continuasse se comportando como fazia.... Eles nos deixaram lá por cerca de cinco ou seis horas... aquele é o tipo de lugar onde terminam meninas assim, que continuam tentando o suicídio."

Durante esse período atormentado, Jo apoiava-se em seu irmão mais novo, Sam. Ele era sua fonte de força, conforto e apoio. Sam a abraçava e consolava quando ela chorava de raiva e dor, e muitas vezes era ele que a encontrava quando ela desmaiava de fome ou estava bêbada e delirante ou se cortava. Sam também foi uma força para Julie e Michael. Quando Julie se desmanchou em lágrimas pelo esforço e tensão de ter de lidar com tudo aquilo, foi Sam quem a lembrou que "Jo está doente. Ela não consegue evitar as coisas que faz". "Ele me dava um tapinha no ombro e dizia: 'Não se esqueça, mãe, ela está doente.' Isso me causava conforto e tristeza ao mesmo tempo." Jo sabia que seu comportamento estava afetando Sam:

> "Meu irmão ficava realmente chateado quando me pegava vomitando ou fazendo algo, como tomar laxantes. Ele não podia convidar seus amigos para dormir em casa porque eu podia ter um ataque ou porque não havia comida em casa para oferecer a alguém, ou talvez eu tivesse destruído tudo em um acesso de raiva."

Inevitavelmente, o comportamento de Jo infiltrou-se no modo de Sam ver o mundo. Com frequência maior do que desejariam, Michael e Julie eram convocados por professores porque Sam havia violado alguma regra da escola. Preocupados com seu bem-estar, eles sugeriram que Sam consultasse um psicólogo, mas ele lhes disse, com firmeza e boa educação, que não precisava de terapia e que Jo era quem tinha problemas. No entanto, em seu décimo sexto aniversário, Sam ficou bêbado, bateu o carro e foi preso.

Jo sentiu-se responsável. Ela estava convencida de que o acidente de Sam havia sido por sua culpa, por não saber cuidar do irmão. Atormentada e triste, Jo "ficou absolutamente maluca", quebrando e jogando coisas em um ataque destrutivo e descontrolado. Seu descontrole era tanto que Julie temeu por sua própria segurança e trancou-se no quarto, chamando a ambulância para levar Jo para uma unidade hospitalar de segurança. Jo teve alta no dia seguinte e seus médicos alertaram que qualquer violência adicional significaria a internação forçada em uma ala psiquiátrica para tratamento. O alerta de nada adiantou. Logo depois, Jo tomou uma overdose de antidepressivos e analgésicos:

> "Eu estava cansada de tudo. A desnutrição faz sua cabeça ficar confusa e você não pensa direito. Eu me cansei de tudo. Tudo parecia estar se desmoronando e nada dava certo. Em casa, as coisas iam muito mal. Eu brigava com todos e havia me distanciado deles e, assim, achei que devia cair fora de tudo. Não conseguia lidar com isso. Acho que o que eu buscava era uma

saída fácil. Pensei que, se morresse, fosse melhor. Se eu morresse, era para ser assim. Se funcionasse, então que fosse assim."

Desta vez, Jo foi internada diretamente em uma ala psiquiátrica fechada a chave. O psiquiatra responsável por sua internação reuniu-se com Jo, Julie e Michael para elaborar um plano de tratamento. Jo recebeu duas opções. Se recusasse a participação em um programa de medicação e terapia, ficaria na ala psiquiátrica para tratar-se. Se concordasse com o tratamento, poderia receber alta e voltar para casa. Jo escolheu a última opção, mas não demorou muito para começar a faltar às sessões com seu psiquiatra. No final, ele lhe disse educadamente, mas com firmeza, que não iria perder consultas com alguém que não comparecia. Jo não se preocupou. Com quase 17 anos de idade, ela imaginou que já era capaz de cuidar de si mesma.

Michael e Julie finalmente encontraram outra clínica para distúrbios alimentares de adolescentes e Jo concordou em internar-se. A esperança era de que este fosse um novo começo, mas Jo anunciou que tinha mudado de ideia logo que chegaram à clínica e não quis sair do carro. Exceto por arrastá-la fisicamente enquanto ela berrava e chutava, Michael e Julie sentiram-se incapazes de fazer qualquer coisa e, então, voltaram para casa. Algumas semanas depois, Jo mudou de ideia e pediu que os pais a levassem à clínica. Desde o início, no entanto, Jo sentiu que a clínica não era para ela. Jo estava magra, mas seu peso nunca havia caído o bastante para deixá-la cronicamente enferma, e além disso ela sentia-se muito gorda em uma sala cheia de meninas que pareciam ainda mais magras. Seu humor tornou-se cada vez mais ansioso e deprimido e ela insistiu em voltar para casa. Michael e Julie viam a clínica como sua última esperança, mas sabiam que Jo não iria cooperar, se ficasse contra a vontade.

Mesmo nos piores momentos, a filha divertida e carinhosa que os pais recordam ainda aparece ocasionalmente. Jo conversa com Julie sobre seus amigos, programas de TV e sobre a vida. Ela joga jogos de tabuleiro com Sam e abraça e provoca o pai de forma amorosa. Os últimos seis anos, porém, foram um período tórrido e cheio de emoções. A tensão de Julie mostrou-se na forma de problemas de saúde. Ela tenta relaxar caminhando. A atividade física alivia sua angústia:

"Você vai em frente, mas está sempre ansioso. Eu desenvolvi a síndrome do intestino irritável. E há sempre uma sensação de aperto no meu estômago. Não durmo direito. Preocupo-me constantemente sobre o que ela está fazendo. Estou sempre preocupada e constantemente tensa e ansiosa. A ansiedade nunca vai embora."

Michael descobriu-se caindo no choro inesperadamente:

"Nunca fui uma pessoa muito emocional, mas eu pegava o carro e começava a chorar sozinho enquanto dirigia. Não havia nada que alguém pudesse fazer por mim e nada que alguém pudesse fazer por ela. A menos que ela quisesse."

Depois de anos vivendo sob tensão e de muita discussão com a psicóloga, Michael e Julie decidiram assumir uma abordagem de "amor e rigidez" para ajudarem Jo a assumir a responsabilidade por si e para proteger o bem-estar de todos na família. Eles decidiram parar de ceder ao comportamento intolerável. Agora, quando Jo está bêbada seus pais não dirigem mais durante horas para buscá-la. Não seguem mais seu carro suplicando que volte para casa quando ela foge. Não se submetem mais aos seus ataques destrutivos. Eles "não jogam mais esse tipo de jogo". Na última vez que Jo parou de tomar seus medicamentos e se recusou a comparecer à consulta com a psicóloga, os pais aceitaram o conselho de um especialista em distúrbios alimentares e iniciaram um árduo processo legal para colocar Jo sob o controle de um guardião público, para que fosse tratada contra sua vontade.

Esta iniciativa chocou Jo, levando-a a tomar seu medicamento e comparecer a consultas regulares com seu médico. Isso foi há três meses. Desde então, Michael e Julie viram mudanças positivas, embora nunca saibam exatamente o que desencadeia determinadas transformações. No entanto, Jo parece mais conciliadora, responsável e tranquila. Em vez de descontar sua raiva na família, ela agora derrete-se em atenções com o novo cãozinho que ganhou de Natal. Apesar da interrupção nos últimos anos, Jo concluiu o ensino médio e agora está estudando para ser enfermeira. Ela quer ajudar outras pessoas com distúrbios alimentares. Ela sabe que "você tem de ajudar a si mesmo antes de poder ajudar outras pessoas", o que a motivou a se esforçar para a sua recuperação, mas não foi fácil:

> "Alguns dias você acha que está melhor. Então, em outros dias, parece que regrediu milhares de quilômetros e voltou à estaca zero. Mas estou comendo na frente de outras pessoas que não sejam a minha família e meus amigos e namorado. Não tenho mais tantas marcas de cortes causados por mim em todo o corpo. Faz muito tempo desde minha última internação hospitalar."

Quadro 6.3   Tratamento Compulsório

O tratamento compulsório pode ser utilizado quando a anorexia ameaça a vida de uma pessoa ou seu bem-estar. O tratamento compulsório pode significar internação à força de alguém em uma instituição de tratamento ou a imposição de determinado tipo de tratamento, como alimentação por sonda nasogástrica. Debates médico-legais, éticos e psicológicos a respeito do uso do tratamento obrigatório para pacientes com anorexia são contenciosos e contínuos.[234-7] A maior parte do debate envolve questões filosóficas, a competência de pessoas diagnosticadas com anorexia para recusar tratamento e as implicações clínicas do tratamento compulsório.

Questões Filosóficas

Em termos gerais, duas posições filosóficas sobre os cuidados médicos são relevantes para a questão do tratamento compulsório.[238] A postura "libertária" vê o tratamento compulsório como uma violação dos direitos e da autonomia do paciente. Ela argumenta que a livre escolha individual sobre o tratamento é um direito humano básico que deve ser protegido, mesmo que a escolha ameace o bem-estar ou a sobrevivência de um indivíduo ou outros por não concordem com sua escolha. A postura "paternalista" enfatiza o "dever de cuidar" de um médico para o tratamento de pacientes que necessitam de atenção médica e afirma que é uma responsabilidade moral e profissional fornecer tratamento para aqueles que estão gravemente doentes ou perto da morte, mesmo sem consentimento do paciente. A ênfase relativa em cada postura filosófica na legislação, lei e prática profissional varia entre os diferentes estados e países.

Competência

A competência geralmente é considerada como a capacidade de dar consentimento informado para o tratamento. As leis que permitem aos jovens consentir com o tratamento sem a manifestação de seus pais ou responsáveis variam em cada estado e país, mas a provisão de competência geralmente varia de 12 a 18 anos de idade. Independentemente das limitações legais, estabelecer que alguém com anorexia é competente e capaz de tomar decisões sobre o tratamento não é simples. Alguns médicos sustentam que, por definição, o diagnóstico de anorexia significa que os indivíduos são incompetentes para tomar decisões sobre alimentos e alimentação ou para julgarem a gravidade de sua situação e a necessidade de abordá-la.[234,239] Além disso, a inanição pode causar irracionalidade, hostilidade e delírios que diminuem essa competência.[240] Uma visão alternativa é que é discriminador supor que alguém é incapaz de tomar decisões de tratamento simplesmente porque tem anorexia. As pessoas diagnosticadas com anorexia podem recusar o tratamento, mesmo quando entendem sua situação e são capazes de raciocinar de forma lógica.[239,241] Por outro lado, as pessoas com anorexia podem dar a impressão de que têm conhecimento, compreensão e capacidade de raciocínio, mas outras atitudes e valores podem sugerir que não têm a competência para decidir sobre o tratamento. Por exemplo, os pacientes podem se sentir compelidos por sua anorexia a recusar o tratamento ou podem ver a morte ou invalidez como menos importante do que sua anorexia e até mesmo como uma conquista.[235]

Argumentos Clínicos

Uma preocupação central entre os médicos é se o tratamento compulsório é a melhor opção para a pessoa diagnosticada com anorexia. Os principais argumentos em favor do tratamento compulsório são de que não há provas de que o tratamento involuntário cause prejuízo ou leve à rejeição ao tratamento ou à piora dos sintomas. Em vez disso, o tratamento compulsório é visto como prova da dedicação do médico ao paciente e é indicado quando é preciso salvar a vida do paciente ou para proteger a sua saúde, segurança e futuro desenvolvimento físico.[242]

Os opositores do tratamento compulsório argumentam que o controle e a autonomia são lutas centrais para as pessoas diagnosticadas com anorexia e que estas lutas se agravam se os profissionais de saúde assumem o controle pela força.[240] Eles sustentam que o tratamento compulsório é psicologicamente prejudicial, destrói a confiança, corrói a relação terapêutica e mina a probabilidade de busca de tratamento adicional.[242,243] Ele produz resistência em pacientes e os incentiva a combater a ajuda profissional, em vez de cooperarem com eles na luta contra a anorexia. Dadas estas condições, os oponentes do tratamento compulsório argumentam que qualquer ganho de peso como resultado de tratamento obrigatório tende a ser perdido após a alta ou encoraja o consumo compulsivo de alimentos ou o uso de métodos indesejáveis para perda de peso, como vômito autoinduzido.[242]

Alguns pacientes tiveram experiências muito traumáticas com o tratamento compulsório e o descreveram em termos de aprisionamento, punição e impotência.[241] No entanto, o tratamento compulsório não é uma experiência negativa para todos. Pessoas que lutam para estar no controle mas se sentem controladas por sua anorexia podem descobrir que o tratamento compulsório as afasta temporariamente deste dilema.[82,130,240] Outras pessoas relatam gratidão, posteriormente, por sua recusa ao tratamento ter sido desafiada ou por crerem que o tratamento à força foi o melhor que lhes poderia ter acontecido.[241,244]

O tratamento compulsório pode ser apresentado como uma intervenção médica padrão quando sintomas físicos perigosos aparecem ou como penalidade pela desobediência a outros programas de tratamento e pode ser imposto com ou sem explicações detalhadas e com ou sem discussão e aconselhamento. Esses fatores tendem a influenciar a forma como um indivíduo experimenta e responde ao tratamento compulsório.[82]

Apesar dos traumas dos últimos seis anos, Michael e Julie permanecem leais e comprometidos um com o outro e com seus filhos. Eles extraem força de uma rede de amigos que os apóiam e consultas regulares com um terapeuta ajudam a resolverem os problemas e a não se culparem pelo que não podem controlar. Eles sobreviveram porque conseguem rir juntos, permaneceram otimistas frente ao trauma e por saberem que sempre podem contar uns com os outros. Apesar de tudo o que passaram, eles ainda se consideram afortunados:

"Há alguns marcos em nossa vida. Há o casamento, deixar a família na Inglaterra e vir para cá. Realmente não tínhamos ideia do caminho que tomaríamos. Tínhamos de pegar um mapa para descobrir onde tudo ficava, de modo que sair de casa era um acontecimento. Depois tivemos o casamento, a mudança e o nascimento de Jo e Sam, que são os principais marcos pelos quais meço a minha vida. Esses momentos se destacam de todos. Costumávamos sentar e dizer como tínhamos sorte. Eu não diria que tínhamos uma vida chata, mas tínhamos uma vida tranquila, em comparação com alguns dos nossos amigos que enfrentavam separação, divórcio, e assim por diante. Nós ainda nos consideramos extremamente sortudos. Atualmente, é um prazer estar ao lado de Jo. Um real prazer. Não vemos mais aquela agressividade. É divertido estar com ela." (Michael)

7

"Ahah, Anorexia Nervosa!":
A História de Antonia, Alice, Alan e Alex

Antonia sempre foi diferente das outras crianças. Ela entrou na escola um ano antes e saltou uma série no ensino fundamental. Este ano, ela ficou em primeiro lugar em cinco matérias e em segundo nas outras duas. Ela tem apenas 15 anos, mas já prestou o vestibular. Sua pontuação foi muito alta, e ela espera a comunicação de que poderá cursar a faculdade antes da conclusão do ensino médio. Sua mãe, Alice, tem certeza de que Antonia conseguirá. Afinal, ela sempre tem sucesso em qualquer coisa que tente fazer:

> "Ainda não descobrimos algo em que ela não seja boa. Ela é boa com idiomas. Ela fala italiano como nativa e já era assim antes de ir à Itália [em um intercâmbio]. Quando tinha quatro anos, fazia atletismo com um ex-competidor olímpico e este lhe disse que ela era suficientemente boa para competir nos Jogos Olímpicos, se treinasse natação. Com o tênis foi a mesma coisa. Com dança, ela já ganhou prêmios, mas parou quando fez dez anos." (Alice)

Embora Antonia pretenda cursar a universidade – Alice diz que a filha poderá cursar duas ou três faculdades, de comunicações, cinema e dança – o plano de Antonia é tornar-se atriz. Seus cabelos longos e negros e o rosto em formato de coração são incrivelmente fotogênicos, e ela tem a postura e a confiança que uma atriz precisa para conquistar o público. Antonia já participou de debates e atuou em todas as produções teatrais da escola. Alice tem certeza de que a filha conseguirá entrar na escola de atores. Contudo, há uma idade mínima para o ingresso, de modo que Antonia terá de esperar até os 18 anos para isto.

Antonia e sua mãe, Alice, não se parecem uma com a outra, mas *pensam* da mesma forma sobre muitos assuntos. Alice acredita que tem uma ligação telepática com a filha. Quando Antonia estava da Itália no intercâmbio escolar no começo do ano, Alice às vezes tinha a forte sensação de que a filha precisava dela:

> "Ela e eu tínhamos uma ligação psíquica muito forte. Às vezes, eu pensava: 'Preciso ligar para a Antonia'. Eu ficava acordada até uma ou três da madrugada – fosse qual fosse a hora – quando ela chegava da escola na Itália, com a diferença de fuso horário, e ligava, perguntando qual era o problema. E ela dizia: 'Nenhum problema'. Eu dizia: 'Antonia, me conte qual é o problema'. E, invariavelmente, alguma coisa tinha acontecido. Nem sempre isso acontecia quando eu ligava, mas havia pequenas coisas, o tipo de coisa que ela normalmente contaria para mim e que obviamente não iria contar para alguém lá onde estava."

Antonia tem duas grandes amigas na escola, mas considera chatas quase todas as outras meninas. Alice acredita que as outras meninas sentem-se intimidadas pela inteligência de Antonia:

> "Ela é mais jovem que os alunos em sua série e muito mais esperta, e já teve oportunidades que muitos deles não tiveram... muitos colegas ressentem-se por ela ter conseguido ir para a Itália. Bem, se os seus pais pagaram, eles também poderiam ir à Itália... Antonia usa palavras que são perfeitamente normais para ela, mas as meninas de sua classe dizem: 'Você poderia dizer isso em nossa língua?' Ela então pensa: 'Bem, eu já tinha baixado o nível para o seu Q.I. Não posso baixar ainda mais. Eu não sei como'. Porque ela é muito mais esperta, as outras se magoam com isso. Elas se sentem rebaixadas. Talvez sintam um pouco de medo. Até os adultos podem ter problemas com isso. Por ser tão jovem, ela não deveria ter esse conhecimento e essa capacidade. Acho que pensam que ela é um pouco ameaçadora ou a consideram rude."

Por outro lado, Antonia se dá bem com adultos. Alice descreve-a como "favorita" de alguns professores:

"Eles a adoram. Ela é o prazer dos professores, de modo que vai com frequência à sala dos professores. Se fazem um chá de manhã ou chá da tarde ou marcam um almoço, Antonia é sempre convidada e fica por ali conversando. Muitas vezes, ela coloca alimentos no refrigerador da sala dos professores e usa o micro-ondas, e às vezes fica e come ali."

Mesmo quando era bebê, Antonia sofria de um sistema digestivo sensível e de constipação severa. Alice lhe dava suco de ameixa, mas os problemas persistiram à medida que a filha crescia, e ela considera particularmente difícil digerir carboidratos como macarrão, pão e batata. Apesar desses problemas, Antonia tem um paladar cosmopolita. Ela detesta lanches rápidos e prefere grelhados em vez de frituras, ama vegetais e frutas e seus alimentos favoritos incluem pratos exóticos, como sushi, curry, polvo e lagosta. Ela tem uma fraqueza por sobremesas ricas em calorias, como pudim de chocolate, sorvete e torta de merengue com limão. Ocasionalmente, Antonia bebe uma taça de vinho com a mãe, quando estão em casa.

As refeições sempre foram momentos informais e tranquilos em sua casa. A família come fora regularmente e raramente se sentam para fazer as refeições juntos. Antonia e seu irmão mais novo, Alex, estão sempre tão ocupados com suas diferentes atividades extracurriculares que todos vão e vem em diferentes horários. E seus gostos são diferentes: Alan, pai de Antonia, é vegetariano; Alice pega coisas rápidas e fáceis de comer quando tem pressa; Alex come qualquer coisa, desde que esteja mergulhado em ketchup e Antonia é uma "enjoada" para comer, em suas próprias palavras, tanto que organiza suas próprias refeições.

O décimo quinto aniversário de Antonia marcou um ponto de virada em sua vida. Foi então que ela decidiu que estava "um pouco acima do peso". Ela diz que sua mãe concordou, mas Alice não se lembra disso. Antonia não mudou sua rotina na hora do jantar, mas começou a comer apenas frutas e iogurte durante o dia. Ainda assim, mãe e filha concordam que Antonia se tornou ainda mais enjoada para comer quando colocou o aparelho ortodôntico. Ela evitava assiduamente comer qualquer coisa que pudesse ficar presa nos arames – e detestava quando isso acontecia. Quando o tratamento mudou para um aparelho fixo, Antonia seguiu com zelo as instruções da dentista para evitar todo e qualquer açúcar, até mesmo em bebidas.

Foi também quando Antonia estava com 15 anos que Alice decidiu que já era hora de lhe contar que ela havia sofrido abuso sexual quando tinha dois anos de idade. Os dois garotos envolvidos tinham apenas 10 e 12 anos de idade na época e detalhes do incidente são vagos. Alice e Alan haviam sido alertados de que Antonia poderia ter recordações reprimidas do incidente que talvez ressurgissem quando ficasse mais velha. Alice também havia começado a notar que Antonia às vezes se agitava quando alguém ficava muito próximo a ela:

> "Fomos informados de que ela poderia lembrar-se quando tivesse a primeira menstruação ou seu primeiro contato sexual. Você sabe, a qualquer momento... então, ela estava indo para a Itália e já haviam esses sinais, de modo que achei que precisava lhe contar, porque não estaria com ela e certamente não queria falar sobre isso por telefone."

Alice queria que a filha tivesse uma chance de trabalhar esta parte obscura de seu passado, antes de se afastar de sua família. Embora Alice se preocupasse bastante, Antonia não se mostrou perturbada pelas novidades – o incidente era vago e distante demais.

Quadro 7.1 Fatos e Ficção sobre Abuso Sexual

As narrativas de algumas mulheres sugerem que o abuso sexual na infância desempenhou um papel no desenvolvimento de seus distúrbios alimentares.[51] Estima-se que cerca de 30% das pessoas com distúrbios alimentares sofreram abuso sexual da infância. Enquanto a maioria das pessoas com distúrbios alimentares não experimentou abuso sexual, esta taxa talvez esteja no extremo superior das estimativas para a população em geral, que varia de 17 a 33%.[245-7] A taxa de abuso sexual relatado na infância entre pessoas com distúrbios alimentares é similar àquela vista entre pessoas com outros transtornos psiquiátricos, como a depressão. Esse padrão sugere que o abuso sexual na infância pode ser

um fator de risco para problemas psiquiátricos em geral, em vez de para distúrbios alimentares, especificamente.[248]
Embora a maioria dos estudos tenha analisado as taxas de abuso sexual infantil entre grupos mistos de pessoas com distúrbios alimentares, apenas quatro estudos até hoje compararam a frequência de abuso sexual na infância entre as mulheres com anorexia e mulheres "saudáveis". Destes, apenas um estudo concluiu que o abuso sexual na infância era mais comum em mulheres com anorexia. Este estudo teve como base o Reino Unido e comparou 40 mulheres com anorexia e 40 mulheres "saudáveis".[249] Estudos da Suécia e Japão que envolveram, respectivamente, 37 e 73 mulheres com anorexia e grupos maiores de controle de mulheres sem anorexia, não encontraram diferenças significativas no abuso sexual na infância entre mulheres com e sem anorexia.[250, 251] Em um estudo canadense envolvendo 28 mulheres com anorexia, o abuso sexual na infância não era significativamente mais comum entre as mulheres com anorexia do que entre um grupo de comparação saudável de 24 mulheres sem anorexia, mas o abuso sexual na infância era mais comum entre as 12 mulheres com o subtipo de compulsão alimentar da anorexia.[252] Com algumas exceções,[250] os estudos que compararam as taxas de abuso sexual na infância entre pessoas com diferentes padrões de sintomas revelaram que os relatos de abuso sexual na infância entre as pessoas que têm compulsão alimentar e purgação são mais frequentes que entre pessoas com anorexia do tipo restritivo.[245,248,253]
O impacto do abuso sexual sobre as vítimas é complexo e tende a ser afetado por muitos fatores, incluindo habilidades interpessoais, relacionamentos familiares e as reações de outros ao abuso.[248,249] São necessárias pesquisas sobre como o abuso sexual interage com outros fatores e exerce um papel no desenvolvimento e manutenção da anorexia para algumas pessoas.

Foi também quando estava com 15 anos que Antonia partiu para seu intercâmbio de quatro meses na Itália. Aquele tempo descortinou novas liberdades. Ela saboreou a cultura e viajou com a família italiana para a Espanha e também por lugares da Itália. Ela também teve seu primeiro romance de férias. Alice se diverte ao recordar:

"Ela me ligou na manhã seguinte e me contou que havia ganhado seu primeiro beijo de verdade, de um garoto francês. E eu perguntei: 'Ele tentou algo mais?'. E ela disse: 'Bem, ele tentou enfiar a mão sob a minha blusa, mas eu não deixei!'. Eu lhe perguntei o que havia achado do beijo. Ela respondeu que havia sido nojento, com toda aquela saliva!"

Quadro 7.2   Anorexia em Grupos Culturais e Étnicos

Até recentemente, a anorexia era considerada uma doença limitada a mulheres caucasianas de países ocidentais ricos, com a suposição de que outros grupos culturais eram imunes à anorexia. Atualmente, as pesquisas sugerem que a anorexia e outros distúrbios alimentares existem em muitos países não ocidentais e na maior parte das minorias étnicas dos países ocidentais.[21,75,254]

A explicação convencional para a existência de distúrbios alimentares em países não ocidentais é a maior exposição a ideais ocidentais de magreza, especialmente como resultado dos meios de comunicação globais.[255] Entretanto, os pesquisadores têm sugerido que outros fatores podem contribuir, como a modernização, urbanização, maior afluência e consumismo, erosão de valores tradicionais e maiores oportunidades de educação, autonomia e envolvimento no local de trabalho pelas mulheres.[256-8] Valores e práticas culturais locais também podem promover os distúrbios alimentares. Tradicionalmente, por exemplo, a esbeltez é altamente valorizada entre as mulheres japonesas. Na China, o alimento é usado como uma forma de comunicação, recompensa, punição e para influenciar o comportamento de outras pessoas.[259] Alguns estudos revelaram que mulheres que vivem em países não ocidentais como Irã e Taiwan tinham níveis superiores de insatisfação com o próprio corpo e perturbações alimentares que as mulheres de seu país que viviam no exterior, sugerindo que a exposição à cultura ocidental pode não ser um fator importante.[260] A influência dos ideais de magreza ocidentais também dependerá de sua adoção e interpretação por determinados indivíduos e comunidades. Em Belize, por exemplo, dá-se alto valor aos cuidados corporais e às necessidades do corpo, de modo que a ideia de restringir a alimentação para ser magra geralmente não é vista como algo sensato.[261]

Estudos que investigaram os distúrbios e perturbações alimentares entre minorias culturais em países ocidentais relataram conclusões dúbias.

Alguns descobriram que determinadas minorias étnicas têm menos risco de patologias alimentares que a maioria cultural e sugerem que isto se deve a níveis inferiores de aculturação ou adoção de valores, atitudes e identidades prevalecentes. Entretanto, outros estudos revelaram que migrantes de países não ocidentais realmente apresentavam mais patologias alimentares que controles caucasianas.[260] Estudiosos feministas propõem que os distúrbios alimentares são mais comuns quando as mulheres não têm um senso claro de identidade, por exemplo, enquanto tentam negociar diferenças entre culturas e valores ou ajustar-se a uma nova sociedade.[258]

Grande parte do nosso conhecimento e crenças sobre a anorexia baseia-se em estudos e trabalho clínico realizado com mulheres caucasianas de países ocidentais desenvolvidos. Os pesquisadores têm questionado sua relevância para outros grupos culturais.[262] Por exemplo, o medo da gordura é um critério diagnóstico para a anorexia, mas pesquisas realizadas com algumas populações asiáticas e africanas revelaram que a anorexia existe, com frequência, sem o temor da gordura.[16,263] Em Gana, por exemplo, onde há pouca pressão para a magreza, a autoinanição ainda ocorre, mas tem significados religiosos ligados ao autocontrole e negação da fome.[264] Em Belize, o desejo de ser magro é raro e não está ligado a ideais de beleza, mas a uma percepção de que isto é necessário para a ascensão social ou sucesso no emprego, especialmente no setor de turismo.[261] Similarmente, as razões para imigrantes e pessoas não brancas em países como os Estados Unidos serem vulneráveis a distúrbios alimentares supostamente são diferentes das razões para distúrbios alimentares na cultura dominante. Por exemplo, mulheres afro-americanas e hispânicas têm descrito seus problemas alimentares como formas de lidar com condições sociais estressantes, como pobreza, classe social e racismo.[75,265]

A taxa de anorexia e outros distúrbios alimentares entre diferentes grupos culturais é difícil de estabelecer, porque a maior parte dos estudos utiliza instrumentos desenvolvidos para populações ocidentais e esses podem ser culturalmente inapropriadas.[21,262,266] Está claro, porém, que a anorexia tem uma presença quase global, embora seus significados e manifestações possam variar entre grupos étnicos e culturais.

A permanência de Antonia na Itália também foi um tempo de novas limitações. Pela primeira vez, Antonia tomou consciência de seu corpo. Em seu círculo social na Itália, o peso e a aparência pareciam ser uma preocupação crítica. Antonia sempre fora muito tranquila sobre seu peso e imaginava que algo em torno dos 45 quilos era um peso ideal, já que media 1,50 metros. Entretanto, a jovem adolescente estava muito chateada, porque havia ouvido uma conversa da mãe italiana comentando de forma crítica com outros sobre o quanto Antonia havia engordado desde sua chegada.

Em casa, Antonia sempre comia o que desejava, quando desejava. Na Itália, as refeições tinham horários certos e eram ocasiões longas e fartas, com muito macarrão e pão. Pela primeira vez, Antonia achou que "tinha muito pouco controle sobre o que comia e eu vinha de uma família em que eu sempre tive controle". O italiano de Antonia não conseguia acompanhar as conversas aceleradas na hora das refeições, e ela comia para ocupar-se durante as refeições prolongadas. À medida que sua fluência no idioma melhorava, ela começou a falar mais e a comer menos. No fim das contas, a mãe italiana de Antonia preocupou-se tanto com a rápida perda de peso da garota que começou a pesar o cereal do café da manhã e a sentar-se ao lado dela todas as manhãs, até que ela comesse tudo.

Apesar desses esforços, Antonia estava tão magra ao regressar para casa que Alice passou por ela três vezes no aeroporto, antes de reconhecê-la. Apesar da perda de peso de Antonia, mãe e filha insistem que Antonia não estava *pensando* ou se *comportando* como uma "anoréxica" na época. Esta mudança ocorreu durante as férias da família nas semanas seguintes. Embora Antonia nunca reclamasse sobre alimentos ou exercícios, ela decidiu que queria manter-se magra. Agora, ela pulava refeições e começou a se exercitar na academia do hotel para livrar-se das calorias que consumira na refeição anterior. Sua ideia inicial não era perder peso, mas "eu só não queria engordar". Entretanto, o maior controle sobre o que comia transformou-se imperceptivelmente em controle do quanto comia. Nas palavras de Antonia, "foi como uma bola de neve até tornar-se um desejo obsessivo".

Quando as férias acabaram, Antonia pesava apenas 35 quilos. Quando o médico da família deu o diagnóstico de anorexia, Antonia demonstrou choque: "Nunca pensei que me tornaria anoréxica." Aquele diagnóstico levou-a a admitir subitamente que seu pensamento sobre alimentos havia assumido um "padrão distorcido". Antonia acredita que sua decisão de "combater a anorexia" veio naquele momento.

Alice levou Antonia a uma consulta com um especialista em distúrbios alimentares na adolescência. Uma vez que o índice de massa corporal de Antonia era de apenas 15,3, o especialista achou que deveriam hospitalizá-la imediatamente. Alice resistiu, achando que seria psicológica e emocionalmente prejudicial para Antonia ser internada com tanta urgência. Além disso, Antonia precisava concluir seus exames na escola. O especialista entendeu e concordou em monitorar o peso de Antonia por algumas semanas. Antonia parou de fazer exercícios, comparecia ao seus exames semanais no hospital e ela e a mãe começaram a participar em um grupo de apoio para pais e pessoas com anorexia. Alice acha que isso valeu a pena:

"Foi bom para nós duas. Uma das coisas é que é muito bom descobrir que não se é o único com um problema. Apenas no grupo de apoio eles estão se recuperando ou já se recuperaram há anos. Portanto, você descobre que não é a única e que sempre há esperança. E eu acho isso realmente importante. Lá também podemos expressar o que bem entendermos – não apenas presumir que aquilo que ouvimos é certo ou que aquilo que pensamos é certo."

Antonia também seguiu a dieta recomendada pela nutricionista, mas isso nem sempre era fácil. Às vezes, o cardápio rico em carboidratos parecia inchá-la, dava-lhe cólicas e constipação. Antonia e Alice acharam que o fato de persistirem com a dieta só comprovava a determinação de Antonia em melhorar:

"Ela deitava-se na minha cama e dizia: 'Você pode massagear minha barriga?' Ela deitava-se em minha cama com lágrimas rolando por seu rosto... não todas as manhãs, mas cerca de cinco dias por semana. Além disso,

> Antonia me pedia frequentemente para levá-la para uma volta de carro por uma hora, porque acha mais fácil lidar com o carro em movimento, por causa da sensação de inchaço. Ela encolhia as pernas e às vezes simplesmente soluçava em agonia, chorando." (Alice)

As coisas também não têm sido fáceis em casa. A vida é organizada em torno de Antonia. Seus pais estão tão preocupados com seu bem-estar que consideram impossível recusar qualquer coisa à filha. Não importa o que seja: uma volta de carro tarde da noite para acalmar seu estômago, uma ida não planejada ao mercado para comprar mangas fora da estação ou um pote de sua geleia favorita. O comportamento de Antonia para com Alex também mudou. Ela grita com ele sem razão aparente, levando-o às lágrimas e exigindo a intervenção de Alice para impedir uma grande crise. Antonia também se tornou estranhamente intolerante a ruídos. Até mesmo o som da televisão, que mal pode ser ouvido por trás de portas fechadas na outra extremidade da casa, causa-lhe intenso sofrimento. Mais de uma vez Alice e Alan tiveram de empregar métodos complicados para fazer com que Alex abandonasse seu programa favorito na TV e saísse de casa, para que Antonia pudesse ter paz e silêncio. O fato de Antonia poder comer o que deseja e sempre que deseja tornou difícil instilar a ideia de uma dieta balanceada em Alex. A tensão refletiu-se no relacionamento de Alice com Alex, e ela confessa que chegou a gritar com ele por razões tolas e inapropriadas.

Para ajudar Alice, Alan assumiu a maior parte das tarefas domésticas. Ele leva e traz Alex da escola e dos treinos esportivos e o leva para andar de bicicleta, para que Antonia e Alice possam ter tempo de "qualidade" juntas. Alan "não é uma pessoa que expresse muito suas emoções", mas o estresse afetou sua saúde e se manifestou na forma de sinusite e dores de cabeça crônicas. Para Alan, o principal desafio tem sido encontrar o equilíbrio certo para lidar com sua filha e sua doença. Alice acha que ele nem sempre consegue fazer isso bem, mas admite que nem sempre é fácil:

> "Às vezes, ele é muito obtuso – por falta de uma melhor descrição – ou rude. Ele consegue ser *muito* compreensivo, atencioso e bom sobre muitas

coisas. Mas então, de vez em quando, no pior momento possível, ele diz algo impróprio ou impensado. Antonia e eu, por exemplo, havíamos saído para tomar chá, de modo que depois ela não queria comer [jantar] às dezoito horas. Então, ele disse: "Não quero saber, você tem de comer! Você é anoréxica. Precisa comer!". Antonia chateia-se porque o pai está sendo insensível – e isto é verdade –, mas também porque há uma imensa ênfase em alimentos e em parte [suspiro], porque não se sabe o que dizer. Nada está certo, entende?"

Quanto a Alice, ela não suporta mais o fato de a vida girar em torno de comida. Ela está sempre tão ocupada e exausta de cuidar de Antonia que sua própria saúde sofreu. Ela sabe que precisa vigiar sua dieta e perder peso, mas está cansada demais para pensar sobre isso e muitas vezes se contenta com salgadinhos de milho e molho no jantar, porque pelo menos isto é fácil de comer. Alice ama seus filhos, mas nunca quis ser uma dona de casa em tempo integral e sempre trabalhou. Ela sente amargura porque as pessoas a culpam, tentando encontrar a causa da anorexia de Antonia na forma como Alice a criou: o fato de ela não ter amamentado e ter voltado a trabalhar logo depois que Antonia nasceu, ou de ter incentivado Antonia a começar a escola cedo e saltar uma série, ou permitido que fosse para a Itália sozinha, quando era muito jovem. Alice reflete:

> "Eu acho que não importa realmente as decisões que tomamos, as pessoas ainda dizem que se não fizemos isso ou se fizéssemos aquilo, então as coisas melhorariam."

Apesar da determinação de Antonia para se recuperar e de seus esforços para manter sua nova dieta, algumas semanas após a primeira consulta ao especialista, o seu peso havia caído para 32 quilos e ela não menstruava mais. Por insistência do especialista, Antonia foi internada no hospital, colocada em uma dieta rígida de refeições assistidas e recebe alimentação nasográstrica.

Embora tenha concordado, Antonia sente raiva. Ela se sente traída porque fez tudo o que o médico e a nutricionista mandaram, incluindo consumir a dieta rica em carboidratos, deixando de lado seus alimentos preferidos. No entanto, por alguma razão inexplicável, ela não conseguiu ganhar peso. Antonia também está chateada por receber alimentação artificialmente. Ela não esperava por isto e não gosta. Isso faz com que se sinta mal, inchada e satisfeita demais para consumir as refeições hospitalares ou ter espaço para os alimentos que deseja, como os *milk-shake* de chocolate da lanchonete.

Antonia acreditava que tinha anorexia, quando recebeu o primeiro diagnóstico. Agora, não tem tanta certeza. Ela passa seu tempo pesquisando na Internet e imagina se tem alguma outra doença, porque não tem sintomas classicamente "anoréxicos". Ela se angustia com seu desgaste corporal: "Eu não olho para mim e me sinto gorda. Eu me olho e me lembro dos fatos de pessoas que estiveram na guerra, em campos de concentração. Isso é o que eu vejo." Alice concorda: "Ela se olha no espelho e chora." Antonia compara-se com as meninas com anorexia na enfermaria do hospital, concluindo que pensa e se comporta de forma diferente. Ela tentou engordar e não conseguiu, mas essas meninas se interessam apenas em emagrecer mais. Ela adora comida, mas essas garotas fazem de tudo para evitar comer. Na hora da refeição, elas simplesmente "olham para a comida como se fosse saltar do prato e atacá-las".

No entanto, Antônia não consegue convencer a equipe de que ela é diferente. Ela sabe que as outras meninas violam as regras comendo compulsivamente, vomitando e jogando fora a comida, e se magoa por ser tratada como se fizesse o mesmo. Ela está sendo honesta e fazendo o que deve fazer, e acha que merece a confiança da equipe. Certamente, se o pessoal acreditasse nela, lhe daria mais liberdade e a trataria de forma diferente.

"Eles me olham, os enfermos e os funcionários, como se tentassem descobrir quando estou mentindo – e eu não minto –, mas olham sempre assim e nos sentimos menos que seres humanos. Como se não merecêssemos sua confiança."

O que mais irrita Antonia é a sensação de ser tratada como um estereótipo da anorexia, em vez de como uma pessoa. Ela tentou convencer os médicos de que sempre sofreu de má circulação e constipação, mas sente que suas explicações são ignoradas. O mesmo ocorre quando se comunica com outros profissionais de saúde:

> "Eu consultei um psicólogo e não pretendo vê-lo novamente. Ele fica interpretando tudo com base no fato de que todos em minha família têm nomes começando com A: Alice, Alex, Antonia e Alan. Isso foi por acaso. Eu me chamaria Helen, se meu pai não tivesse objetado porque tinha uma prima da qual não gostava com esse nome. Assim, me deram o nome de Antonia. Foi por acaso que meu nome começa com A. E então veio o meu irmão. Tínhamos três "As", de modo que não iríamos chamá-lo de Stephen ou John e diferenciá-lo do resto. Então, claro que foi intencional dar ao meu irmão um nome começando com A. Mas este psicólogo interpreta tudo em termos de problemas de codependência, e essas coisas... Fico frustrada ao tentar convencer alguém que, no fim, não se convence de que não há um sentido velado por trás na letra A em todos os nossos nomes."

Inicialmente, Alice também aceitou o diagnóstico de anorexia. Agora, ela se mostra cética. Ela não entende como Antonia pode ter anorexia, já que come bastante:

> "Sexta-feira passada, ela e Alan foram ao restaurante indiano e ao chegar em casa Alan comentou que ainda se sentia nauseado pela quantidade de comida que Antonia consumiu, porque havia comido mais que ele. Na noite de sábado ocorreu o mesmo. Saímos e ela comeu muita salada e frutos do mar, além de repetir a sobremesa. Alan e eu só olhamos um para o outro e Alan disse: 'Ela comeu mais que eu. Na verdade, acho que ela comeu mais que você e eu juntos.' Estávamos espantados com a quantidade. Ela comeu frutos do mar e mais ou menos um quarto do meu frango. Comeu frutas, um pouco de macarrão, duas sobremesas. Ela comeu batata, pelo menos um pouco. Quer dizer, ela ficava indo e vindo, pegando mais... Eu não consigo vê-la comendo assim, eu literalmente não consigo. É demais para mim. E isso ocorre várias vezes por semana, quando temos essas grandes refeições."

Alice também sabe que Antonia não faz purgação nem se exercita. Ela passou muito tempo com Antonia em restaurantes e foram ao toalete juntas, e já ficou acordada à noite prestando atenção aos sons do banheiro e às portas, só para garantir. Alice tem certeza de que saberia se Antonia estivesse fazendo algo que não deveria fazer, e não gosta de ter de conferir constantemente o que a filha faz:

> "Sinto-me culpada porque ela é vigiada o tempo todo e culpada por fazer parte disto. Sei que ela é uma garota honesta, porque é muito direta comigo e não acho natural observá-la e desconfiar do que faz."

Quadro 7.3 A Experiência da Hospitalização

A hospitalização pode ser uma experiência difícil. As questões a seguir foram identificadas como tendo relevância especial para pessoas hospitalizadas por causa da anorexia.

Escolha e autonomia

Pessoas com anorexia valorizam o controle, mas a hospitalização o tira de suas mãos.[137] A decisão pela hospitalização geralmente é feita por médicos e pais, e esta pode ir contra os desejos da pessoa com diagnóstico de anorexia. Esses pacientes têm autonomia restrita no hospital, pois devem seguir as rotinas e planos de refeições e ganhar peso, para terem alta ou acesso a privilégios durante a hospitalização. Algumas pessoas resistem à perda de controle discordando do seu diagnóstico, questionando a competência do médico, recusando-se a aderir ao tratamento ou minando-o secretamente, escondendo alimentos ou aumentando o peso por meios artificiais. Outras utilizam estratégias como choro, flertes e queixas, tentando influenciar as decisões de tratamento dos médicos.

Rotulagem e monitoramento

Em um hospital, os pacientes são monitorados atentamente, para garantir que obedeçam ao tratamento e ao seu programa de refeições. Este regime pode fazer com que as pessoas sintam desconfiança e como se estivessem sendo rotuladas. Entretanto, quando pessoas diagnosticadas com anorexia são tratadas como indivíduos, a hospitalização pode ser uma experiência positiva, com apreciação pelos esforços da equipe hospitalar.[85]

O estigma da psiquiatria

Ser hospitalizado por um problema psiquiátrico pode ser traumatizante. Parentes e amigos podem reagir negativamente ao estigma da doença mental, e as pessoas tratadas em alas psiquiátricas temem pacientes com outros problemas psiquiátricos.[85]

Isolamento

O hospital pode ser uma experiência solitária. Crianças e adolescentes com anorexia com frequência consideram especialmente difícil separar-se dos pais e parentes, particularmente se não há ninguém na ala com idade similar ou com o mesmo diagnóstico.

A ênfase sobre os alimentos

No hospital, os alimentos fazem parte da intervenção médica. Um objetivo primário da hospitalização é o ganho de peso, e as rotinas hospitalares são estruturadas em torno da realimentação. Consequentemente, algumas pessoas diagnosticadas com anorexia queixam-se de que a organização das refeições, a natureza insossa da comida do hospital e as quantidades que precisam comer reduzem ainda mais a atração dos alimentos. Elas também têm dificuldades com a dissonância entre um regime hospitalar do consumo de grandes porções de alimentos ricos em gordura e as mensagens sociais sobre magreza, beleza e a necessidade de ser magro fora do hospital.

A ênfase sobre o peso

O ganho de peso é um objetivo primário da hospitalização e uma medida do sucesso do tratamento[87], mas os pacientes relatam que seus pensamentos e sentimentos anoréxicos, como depressão e repulsa ao corpo, permanecem inalterados ou pioram, se há falta de atenção aos problemas emocionais e psicológicos no hospital.[137]

> **Uma identidade anoréxica**
>
> Em virtude da ênfase sobre os alimentos e o peso e da falta de outras diversões, pessoas com anorexia relatam que seus pensamentos no hospital se voltam para sua anorexia. A companhia de outras pessoas com anorexia pode incentivar o uso da doença como tópico de pensamentos e conversas, fornecer uma fonte de novas informações sobre estratégias anoréxicas e estimular a competição para ver quem é "mais" anoréxica.[85] Entretanto, alguns pacientes relatam que a hospitalização as levou à recuperação, por despertá-los para a gravidade de sua condição e para a forma como afeta suas vidas.[137]

Alice também vasculhou a Internet para obter informações sobre a anorexia e para diferentes doenças envolvendo perda extrema de peso. Ela encontrou as seguintes:

"Doença de Addison, doença de Crohn, doença arterial ou hipertensão, câncer, envenenamento, parasitas, vermes, doença da vesícula biliar, outras coisas que nem consigo pronunciar, que podem causar anorexia... assim como doença celíaca, intolerância a carboidratos, parasitas."

Como Antonia, Alice acredita que a anorexia da filha é atípica e pode mascarar alguma doença misteriosa e não identificada. Em usa opinião, os termos "anorexia" e "nervosa" aplicados a Antonia são problemas distintamente diferentes, e precisam ser abordados em separado. Por um lado, Alice vê a anorexia como "apenas perda de peso" e insiste que os critérios padronizados de diagnóstico para a anorexia não se aplicam a Antonia, porque ela não deixa de comer, não faz purgação nem tem uma imagem corporal distorcida ou o temor de engordar. Por outro lado, Alice vê as lágrimas e surtos emocionais que acompanham a perda de peso de Antonia como sintomáticos de "nervosa", mas imagina que este comportamento é facilmente explicado por eventos recentes na vida da filha: seu desejo de se sair bem nos exames, entrar cedo para a universidade, e a notícia de ter sido abusada sexualmente na infância.

Alice verbalizou suas opiniões para os médicos de Antonia e se irritou com o ceticismo e aparente desinteresse destes pela busca de explicações alternativas para o problema de Antonia. Alice acha que foi categorizada como "mãe difícil" e que sua família é tida como uma típica família "anoréxica".

> "Isso me enfurece e frustra. Eu gostaria de estrangulá-los! Na verdade, Antonia e eu chegamos ao ponto de desejar que ela tivesse um outro problema de saúde, só para que aceitassem isso e pudéssemos dizer: 'Viram? Nós lhes dissemos. Nós falamos desde o início que o problema dela era outro. Vocês deveriam ter nos ouvido, em vez de apenas dizerem que eu sou só uma mãe que não sabe das coisas. Que não entendemos e que vocês lidam com isso o tempo todo e sabem mais que nós. Se vocês tivessem nos dado ouvidos, em primeiro lugar, tudo teria se resolvido bem antes.'"

O pai dela e eu não somos completos idiotas. Por um lado, as pessoas nos dizem que são especialistas. Que são médicos. Por outro lado, você conhece seu filho e é quem está com ele o tempo todo. Só porque ela é adolescente e emagreceu, dizem: 'Ahah! Anorexia Nervosa!'. Se uma menina é diferente ou está passando por estresse, estudando muito na escola ou tentando cursar uma faculdade, há sempre esta suposição automática de que a pressão causou a anorexia."

Quadro 7.4   Desafios do Diagnóstico da Anorexia

O diagnóstico da anorexia nem sempre é simples, e as dificuldades aumentam quando os pacientes não reconhecem seus problemas alimentares, escondem a perda de peso ou afirmam que têm razões particulares para não comer, como dor de estômago, náusea, intolerâncias alimentares ou falta de apetite. Quando uma explicação médica é buscada, esses comportamentos podem levar ao diagnóstico incorreto da anorexia como sintomas de outra doença. Inversamente, uma doença que causa perda de peso pode ser tomada por anorexia, particularmente se as características, histórico ou ambiente de alguém parecem "anoréxicos", de um modo estereotipado.[267,268]

> Entretanto, quando a perda de peso resulta de uma doença física, o indivíduo nem sempre exibe as características psicológicas da anorexia, como preocupação excessiva com seu peso ou forma corporal e o desejo de perder mais peso.[7,269] Alguns problemas médicos, porém, podem causar comportamentos que imitam a anorexia, como evitação vigorosa a alimentos, vômitos, exercícios excessivos e maior irritabilidade.[270,271]
>
> A literatura médica e relatos pessoais documentam uma variedade de doenças médicas que têm sido confundidas com anorexia, incluindo: distúrbios gastrintestinais como doença celíaca, doença intestinal inflamatória, doença da vesícula biliar e doença de Crohn; distúrbios endócrinos como hipertireoidismo e doença de Addison; distúrbios do sistema nervoso central como tumores cerebrais ou lombares; câncer; infecções como AIDS e doença de Lyme; e parasitas como tênias.[267,271-4]
>
> Pessoas que receberam diagnósticos incorretos lamentam por exames não padronizados como de fezes, ultrassons, raios-x ou do trato intestinal não terem sido feitos antes.[275] Por outro lado, algumas pessoas com anorexia relataram que fizeram vários exames ou receberam vários diagnósticos médicos antes do diagnóstico correto. Consequentemente, argumenta-se que exames extensos podem atrasar a intervenção e reforçar a negação de pessoas diagnosticadas com anorexia ou de suas famílias.[276]
>
> O tratamento para outros problemas pode ter um impacto negativo sobre alguém com anorexia. Por exemplo, o diagnóstico de alergia alimentar pode fornecer uma razão para restrição alimentar adicional,[269] enquanto tentativas de tratar problemas associados com a anorexia com intervenções médicas não abordam o problema alimentar subjacente. A ausência de um diagnóstico rápido pode significar que a anorexia estará mais grave ou crônica, quando houver o acesso a uma intervenção apropriada.

Alice também menciona que o hospital impõe as mesmas regras a qualquer pessoa. Antes de Antonia ser internada, Alice passou muito tempo descrevendo para a filha os detalhes da hospitalização, o tipo de medicamentos que ela encontraria, os exames e os procedimentos que seriam realizados. Ainda assim, Alice reclama que a internação de Antonia pareceu rápida demais e sem maiores investigações. Ela acha que é importante que as famílias tenham mais tempo – "uma semana ou algo assim" – para aceitarem a ideia da hospitalização, de modo que as garotas possam receber mais atenção, fazer compras de último minuto e terem "uma chance de se consolar com suas mães."

> "Para que elas tenham tempo para pensar sobre os livros que devem levar, os CDs de música... Para ajeitarem as coisas em torno da cama do hospital e considerarem a hospitalização de forma mais positiva. Para que possamos aceitá-la melhor."

Alice também vê como injustas as expectativas colocadas sobre Antonia na ala. Como as outras pacientes, Antonia deve comparecer à escola no hospital. Alice crê que deveriam ter feito uma exceção, já que Antonia já prestara exames e estava prestes a entrar na universidade. Alice irrita-se porque o hospital insiste em "tratar Antonia como uma criança, apenas porque tem anorexia".

Neste ponto, não está claro como a história de Antonia e Alice terminará. Antonia ainda está emagrecendo e ela e a mãe ainda estão convencidas de que a razão é um problema de saúde mais grave. Pelo menos no momento, a família está em uma encruzilhada e o futuro é incerto. Alice está pesando as possibilidades de transferir a filha para outro hospital, se os médicos atuais se recusarem a "manter a mente aberta" sobre a natureza da doença de Antonia e como ela deve ser tratada.

8

"Pode Acontecer nas Melhores Famílias"

A História de Ruth, Beth, David e Carlos

Ruth é uma menina ativa, com olhos brilhantes e um sorriso largo e cativante. Ela tem senso de humor e sempre faz a família rir com suas imitações engraçadas dos professores da escola. Até os dez anos, Ruth tinha pouco interesse por esportes ou exercícios. Seu passatempo favorito era comer e simplesmente ficar deitada no sofá, assistindo à TV. Tudo isso mudou quando ela começou seu curso de dança. Ruth observou em volta e tudo o que conseguiu ver foram meninas "magrinhas". Embora ela fosse delgada e pequena, sentiu-se gorda e envergonhada, particularmente na malha colada ao corpo que todas deviam usar. Ruth ansiava por se parecer com todas as outras meninas e, em um esforço para redefinir seu corpo, ingressou em uma campanha de ginástica e boa forma. Ela começou reduzindo lanches rápidos, chocolate e as sobremesas que adorava e a fazer um pouco mais de exercício – nada muito exagerado, mas apenas praticando suas rotinas de dança e andando de bicicleta.

Outras mudanças ocorreram quando a família mudou-se do meio de um bairro movimentado do subúrbio para uma casa maior e nova, em uma zona residencial tranquila. Ruth e seu irmão mais novo, Carlos, passavam horas andando de bicicleta, vasculhando a propriedade em busca de tesouros e caçando monstros imaginários na floresta próxima. Ruth adorava a liberdade de estar na rua e habituou-se à adrenalina de correr pela floresta escura de prados abertos, onde apenas árvores e pássaros eram testemunhas de sua presença.

Ruth continuou em sua campanha pela boa forma e logo a conquistou. Seus pais, Beth e David, orgulharam-se de sua determinação para ficar saudável e condicionada e viram isto como uma atitude positiva de estilo de vida. A filha adorou os cumprimentos dos parentes e amigos. Embora outras pessoas achassem que sua aparência estava boa, Ruth achou que ainda não podia relaxar. A ideia de baixar a guarda e talvez perder seu novo corpo esbelto era intolerável. Não fora uma decisão consciente restringir a alimentação ainda mais ou intensificar sua rotina de exercícios. A mudança ocorreu tão gradualmente que ninguém percebeu.

Quadro 8.1   Culto à Saúde

Nas sociedades ocidentais, um corpo magro é visto como apto e saudável e é considerado como responsabilidade individual ser saudável e, portanto, magro. Este fenômeno é chamado de culto à saúde.[163] Mensagens de culto à saúde são evidentes na literatura médica, nos meios de comunicação (por exemplo, quando se fala da "epidemia de obesidade"), nas escolas (no currículo voltado para a saúde) e na publicidade. Mensagens sobre cuidados com a saúde são usadas para promover e justificar setores poderosos que comercializam programas para o emagrecimento, livros sobre dietas, medicamentos para emagrecer e até mesmo cirurgias estéticas.[277]

Como resultado do alinhamento entre saúde e magreza, ser magro veio a ser visto como uma escolha de estilo de vida moralmente responsável.[183,277] Nos filmes e na televisão, mulheres que conquistam sucesso, amor e felicidade são invariavelmente magras, e as indústrias de dietas e exercícios promovem a magreza como um ingresso para a autoestima e bem-estar.[278,279] Consequentemente, a magreza veio a ser vista como um atributo moral desejável e essencial para uma vida feliz e bem-sucedida.

O culto à saúde apresenta uma ligação causal entre magreza e saúde como um fato irrefutável, e estudos que ligam a obesidade à má saúde são amplamente publicados.[280] Ainda assim, outras pesquisas sugerem que pessoas com sobrepeso não estão necessariamente em risco maior de doença e morte e que até mesmo pessoas obesas podem ser saudáveis, se tiverem bom condicionamento e forem ativas.[281,282]

Uma correlação entre doença e alto peso corporal não significa necessariamente que a doença é causada pelo peso, em vez de outros fatores como genética, estilo de vida sedentário, ciclagem de peso ("dietas io-iô") e discriminação no atendimento à saúde.[283,284] Além disso, os benefícios da perda de peso têm sido contestados. Existem evidências consideráveis de que a perda de peso deliberada raramente é mantida no longo prazo, e que dietas, especialmente aquelas crônicas, podem ter efeitos psicológicos negativos.[208,285] Alguns estudos sugerem que a perda de peso pode, de fato, aumentar o risco de mortalidade.[286,287] A visão de que a boa saúde pode ser adquirida por boa nutrição e exercícios físicos, em vez de por dietas ou por atingir-se determinado peso, raramente é ouvida na atual "guerra contra a gordura."[124,125] Ainda assim, uma vez que equacionam saúde com peso corporal, o culto à saúde podem incentivar o uso de estratégias não saudáveis para perda de peso, como dietas-relâmpago, tabagismo e drogas.[288,289]

Nas culturas em que a magreza é associada com beleza e a gordura é associada com feiúra, o culto à saúde raramente é questionado, porque se considera sem questionar que atração pessoal e saúde estão ligadas.[124,290] Enquanto a promoção da magreza como bela é criticada por contribuir para a anorexia, a promoção da magreza como saudável pode ser uma força igualmente poderosa, mas negativa, porque é sancionada pela medicina e tem nuances morais. Muitas meninas com anorexia têm dito que seus problemas de alimentação começaram com uma determinação para permanecer saudável ou porque a magreza fazia com que se sentissem virtuosas, em vez de esfomeadas e preguiçosas.[163] Muitas pessoas com anorexia preocupam-se que, se começarem a comer normalmente, engordarão e o culto à saúde salienta que ter sobrepeso é algo a ser temido. Uma alternativa é ver um estilo de vida saudável como importante, independentemente do peso, e evitar julgar a saúde das pessoas com base em sua aparência.

Durante os meses frios do inverno, Beth e David viram Ruth apenas aconchegada no calor de camadas de roupas. Suas ilusões foram destruídas quando o verão chegou e a família saiu de férias, indo para a praia. Beth percebeu pela primeira vez a extensão da perda de peso da filha quando foram comprar um novo biquíni para Ruth. Ao ver o corpo emaciado da filha pela primeira vez no trocador, Beth sentiu tanto horror que passou mal.

A convivência no pequeno apartamento alugado nas férias revelou outro padrão perturbador. Beth e David descobriram que o desejo de Ruth de entrar em forma havia se transformado em uma compulsão avassaladora por exercícios. Ruth comia muito pouco pela manhã e então se recusava a sair do apartamento até ter completado 45 minutos de exercícios. Ela insistia em sair para correr após o almoço, e o jantar era sempre acompanhado por mais rotinas de exercícios, danças ou corridas.

Como médico, David culpa a si mesmo por não ter percebido antes. Ele achava que sua formação e experiência deveriam tê-lo alertado para os sinais. Ele tentou adulação, suborno e castigos, mas nada parecia fazer diferença. Tentar pressionar Ruth a comer mais ou fazer menos exercícios apenas provocava batalhas e gritos que deixavam todos na família exaustos e abatidos. Para David, o contato estreito com a anorexia serviu como confronto pessoal e profissional. Isso alterou sua identidade como médico e o fez questionar sua capacidade como pai:

> "É um pouco estranho, porque há o *eu* médico e o *eu* pai. Uma coisa é ser pai e ter uma filha com uma doença potencialmente fatal e ser capaz de fazer muito pouco em termos de intervenção, exceto por pegar pesado. Assim, do ponto de vista de um pai, é muito frustrante. Mas provavelmente é ainda mais frustrante sendo médico, porque para ela eu não sou um médico. É difícil ser mesmo médico e pai ao mesmo tempo – ver que ela precisa fazer, mas ver que não consegue porque sua percepção do que ocorre é diferente da minha. É muito frustrante. Você pode ver que a pessoa está mais emaciada, cansada, letárgica e que sua personalidade está mudando. E você não consegue fazer nada para alterar isto. É difícil como pai e como médico. Que tipo de papel eu exerço? Posso misturar os dois? Eu deveria ser só um pai? Eu certamente não poderia ser só um médico. Mas é difícil separar os dois. Este era o meu dilema."

Tão logo retornaram das férias, David levou Ruth para uma consulta com um pediatra especializado em distúrbios alimentares. O peso de Ruth havia caído para 32 quilos, ela estava com depressão clínica, seus tornozelos estavam roxos e inchados de fazer tantos exercícios e a insuficiência cardíaca parecia iminente. Poucos dias após seu décimo primeiro aniversário, Ruth foi internada em um hospital onde foi sedada, colocada em observação e alimentada por sonda nasogástrica.

Ruth tem apenas recordações ruins daquele período. Na ala em que estava havia duas outras meninas com anorexia e o trio andava junto, mas Ruth sentiu-se isolada e sozinha quando suas colegas tiveram alta. As outras crianças na ala não entendiam a anorexia e deixaram claro que consideravam "esquisita" a compulsão de Ruth de evitar alimentos e seu consumo. A solidão de Ruth foi ampliada pela política hospitalar de visitas limitadas dos pais e por sua incapacidade para se relacionar com os funcionários dali. Ruth havia passado fome e se exercitado demais, mas nunca havia vomitado ou usado laxantes. Ainda assim, ela achou que os funcionários presumiam que todos com anorexia comportavam-se da mesma forma e, assim, sentiu-se pressionada a encaixar-se na noção que tinham da anorexia. Ela chegou à conclusão de que a equipe não se interessava pelas meninas como indivíduos e, portanto, não se importava *realmente* com seu bem-estar. Ruth concluiu que as enfermeiras eram "muito más", que o médico "não era bom... ele não resolvia de verdade quaisquer problemas" e que os psicólogos "não gostavam de nós, então não chegavam a demonstrar interesse."

Beth também tentava aceitar a política hospitalar de visitas restritas e o rígido regime que tanto os pacientes quanto os pais precisavam seguir. O único desejo de Beth era estar com Ruth – para confortá-la e acalmá-la e garantir que tudo daria certo. Embora Beth lutasse para aceitar o diagnóstico e a hospitalização da filha, ela se sentia culpada pelo problema:

> "Éramos tratados como se fôssemos pais inadequados. A equipe de enfermagem, em particular, não tinha empatia por nós ou por Ruth. Havia algumas enfermeiras gentis, mas no geral eles eram extremamente frios. Eles pareciam não entender como era colocar sua filha de 11 anos no hospital e não ter liberdade para visitá-la. Eles não se colocavam na minha pele nem por um minuto sequer. Era tudo muito controlado. Na hora das refeições [eles diziam] 'Você pode ir para casa agora'. Quando queríamos ter alguma privacidade e eu puxava as cortinas em torno de seu cubículo para aconchegá-la, a enfermeira vinha e abria as cortinas, dizendo: 'Você não pode

fazer isto". Achavam que precisávamos ser vigiados o tempo todo. Isto me deixava irritada."

Quanto a David, ele considerava cada vez mais difícil ser "apenas pai", ao lidar com outros médicos. Ele estava acostumado a ser respeitado por seus conhecimentos, a dizer o que pensava e a ser ouvido. A filosofia do hospital era que os pais e a equipe médica deveriam trabalhar em conjunto, mas Beth e David sentiam-se pressionados a apoiar cegamente, e sem opinar, as decisões médicas, mesmo quando discordavam delas.

Passaram-se seis semanas antes de o hospital concordar que Ruth estava suficientemente estável, em termos físicos, para receber alta. No que dizia respeito aos seus pais, o acompanhamento pós-hospitalização pelo hospital foi "um rápido exame e nos mostrar a porta de saída". Inseguros sobre como lidar com uma filha que estava fisicamente fora de perigo, mas que ainda lutava com pensamentos e desejos anoréxicos, Beth e David sentiam-se fracassados. Os meses seguintes foram um redemoinho de frustrações, enquanto iam em busca de pessoas que pudessem ajudar sua filha. Tentaram diferentes terapeutas e nutricionistas, mas nenhum parecia saber qualquer coisa sobre anorexia ou como lidar com ela. A busca por um psiquiatra ou psicólogo também foi em vão. Suas abordagens variavam de "Como ela está indo? Bom. Tudo bem" a semanas de conversas amistosas com Ruth sobre nada em especial, na esperança de trazerem à luz, no final, o motivo para sua anorexia. Nenhum desses caminhos pareceu produtivo ou útil para Beth e David.

Quadro 8.2   Desafios no Tratamento da Anorexia

Os profissionais envolvidos no tratamento de adolescentes com anorexia podem incluir médicos, enfermeiros, nutricionistas, psicólogos, assistentes sociais, conselheiros, terapeutas ocupacionais e fisioterapeutas. Os médicos envolvidos em qualquer caso de anorexia dependerão das necessidades da pessoa naquele momento, do contexto do tratamento e da disponibilidade e possibilidade da experiência clínica.

Desafios no trabalho com pessoas com anorexia

As pessoas com anorexia são frequentemente descritas como não cooperativas e difíceis de tratar, porque não reconhecem seu diagnóstico ou a necessidade por tratamento e sabotam ou abandonam o tratamento.[291,292] Os médicos podem experimentar fracasso, frustração, estresse, impotência e exaustão, quando os indivíduos são aberta ou veladamente resistentes, e podem sentir, ocasionalmente, que estão impondo o tratamento a pessoas com anorexia.[293]

As pessoas com anorexia salientam repetidamente que um bom relacionamento com o médico ou a equipe clínica que fornece apoio é um dos aspectos mais úteis e fundamentais do tratamento.[113] Um relacionamento terapêutico positivo requer empatia, confiança e uma atitude sem críticas, e é necessário para resultados positivos do tratamento. O desenvolvimento da aliança terapêutica será impedido, se os indivíduos com anorexia forem vistos como indignos de confiança[204-6] ou se os médicos tiverem dificuldade para entender as complexidades da anorexia. Brotman e colegas[297] compararam as reações de médicos a pacientes anoréxicos, obesos e diabéticos e descobriram que pacientes anoréxicos provocavam estresse e raiva muito maior nos médicos. Eles atribuíam isso à visão que os médicos têm da anorexia como uma "doença autoinfligida, em vez de biológica". Ramjan[296] descobriu que enfermeiros tinham dificuldade para entender as complexidades da anorexia, e que uma grande fonte de estresse e um obstáculo para o desenvolvimento de relacionamentos terapêuticos positivos era "a luta pelo controle" ao implementar programas para disciplinar pessoas que também eram vistas como controladoras.

Desafios no trabalho com pais e cuidadores

O relacionamento entre médicos e pais ou cuidadores também pode ser emocionalmente tenso. Alguns pais e cuidadores veem os médicos como especialistas que curarão a pessoa com diagnóstico de anorexia. Outros tiveram médicos que não ofereciam apoio, ajuda, ou não tinham conhecimento técnico sobre a anorexia e sobre as circunstâncias particulares de cada família.[298] Quando os pais e cuidadores têm esperanças irrealistas, sentem-se excluídos das decisões de tratamento ou não estão preparados para a carga financeira e emocional da anorexia e para a possibilidade de uma intervenção sem sucesso, a tensão pode surgir. Relacionamentos negativos entre médicos, pais e cuidadores podem criar o tratamento divergente ou levar a buscas sucessivas por médicos, impedindo assim o tratamento eficaz e aumentando o estresse e a ansiedade de todos os envolvidos.

Desafios no trabalho com outros profissionais de saúde

Os médicos podem ter dificuldade para garantir um tratamento de qualidade, se existem dificuldades para a coordenação de diferentes profissionais da saúde ou para entender os relacionamentos hierárquicos dentro de contextos de tratamento ou entre os profissionais da saúde. Essas dificuldades podem ser aumentadas, se os médicos possuem diferentes formações, filosofias ou conceitualizações da anorexia ou quando a formação insuficiente do especialista significa que os problemas somente são identificados quando o bem-estar da pessoa com anorexia já está comprometido. O tratamento de qualidade e eficaz também pode ser comprometido quando não há compartilhamento de informações, particularmente enquanto a pessoa com diagnóstico de anorexia move-se entre as diferentes fases do tratamento.

Cuidados para médicos

A comunicação clara e sensível sobre as expectativas de quem cuida do paciente, sobre a função e a capacidade do médico para ajudar e sobre a união de conhecimento e informações entre os profissionais da saúde é necessária desde o início. Dada a complexidade da anorexia, é importante que os médicos trabalhem como parte de uma equipe especializada e multidisciplinar, para que haja uma abordagem consistente a cada caso. Formação específica pela equipe também é importante e útil, dadas as frustrações do trabalho com pessoas com anorexia. Os médicos precisam compartilhar suas frustrações e ansiedades com colegas e supervisores externos e buscar suporte e conhecimento adicionais, quando necessários. Os médicos recorrem aos pais e cuidadores para garantirem que as pessoas com diagnóstico de anorexia compareçam ao tratamento e também para implementarem importantes estratégias do tratamento em casa. Os desafios do trabalho com adolescentes com anorexia podem ser reduzidos, se os médicos trabalharem com os pais ou cuidadores no apoio à recuperação.

Durante os 12 meses seguintes, o peso de Ruth permaneceu relativamente estável, mas a anorexia não foi embora. Ruth exercitava-se religiosamente, voltando sua energia para corridas competitivas. Sua resistência à alimentação também persistiu e era difícil fazê-la comer. Ela tolerava saladas, mas qualquer outra coisa era um sacrifício. Ruth conhecia o conteúdo nutricional de cada alimento, e recusava "qualquer coisa que tivesse o mínimo de gordura". Até mesmo ao comparecer a uma festa de aniversário, Ruth insistiu em levar sua própria refeição, que consistiu em arroz cozido. Beth descobriu que as preferências e antipatias alimentares da filha alteravam o tipo de refeições que ela preparava para a família. Em mais de uma ocasião ela se pegou escondendo os rótulos com informações nutricionais de embalagens de alimentos e calculando as calorias e o teor de gordura de pratos, para que não houvesse discussões na hora do jantar.

O início do ensino médio trouxe um período de transição difícil para Ruth. Nenhuma de suas amigas foi para a mesma escola, o que lhe causou solidão. Ela experimentou diferentes grupos de amigos, mas não conseguiu encontrar um grupo que a aceitasse e no qual se sentisse inteiramente à vontade. Ao mesmo tempo, Ruth não deixava que nada interferisse com suas corridas, de modo que dificilmente teria tempo para fazer novas amizades. À medida que o ano acadêmico avançada, ela se sentia mais e mais isolada. Com frequência, sentia-se tão abatida que ligava para Beth durante o horário escolar para obter conforto e palavras animadoras. Em parte como distração para as dificuldades na escola, Ruth intensificou sua rotina de exercícios – era fácil esquecer seus problemas enquanto corria –, mas seu corpo não podia lidar com as demandas físicas impostas. O peso caiu, e no inverno Ruth estava tão magra que sentia frio, irritação e depressão constantemente.

Ruth estava com 14 anos quando foi hospitalizada pela segunda vez. Ela resistiu e protestou e passou dias chorando e se queixando. Então tudo mudou. Ela foi liberada do hospital por duas semanas, para uma viagem interestadual com sua turma para competir na olimpíada de história. Passar algumas noites com suas colegas permitiu-lhe ver as meninas de sua classe com outros olhos. Elas eram um grupo inteligente e alegre, que estava sempre brincando e se divertindo. Ruth não conseguiu resistir e também se divertiu. Seu senso de humor a tornava uma companhia popular e ela fez rapidamente as amizades pelas quais ansiava. A aventura abriu seus olhos para o nível de limitação que impusera à sua vida, para a alegria que suas amigas tinham e para as oportunidades de diversão que estava perdendo.

Quadro 8.3 Pais, Culpa e Culpar os Outros

Os pais, e particularmente as mães, muitas vezes são alvos de teorias sobre as causas da anorexia. Isso é consistente com uma tradição na psicologia de atribuir os problemas de uma criança à mãe.[299-301] Essa perspectiva presume que:

Para o desenvolvimento infantil, ambiente é sinônimo de mãe, porque esta é a principal responsável pelos cuidados das crianças.[302]

Uma boa mãe pode criar uma criança perfeita, saudável, feliz e bem ajustada.[303,304]

As pesquisas e as teorias sobre a anorexia dedicam menos atenção aos pais, porque esses são considerados historicamente como menos importantes no desenvolvimento das crianças, especialmente das meninas.[305] Quando mencionados, os pais com frequência são retratados como ausentes e emocionalmente distantes, críticos, desconfortáveis quanto ao crescimento das filhas e como pessoas que colocam valor excessivo em conquistas acadêmicas, perfeccionismo e sedução feminina.[306,307]

Teorias que culpam os pais os estigmatizam e não foram comprovadas por estudos.[64] Elas se baseiam muitas vezes nas observações das famílias pelos médicos, em um momento de extremo estresse e ansiedade,[64] e os pais estão mais propensos a se comportar de modo não característico ao se verem alvos de condescendência, estereótipos, culpa ou vergonha.[149,308] Problemas familiares identificados como causa de anorexia têm igual propensão a ser o resultado da presença desse transtorno alimentar[9] e também podem ocorrer em famílias "normais".[309] A atribuição de culpa aos pais tem sido vista, com frequência cada vez maior, como injusto para os pais e nada útil para o tratamento e a recuperação de pessoas diagnosticadas com anorexia.[64]

Após a viagem, Ruth voltou ao hospital com uma nova perspectiva. Ela e diversas outras meninas na ala descobriram que tinham mais em comum que seu distúrbio alimentar e ficaram amigas. Em vez de se aborrecer e passar seus dias fazendo pouco mais que pensar sobre a anorexia, as manhãs de Ruth agora eram ocupadas com trabalho escolar e as tardes eram preenchidas com terapia e aulas de artesanato, conversas com as outras meninas, filmes e experiências com novos penteados e maquiagem com suas novas companheiras. As amizades que ela estabeleceu continuaram e permaneceram fortes ao voltar para casa, e esse ambiente tornou sua experiência da segunda hospitalização totalmente diferente da primeira. Este foi um período em que Ruth sentiu-se protegida e "realmente segura".

Com uma equipe clínica diferente e uma atitude renovada, Ruth considerou as enfermeiras muito mais simpáticas e acessíveis – elas "não nos tratavam como se fôssemos diferentes ou dissimuladas, ou algo assim... muitas delas conversavam conosco e vinham ao nosso quarto". Seu novo psiquiatra aparecia várias vezes por semana, e Ruth e ele mantinham conversas prolongadas sobre diversos assuntos, incluindo seus sentimentos, amigos, escola e alimentação. Ele parava com frequência apenas para visitar a ala, e Ruth sentia que o profissional se interessava realmente por seu bem-estar. Agora que estava mais velha e mais confiante, Ruth negociava seu regime de tratamento com os médicos e os convencia a não usar a sonda nasogástrica, dando-lhe a chance de engordar por si mesma, simplesmente comendo mais.

Em retrospectiva, Ruth acredita que o ponto de virada ocorreu quando tomou uma decisão consciente de recuperar-se. Subitamente, ela havia percebido que não sabia realmente quem era quando estava doente: "Eu era apenas esta pessoa que só se exercitava e não comia." Na escola, ela conseguia representar ser outra pessoa, mas era cansativo. Com a família, Ruth percebeu que era lenta, irritável e instável. Mas suas novas amigas e a atmosfera diferente do hospital lhe deram as ferramentas para sair do buraco escuro no qual estivera presa:

"Algo mudou para mim. Eu realmente queria melhorar. Parei de pensar que estava gorda. Não sei como isto aconteceu. Apenas senti que precisava mesmo melhorar, porque todos lá fora estavam felizes e eu não conseguia, então tinha de melhorar, e fazer amizade com muitas pessoas ajudava nisso – era mais divertido lá."

Beth e David estavam surpresos e aliviados porque a segunda internação da filha foi tão calma em comparação com a primeira. A equipe de enfermagem era "respeitosa e gentil" e os médicos de Ruth conversavam de boa vontade com Beth e David e os envolviam para a elaboração da melhor estratégia para ajudar na recuperação de Ruth.

A anorexia de Ruth afetou a todos na família. Seu irmão Carlos era três anos mais jovem e acompanhava Beth no longo percurso de ida e volta para o hospital. Isso dava tempo para que ela conversasse com o filho, respondesse suas perguntas e explorasse suas emoções em relação à irmã, mas consumia o tempo de Carlos e afetava sua visão do mundo. David salienta:

> "Ele perguntava, algumas vezes: 'Esta comida engorda?'. Isso durou pouco tempo. Agora ele não se preocupa muito, [mas] Carlos estava basicamente se sentindo deixado de lado. Às vezes ele se sentia e parecia abatido. No hospital, ele se divertia um pouco jogando no PalyStation, mas isso também o aborrecia. Até mesmo em casa, havia muita discussão sobre o que comer ou não. E ele escutava tudo. Tinha apenas 8 anos quando a anorexia da irmã começou, e isso é traumático para uma criança... nessa idade não deveria haver tanto estresse. [Quando] tudo está tranquilo e calmo em casa, nos sentimos bem, e quando há estresse e ansiedade, quando as pessoas gritam umas com as outras, é muito desconfortável."

Para Beth, o principal desafio tem sido lidar com o estresse. Ela sentiu a intensidade do sofrimento de Ruth e lhe doía ver sua filha inteligente e esperta transformando-se em uma sombra de quem havia sido. Beth passou horas incontáveis preocupando-se e cogitando sobre o bem-estar e o futuro de Ruth. Inicialmente, ela também sentiu culpa e dúvidas sobre ter contribuído involuntariamente para os problemas da filha. O alívio para a culpa veio ao conhecer outros pais no hospital e descobrir que eram apenas pessoas "normais e legais".

Quadro 8.4   Relacionamentos entre Pessoas com Anorexia

Pessoas com anorexia frequentemente desenvolvem relacionamentos estreitos entre si, porque passam tempo juntas no hospital, em centros de recuperação e grupos de apoio e se comunicam usando a Internet.

> Os relacionamentos entre pessoas com anorexia podem ser negativos se essas pessoas competem para ver quem é mais magro ou se o relacionamento reforça ou normaliza uma identidade como alguém com anorexia ou é uma forma de aprender novas estratégias para emagrecer, como vomitar, exercitar-se em segredo ou aumentar artificialmente o peso para as pesagens. Os relacionamentos entre pessoas com anorexia em hospitais ou centros de tratamento podem ter um impacto negativo se uma mentalidade de grupo se desenvolve e as pessoas unem-se para sabotar o tratamento ou esconder suas transgressões às regras do tratamento da equipe médica.[136,137]
>
> Os relacionamentos entre pessoas com anorexia também podem ser positivos, fornecendo uma base para a discussão de preocupações comuns sobre alimentos, exercícios, relacionamentos e tratamento e oferecendo consolo e empatia durante períodos difíceis, em virtude do entendimento compartilhado sobre a experiência da anorexia.[85,310] As pessoas diagnosticadas com anorexia também podem incentivar e apoiar umas às outras em seus esforços para recuperarem-se, e esses relacionamentos positivos podem ajudar a manter a recuperação no longo prazo. Por exemplo, a maioria das pessoas com anorexia considera os grupos de apoio úteis nas fases iniciais da recuperação, mas tais grupos podem adiar a recuperação em um estágio mais avançado, por manterem um foco sobre a anorexia, em vez de permitirem que sua importância diminua.[119]

Esses encontros a fizeram perceber que não havia sentido na culpa ou na atribuição de culpa a outros. A anorexia "pode acontecer nas melhores famílias". Ainda assim, encontrar maneiras de manter-se equilibrada poder ser importante para a sua própria sobrevivência:

> "É preciso fazer pequenas coisas para continuar desfrutando a vida. Pode ser sentar-se e ler um livro por meia hora com uma xícara de café. Ter um tempo só para você, se precisar. Sabe, pequenas coisas, pequenos momentos em sua vida. É preciso tê-los. Se estou sobrecarregada – e me sinto assim com frequência quando estou ocupada –, é bom poder me afastar de tudo. Tirar um cochilo, cuidar da pele com uma máscara facial, fazer as unhas. Fazer algo assim."

Como pai, David preocupou-se com Ruth e com o ônus que sua condição impôs à família, especialmente a Beth, que ficava em casa o tempo todo. Como médico, a doença de Ruth desafiou-o a pensar sobre estratégias de manejo que recomendaria a outros pais que enfrentassem situações semelhantes. Ele acha que, às vezes, os pais precisam insistir na intervenção médica – mesmo quando o filho resiste –, mas uma vez que o período crítico tenha passado, os pais podem ajudar os filhos a fazerem escolhas de estilo de vida melhores. Ele acredita que é fundamental que os pais se comuniquem e trabalhem como equipe com os médicos, porque a sós com os pais, os filhos poderão manobrá-los o tempo todo.

Beth, David e Ruth têm diferentes ideias sobre a anorexia. David acha que uma pessoa não opta por ter anorexia, mas que pode ser difícil desistir dela, em virtude dos "ganhos secundários", como a atenção extra que o paciente recebe. Beth acha que "é preciso tirar da mente a ideia de que a pessoa poderia parar com a anorexia se desejasse, porque a verdade é que isso não é possível. Essas pessoas não conseguem se controlar. Não conseguem parar. É como uma doença mental". A opinião de Ruth está entre esses dois extremos:

> "Muitas pessoas acham que é sua culpa, mas não é, porque você simplesmente não consegue controlar seus pensamentos. Acho que provavelmente é um caso de baixa autoestima. Você quer mudar, mas não consegue. Fica com medo de perder tudo pelo que se esforçou tanto – toda aquela dieta e exercício – se começar a comer novamente, então você só quer continuar... Não se pode mandar alguém comer. A pessoa não fará isso, nada será fácil e levará muito tempo para melhorar, [mas] é preciso mudar o modo como você pensa sobre si mesmo. Ninguém mais pode fazer isso em seu lugar. A decisão é toda sua."

Ruth percebe as mudanças pelas quais passou. Ela agora está aproveitando a vida e tem vários amigos. Não é mais zangada e mal-humorada e não se importa muito com o que outros pensam, desde que esteja saudável e feliz com sua aparência. Ela abandonou as corridas competitivas e acha que não voltaria atrás no tempo, mesmo se pudesse. Ruth acha que a doença a fez uma pessoa diferente – mais compreensiva, independente e determinada: "foi difícil superar, mas isto me tornou mais forte".

Beth e David sentem-se contentes e aliviados. A personalidade inteligente e divertida de Ruth reapareceu e eles adoram vê-la fazendo brincadeiras, rindo com as amigas e aproveitando sua vida. Ainda assim, admitem que a recuperação ainda está longe. Ela ainda se preocupa com tudo o que coloca na boca e não come como uma adolescente costuma comer, mas eles concordam que a vida está mais acomodada e tranquila e que, de muitas formas, o trauma dos últimos cinco anos uniu a família. Com o apoio de um terapeuta, Ruth permanece no rumo certo há quase seis meses e Beth e David acreditam que finalmente viram a anorexia e a ala para pacientes com distúrbios alimentares pela última vez.

Quadro 8.5 Apoio aos Pais

Há um crescente reconhecimento de que os pais podem ser valiosas fontes de ajuda para a recuperação de um filho com anorexia.[129] Os pais com frequência precisam incentivar ou motivar o filho a aceitar o tratamento profissional[7], e também há a crença de que as respostas emocionais e comportamentais dos próprios pais à anorexia influenciam os resultados do tratamento.[118,311]

Cuidar de um filho com anorexia é uma função complexa, difícil e estressante,[146,147,219] e as interações dos pais com profissionais podem adicionar ou aliviar as tensões que os pais vivenciam.[148,202,312] Nossas entrevistas com os pais de meninas adolescentes com anorexia identificaram os tipos de apoio que os pais desejam dos médicos, assistentes sociais e outros profissionais.

Inclusão dos pais no tratamento

- Os pais querem ser incluídos no cuidado clínico do filho, embora o nível de envolvimento que desejam varie.
- Os pais querem receber informações constantes sobre o tratamento e o progresso do filho e saber o que virá a seguir.
- Os pais querem que os médicos escutem suas opiniões e as levem em consideração. Alguns pais também desejam a chance de dar aos médicos informações sem a presença do filho.
- Embora os pais sigam as recomendações dos médicos, eles não gostam quando grandes decisões são tomadas sem a oportu-

nidade para que se manifestem a favor ou contra seus desejos expressos.

Apoio e orientação aos pais nos cuidados de seus filhos

Como cuidadores principais dos filhos, mas sem treinamento profissional ou experiência com a anorexia, os pais apreciam a ajuda e apoio dos médicos e de outros profissionais, incluindo:
- Informações sobre a anorexia e seu impacto sobre a família.
- Ideias sobre as razões para determinados comportamentos de seus filhos.
- Conselhos sobre estratégias para usar em casa, incluindo orientações claras para seguir e *feedback* periódico sobre seu desempenho.
- Razões simples para as estratégias recomendadas.
- Conselhos e orientações adaptadas às suas necessidades e circunstâncias específicas, consistentes com seus valores e crenças.
- Planejamento e acompanhamento após a alta.
- Estratégias de manejo pessoal e formas positivas de pensar sobre a doença.
- Aconselhamento e apoio emocional.
- Oportunidades para conhecer e desenvolver redes de apoio com outros pais.

Demonstração de atitudes positivas para com os pais

Os pais apreciam profissionais, serviços e práticas que demonstrem atitudes positivas, incluindo empatia, respeito e preocupação. Embora nem sempre seja possível dar-lhes tudo o que precisam ou desejam, levar as perspectivas dos pais em conta permite que os médicos desenvolvam relacionamentos produtivos e positivos com estes, em benefício de todos os envolvidos.

Algum Tempo Depois...

Beth mantém contato conosco e deixou uma mensagem agradecendo-nos por contar sua história e nos dizendo que, em sua opinião, o que escrevemos foi "incrivelmente" exato. E, mais importante, ela nos transmitiu a notícia de que Ruth se recuperou completamente.

9

"Tudo Depende de Mim Agora"
A história de Raquel, Elizabeth, Peter e Ryan

Elizabeth e Peter vivem em um casa de campo espaçosa desde que se casaram, mais de 35 anos atrás. A casa envelheceu, mas conservou a elegância. Os galhos dos bordos se espalham e tocam as janelas, os arbustos que ladeiam o caminho até a casa mostram cores exuberantes, e a varanda ampla e acolhedora é repleta de confortáveis cadeiras já bem gastas.

Os primeiros anos de Elizabeth e Peter juntos foram marcados pela dor, porque seu primeiro filho faleceu poucas horas depois de nascer. Elizabeth encontrou alívio em conversas com a família, amigos e membros da igreja, mas as recordações do calvário ainda assombram ambos. Peter nunca teve a oportunidade de viver o luto, e tem sido assombrado por crises periódicas de depressão desde então. Elizabeth lembra:

> "Deram-me tapinhas nas costas no hospital e disseram que ainda teríamos muitos outros bebês. Trinta anos atrás, quando isso aconteceu, não se esperava que os homens chorassem as perdas. Esperava-se que simplesmente continuassem indo trabalhar."

Apesar das garantias do médico, não vieram mais bebês. Elizabeth e Peter adotaram um menino e o chamaram de Ryan. Sete anos mais tarde, muito tempo depois de perderem a esperança de uma nova gravidez, Elizabeth ficou grávida. Foi uma gestação difícil e Raquel nasceu prematura e pequenina, mas sua chegada trouxe alegria a todos na família. Ela era uma criança doce, feliz e mimada por seus pais e adorada por seu irmão mais velho. Raquel herdou o espírito aventureiro irlandês de sua avó e sua aparência – cabelos ruivos cacheados, olhos verdes e o tipo de pele que atrai mais sardas do que Raquel gostaria.

Raquel tinha 13 anos quando Ryan saiu de casa para dividir uma casa com os amigos. Apesar da diferença de idade, eles eram muito próximos e a saída de Ryan deixou um vazio na vida de Raquel. Ela sentia falta de tê-lo por perto para conversar, trocar confidências e provocá-la sobre suas sardas. Elizabeth foi dona de casa até a adolescência de Raquel, quando então voltou a trabalhar, mais ou menos na época em que Ryan saiu de casa.

Raquel achou a casa estranhamente silenciosa. Elizabeth não estava mais sempre por perto para conversar e lhe fazer companhia sempre que ela desejava.

Essas transições eram normais e corriqueiras, mas coincidiram com uma alteração no comportamento alimentar de Raquel. Ela se tornou mais seletiva sobre os alimentos de que gostava e não gostava e mais teimosa sobre o que comia ou não. Elizabeth era vegetariana, de modo que a recusa de Raquel em comer carne não causou problemas. Elizabeth e Peter preocuparam-se mais quando Raquel começou a recusar *qualquer* gordura, sob *qualquer* forma, incluindo queijo e outros produtos lácteos. No entanto, eles deixaram de lado a ansiedade, dizendo a si mesmos que esta era apenas uma fase da adolescência, uma idiossincrasia isolada que logo passaria. Ao longo dos 12 meses seguintes, porém, Raquel reduziu progressivamente a quantidade e a variedade de alimentos que comia até sobreviver com pequenas porções de salada, que levava horas para comer. Raquel emagreceu de forma assustadora, e a comida tornou-se um campo de batalha entre mãe e filha. Elizabeth implorou que Raquel tivesse bom senso ao comer, mas suas súplicas apenas levavam a birras e lágrimas.

Convencida de que a desnutrição estava no cerne dos problemas de Raquel, Elizabeth pediu que os professores da filha monitorassem sua alimentação na escola. Raquel ficou furiosa ao descobrir isso. Ela se ressentia de ser colocada sob vigilância, mas se recusou a admitir que estava morrendo de fome lentamente. Elizabeth e Peter estavam arrasados:

"Não sabíamos o que fazer. O que você faz quando seu filho começa a emagrecer rapidamente? Nós podíamos forçá-la a comer. Ela comia pequenas quantidades de alimentos. Na escola, não queria comer nada. Ela comia algo realmente pequeno no café da manhã e depois só bebia água o dia todo, comendo muito pouco à noite... Nosso médico de família também não sabia o que fazer." (Elizabeth)

O corpo de Raquel estava desaparecendo. Ela estava sempre cansada e irritada e sofria de problemas de circulação constantes e frieiras dolorosas. O médico da família focou esses problemas e a encaminhou para um especialista, mas uma série aparentemente sem fim de testes nada revelou. Em seu décimo quarto aniversário, o peso de Raquel havia caído para apenas 29 quilos e, apesar de suas negativas, o médico da família decidiu que estava lidando com um caso de anorexia nervosa. Quinze dias antes do Natal, Elizabeth e Peter levaram Raquel para o hospital com o pretexto de realizarem mais um exame para detectar lúpus. A raiva de Raquel foi incontrolável ao descobrir que estava sendo internada por causa da anorexia. Raquel não acreditava no diagnóstico e não podia compreender que precisava alterar seus comportamentos alimentares. Ela culpou sua mãe e reclamou muito, acusando Elizabeth de traição e abuso de sua confiança. Peter estava aliviado porque Raquel finalmente estava sendo tratada:

"Olha, ela não estava melhorando. Continuou deteriorando-se e foi ficando tão magra que fiquei muito preocupado... não foi grande surpresa vê-la internada, considerando o estado em que estava. Eu me senti melhor, sabe, porque o problema finalmente estava claro e estava sendo tratado."

Para Raquel, a hospitalização foi uma experiência solitária e triste. Ela ficou arrasada ao descobrir-se em um cubículo no hospital, e se recusou a decorá-lo com cartazes, fotografias, flores e enfeites, como as outras meninas na ala faziam. Ela também era muito mais jovem do que as outras meninas e se sentiu excluída das conversas íntimas das outras. No entanto, ao mesmo tempo, ela não queria envolver-se quando as outras se reuniam para desafiar as orientações dos médicos e enfermeiros. O único objetivo de Raquel era sair do hospital. Ela comia tudo o que lhe ofereciam e pedia mais. Em duas semanas, ela havia engordado o suficiente para receber alta. Em retrospectiva, Raquel não acredita que ser hospitalizada teve qualquer impacto duradouro sobre ela:

> "Acho que [o hospital] não ajuda pelo lado psicológico, porque a anorexia é uma doença de longa duração e talvez não possa ser tratada em um curto espaço de tempo no hospital. E isso também não ajuda para que aprendamos a lidar com a vida e melhorá-la no mundo exterior. O hospital é um ambiente diferente. Sua comida é organizada em uma bandeja e você recebe as proporções corretas de coisas para comer e suplementos alimentares, e todo esse tipo de coisa. Então, ao receber alta, você ainda não tem ideia sobre como lidar com situações sociais que envolvem alimentos quando está se sentindo muito desconfortável por comer na frente das pessoas. Eu faria qualquer coisa para sair [do hospital], e foi por isso que eu fingi para mim mesma que eu era diferente das outras pacientes, que não tinha um problema real e que poderia lidar com isso sozinha. Então eu engordei apenas para poder sair de lá sem refletir de fato sobre a razão para ter ido parar lá, em primeiro lugar."

Nos dois anos seguintes, o peso de Raquel permaneceu baixo, mas relativamente estável. No entanto, por trás da fachada escondiam-se problemas preocupantes. Ela sofria muito, sua autoestima estava baixa, oscilava entre a autoinanição e o excesso alimentar e, ao se olhar no espelho, tudo o que Raquel via era uma adolescente acima do peso: "Eu poderia parecer bem por fora, mas na minha cabeça eu ainda estava anoréxica, eu nunca voltei a um padrão normal de alimentação". A preocupação de Raquel com alimentos também não cedeu. Sendo já uma cozinheira talentosa, Raquel insistia em assumir o controle da organização e preparação de todas as refeições da família, e eliminou todo e qualquer açúcar e gordura da dieta. Peter não se opôs. Ele havia sido diagnosticado com diabetes, e o regime alimentar de Raquel ajudava-o a manter a sua dieta. Além disso, ele racionalizava: "Ela cozinha muito bem [e] se não cozinhasse o que gosta, estaria em um estado de espírito pior ainda. Ela sofre de depressão, e estaria muito mais deprimida do que está".

Elizabeth tinha uma visão diferente e tentou encorajar uma abordagem mais moderada. No entanto, seus esforços apenas incitavam raiva e conflito. Cansada das brigas constantes, Elizabeth decidiu que a única maneira de ter paz e tranquilidade era falar menos. Peter concordou:

"Olha, é um transtorno compulsivo. Eles não podem evitar o que estão fazendo. É simples assim. É preciso perceber que não há por que bajular alguém, criticá-lo ou algo assim, porque a pessoa realmente não é responsável pela forma como se comporta. Ela não pode fazer nada a esse respeito. Tudo o que faríamos com críticas seria torná-la ainda mais infeliz do que já está... Ela fica irritada e reage com agressividade, eu acho que... qual seria a questão mesmo? E assim, nos perguntamos: 'Estamos realmente fazendo algum bem?' Se a perturbamos, provavelmente só pioramos as coisas."

Em seu último ano de escola, o distúrbio alimentar de Raquel tomou um novo rumo que afetou todos os aspectos de sua vida:

"Eu comecei a comer compulsivamente e a vomitar muito a cada dia. Não era apenas o efeito físico sobre o meu corpo, mas o efeito mental de não ser capaz de me concentrar no que precisava, e sempre ter outros pensamentos passando por minha cabeça sobre os alimentos e comer e no que eu comeria a seguir. Isso realmente me impedia de atingir meu potencial [na escola], porque a minha concentração estava muito baixa."

Depois de tantos anos de autoinanição disciplinada, Raquel sentia o prazer de exagerar com os alimentos a que se negara, mas sua compulsão desencadeava sentimentos de culpa e de autoaversão. Na mente de Raquel, a purgação era a única forma de expulsar seus sentimentos de repulsa em relação a si mesma. Raquel admite que seu consumo compulsivo de alimentos era mais do que uma questão física:

"É uma coisa psicológica também. Eu sinto que preciso me negar essas coisas [Eu gosto de comer]. Eu não posso tê-las e me sinto culpada se como o que gosto, e sei que isso não é normal. Assim, isso vai além de apenas querer comer algumas coisas e não querer engordar... alguns alimentos são bons e outros são maus. Então, se me deixo levar por esses alimentos ruins e fico louca por eles, sou uma pessoa ruim. Eu sinto como se a palavra 'gorda' não se referisse apenas ao lado físico. Para mim, ela incorpora a preguiça e avareza e todas essas coisas que eu não gosto em uma só. Essa é a sensação que comer compulsivamente me dá. Eu preciso me livrar desses sentimentos, e a única maneira de poder fazer isso é colocando para fora. Eu associo coisas como ser ganancioso com excesso de peso. Essas ideias [estão] na minha cabeça desde uma idade bem precoce – ganância é ruim e indulgência é ruim. Então, comer muito é ser ganancioso e autoindulgente e, portanto, ruim."

Raquel conseguiu esconder de seus pais sua alimentação compulsiva e purgação por quase 12 meses, mas se sentia culpada por ser astuta e enganar a todos. Pouco antes de seus exames escolares finais, Raquel confessou seu comportamento à mãe. Raquel sentiu-se liberta e aliviada por terminar finalmente com o segredo, mas Elizabeth foi envolvida por um turbilhão de emoções conflitantes. Ela ficou chocada ao saber do sofrimento de Raquel e ao descobrir que sua bela filha tinha um problema tão doloroso e terrível. Ela estava horrorizada com as implicações para a saúde e o bem-estar de Raquel e decepcionada por Raquel ter mantido segredo a respeito disso por tanto tempo, sem confiar nela e sem procurar sua ajuda. A confissão fez com que Elizabeth cogitasse se algum dia poderia conhecer ou entender exatamente o que Raquel estava passando. A principal prioridade para Elizabeth, porém, era manter as linhas de comunicação abertas, mas às vezes era muito difícil encontrar o equilíbrio entre permitir a privacidade de Raquel e *algum* espaço para conversas:

"Às vezes ela me diz: 'Eu tive uma manhã ruim hoje', o que significa que comeu compulsivamente, mas ela não me diz muito mais do que isso e eu não pergunto muito, a menos que perceba que ela quer falar comigo sobre as coisas, porque é muito sensível. Você sabe, essa linha tênue pode ser cruzada com bastante facilidade."

Quadro 9.1   O Significado da Alimentação

Na sociedade atual, comer significa mais do que apenas saciar a fome. Os significados sociais ligados à alimentação afetam o modo como vemos a nós mesmos, como somos vistos pelos outros, e o que pensamos e sentimos sobre o alimento.

Alimentos bons e ruins

Significados morais estão ligados ao consumo de certos alimentos. Vegetais e frutas são vistos como "bons" alimentos porque são saudáveis, nutritivos e não engordam. As pessoas que escolhem "bons" alimentos são consideradas autodisciplinadas e virtuosas. Alimentos com alto teor de gordura são considerados "maus" alimentos, e seu consumo pode ser considerado um sinal de fraqueza ou gula. Da mesma forma, comer porções pequenas ou moderadas de alimentos denota autocontrole, enquanto comer em demasia sugere ganância. Como a luxúria, a gula é um "pecado da carne" e um dos sete pecados capitais. As pessoas com anorexia são vistas, muitas vezes, como aquelas que incorporam o autocontrole e a disciplina sobre os desejos corporais que muitas pessoas são incapazes de conquistar.[313]

Alimentos como conforto ou recompensa

Alimentos são considerados como guloseimas quando são doces, caros, consomem tempo para seu preparo ou são usados como recompensa. As crianças, por exemplo, podem ganhar um pirulito por serem boas ou um adulto pode abrir uma garrafa de champanhe para comemorar uma conquista. As pessoas também consomem determinados alimentos quando se sentem deprimidas ou cansadas. Chocolate e sorvete são alimentos de conforto populares, porque são doces e fáceis de comer.[277] O alimento é usado para o manejo do estresse emocional, porque é mais fácil de acessar e socialmente é mais aceitável que o álcool ou outras drogas,[75] mas muitas pessoas com anorexia privam-se de alimentos porque acreditam que não merecem o prazer que trazem.[314]

Alimentos e feminilidade

Em muitas sociedades, as mulheres são responsáveis por preparar o alimento para suas famílias, mas espera-se que restrinjam a própria alimentação para manterem um corpo esbelto.[277] Nesse contexto, espera-se que as mulheres consumam menores quantidades de alimentos que os homens, e negar a si mesma o alimentação é considerado como uma expressão de virtude feminina culturalmente sancionada e de autossacrifício.[171]

Alimentos e classe social

O tipo de alimento consumido e as práticas sociais envolvendo alimentos refletem a posição social, a educação e os níveis de renda.[171] Nas sociedades ocidentais onde alimentos de alto teor calórico são abundantes e baratos, consumir este tipo de alimento está associado às classes socioeconômicas inferiores.[124] Conhecer sobre alimentos e sobre nutrição e ser seletivo sobre o que se come são marcadores de boa educação e de prosperidade.[128]

Alimentos e anorexia

As diferentes formas como as pessoas extraem significado dos alimentos não são apenas cognitivas. Para as pessoas com anorexia, os significados gerados por alimentos são uma experiência física real, que formam um padrão de dependência e hábito. É a incorporação desses significados no corpo e na mente e seu impacto sobre toda a pessoa que torna a anorexia um problema difícil de gerir e de mudar.

Na semana passada, Raquel completou 18 anos. Ela sabe que seu bem-estar físico, psicológico e social alcançou um ponto crítico que pode causar problemas no longo prazo. Raquel passou anos em uma montanha-russa emocional. Ela agora toma antidepressivos, mas sua eficácia é limitada pelos outros desequilíbrios químicos em seu corpo. Ela não menstrua há quase cinco anos, e isso pode dificultar a concepção. Sua densidade óssea e níveis de potássio estão tão baixos que há um forte risco de osteoporose e ela não tem mais energia para fazer as coisas que gosta de fazer:

> "Isso afetou a minha resistência. Eu adoro andar e muitas vezes me sinto cansada demais para caminhar ou pedalar a bicicleta. Eu saí para um passeio de bicicleta com alguns amigos algumas semanas atrás, e estava tão exausta no fim que pensei: 'Não voltarei a fazer isto tão cedo'. Isso me mostrou que se eu quiser fazer esse tipo de coisa, de que realmente gosto – terei de me fortalecer, porque eu perdi muito da força que já tive."

Uma vez que Raquel não tem energia, os planos para a faculdade foram adiados. Raquel também sabe que sua anorexia reduziu sua independência e liberdade:

> "Minha mãe acha que precisa cuidar muito mais de mim do que faria se eu não tivesse problemas com a alimentação. Acho que o meu irmão era muito mais independente do que eu sou [com a mesma idade]. Embora eu seja independente em alguns sentidos, ainda sou emocionalmente dependente deles e acho que minha mãe se sente responsável por cuidar de mim. O mesmo acontece com meu pai, em termos de me manter e me cuidar."

Raquel tentará a universidade novamente no próximo ano, mas, no momento, ela mantém um emprego de tempo parcial em um restaurante. Peter acredita que este foi um passo positivo:

> "Trabalhar melhorou sua autoestima. Você sabe, isso lhe deu algo em que persistir. Ela gosta imensamente de cozinhar, e isto é um amor real em sua vida. Acho que provavelmente é parte da explicação, mas provavelmente é parte do problema, de modo que, ao trabalhar em um restaurante, ela está no seu elemento."

Raquel sabe que ainda tem "problemas e conflitos na [sua] mente sobre alimentação, imagem corporal e autoestima", mas também está vendo sinais positivos:

> "Sinto um controle muito maior agora que antes; eu acho que minha autoestima está aumentando e não me sinto tão para baixo a meu respeito. Ainda sinto tristeza por não ir para a faculdade e não fazer mais coisas que valem a pena este ano, mas atualmente eu consigo analisá-las e penso: 'Ah, bem, eu posso sair dessa e fazer tudo diferente no próximo ano.'"

Raquel tem passado muito tempo pensando em sua anorexia e na forma particular que ela assumiu em sua vida. Ela refletiu que seus problemas alimentares têm três dimensões. A dimensão física gira em torno da alimentação e do peso. Este é o aspecto de anorexia que atrai a maior atenção da família, da profissão médica, da mídia e do público. A dimensão emocional de anorexia refere-se ao seu bem-estar psicológico, autoestima, problemas e manejo de problemas. Em retrospecto, Raquel se pergunta se seus problemas alimentares são um apelo físico por ajuda para algum sofrimento íntimo profundo e não identificado. No esquema de Raquel, a dimensão espiritual é a terceira e mais importante faceta. Trata-se da união entre mente e corpo que parece se perder quando um distúrbio alimentar ocorre. Raquel sente que o rompimento entre essas três facetas está no centro de sua doença. Ela está tão presa no aspecto físico de seu problema e em investir tempo e energia para controlar o que come, o peso e as calorias, que perdeu o contato com sua espiritualidade e com a unicidade e a paz que vêm quando mente e corpo trabalham juntos em harmonia. Raquel acredita que sua recuperação envolve não apenas banir as obsessões com alimentos que a fazem sofrer tanto, mas também melhorar a sua autoestima para permitir o crescimento emocional necessário, para recuperar uma integridade espiritual do corpo e da mente.

Examinando sua história pessoal, especialmente suas experiências na escola, Raquel sente que nem o currículo da escola, nem o ambiente escolar abordaram assuntos-chave envolvendo os distúrbios alimentares:

"Nas aulas de educação física e saúde há muita discussão sobre o excesso de peso, obesidade e o modo certo de comer e reduzir gorduras. Isso acaba ficando em nossa mente. Entretanto, eles não falam muito sobre distúrbios alimentares ou sobre a saúde mental. Não há muito sobre sentir-se bem consigo mesmo e eu acho que a anorexia é sobre como você se sente sobre si mesmo. Acho que a escola deveria focar sobre a autoconfiança e como você se sente sobre o seu corpo, sua imagem corporal e a percepção que tem a seu respeito. Eu acho que todos os distúrbios da alimentação – até mesmo a compulsão e o excesso alimentar – baseiam-se na mesma lógica em sua mente. Eles têm tudo a ver com uma luta entre sua mente e seu corpo e com não ser capaz de lidar com as coisas [e] lidar com as emoções."

A reflexão de Raquel sobre sua anorexia estimulou interesse sobre a forma como as atitudes sociais e a mídia influenciam a autoestima das meninas e a necessidade por controlar a alimentação. Raquel não acredita que a mídia causa ou deve ser culpada pela anorexia entre adolescentes, mas acredita que ela apresenta uma noção idealizada do corpo, aparência e feminilidade que entra no subconsciente de modo que pressiona as mulheres a desejarem e se esforçarem para atingir um ideal fantasioso de beleza. Raquel sente-se frustrada e aborrecida pelas atitudes a respeito da anorexia que tem visto na mídia e sociedade em geral:

> "A sociedade como um todo não tem muita informação sobre distúrbios alimentares. Isso também ocorre com muitas doenças mentais [e] muitos problemas psiquiátricos que não são discutidos de forma clara. Fazem-se suposições superficiais de que você adquire o distúrbio porque quer ter certa aparência. As pessoas não entendem que há muitos problemas psiquiátricos por trás disso. O estigma é sobre a superficialidade da doença.
>
> Acho que um distúrbio alimentar vai muito mais fundo que olhar uma capa de revista e pensar que se quer ser assim... Se você falar com uma pessoa anoréxica, não há como presumir que se parecerão com uma *top model* se desenvolverem anorexia. A intenção nunca é esta. Tem muito mais a ver com a autoestima e problemas emocionais e com o modo como lidamos com eles que com a apresentação física real."

Quadro 9.2   Religião e Espiritualidade

Historicamente, a autoinanição tem sido associada com o gênero. Mulheres cristãs ficavam sem comer para demonstrar sua piedade, como penitência por pecados ou como uma estratégia para se aproximarem de Deus.[315] Em comparação, os homens estavam mais propensos a demonstrar piedade abandonando o poder, dinheiro ou prestígio. As conotações religiosas vinculadas à autoinanição persistiram na linguagem contemporânea de pessoas que descrevem seu distúrbio alimentar em termos religiosos e morais, por exemplo, descrevendo o ganho de peso como algo ruim e a perda de peso como uma aproximação com Deus.[315]

Lelwica[313] argumenta que nas sociedades ocidentais modernas, a distinção entre o sagrado (religiões tradicionais) e secular (imagens na mídia) turvou-se e que uma redução nas práticas religiosas convencionais levou as mulheres a procurar respostas para os problemas da vida na cultura popular. Ela argumenta que imagens de modelos magras servem a uma função similar àquela das pessoas sagradas e santos, apresentando

> um ideal ao qual se pode aspirar. Rituais como dietas têm uma função de purificação semelhante à confissão ou penitência pelos pecados.
>
> Alguns escritores sugerem que a fé de indivíduos religiosos diminui à medida que sua anorexia se torna mais visível, mas aumenta durante a recuperação.[316,317] Outros argumentam que a cura espiritual é importante na recuperação[318] e pode dar a essas pessoas significado e ajuda para a reintegração de corpo e mente, se esses estavam em dissonância anteriormente.[113]
>
> Embora a anorexia possa ser considerada como uma forma de resposta às dificuldades da vida, a cura espiritual envolve encontrar e criar recursos alternativos — imagens, rituais, crenças, conexões comuns e sensibilidades morais — que permitam aos indivíduos abordar os desapontamentos da vida de formas positivas e transformadoras. A cura espiritual é um processo contínuo de autotransformação e crescimento que envolve encontrar maneiras de ir além da existência guiada pelo objetivo estreito de ficar ou permanecer magra para uma vida mais significativa e com uma finalidade.

Racionalmente, Raquel sabe que seu corpo parará de funcionar, se ela continuar sem comer ou comendo compulsivamente e purgando. Emocionalmente, porém, sente pavor de engordar e entra em pânico com cada pequeno aumento na balança. Refletir sobre sua doença ajudou Raquel a entender a si mesma e como seu distúrbio alimentar fundiu-se com sua identidade. Sua reflexão também abriu um caminho para a recuperação. Ela ajudou na identificação dos atributos que ela não deseja ver mais como parte de sua identidade: a autocrítica que destruiu sua autoestima; a necessidade desesperada por controlar a preparação da comida em todos os momentos; a tensão emocional e as dificuldades sociais que sua ansiedade sobre alimentos e sobre comer criam.

Até recentemente, Raquel mantinha seu relacionamento traumático com alimentos como um segredo compartilhado apenas com seus pais. Ela se preocupava com a possibilidade de ser considerada superficial, desejosa de atenção e como alguém que quer se parecer com uma modelo ou que acredita que perder peso tornará a sua vida perfeita. Quando ela finalmente reuniu a coragem para contar aos amigos, descobriu que eles podiam apoiá-la, mas também eram uma fonte de ansiedade e culpa a mais:

> "Eles querem muito me ajudar, mas não há nada que possam fazer. Assim, isso me deixa pior, porque sei que ficaram tristes [e] sabem que estou triste, mas não há nada que possam fazer para que eu me sinta melhor."

Quatro anos após o diagnóstico inicial, Raquel reconhece que teve um problema durante muito tempo. No começo, ela achou que podia lidar com ele sozinha e que tudo o que tinha a fazer era acionar um "botão mágico" e se recuperaria. Ela sabe que há muito mais envolvido. Raquel não pensa em ser internada novamente, mas tomou a iniciativa de consultar um médico e um assistente social como paciente ambulatorial no hospital próximo de sua casa:

> "Na época, senti que talvez se eu falasse em voz alta, o problema pudesse desaparecer, que ao dizer que eu tinha um problema, ele pudesse deixar de existir. Quando se tornou óbvio que não era assim que aconteceria, eu percebi logo que precisaria de algum tipo de ajuda... Quando o médico disse: 'Você sabe que tem um problema e que precisa fazer algo', tudo tornou-se mais concreto. Eu vi que era oficialmente um problema, e um dos grandes."

O médico está cuidando do bem-estar físico de Raquel e o assistente social a ajuda a lidar com os ajustes psicológicos necessários para sua recuperação. Raquel acha difícil admitir para outros que está consultando um médico e um psicólogo, mas admite que isto a ajuda. Ela se sente mais feliz, fisicamente melhor e mais controlada em termos emocionais. Peter percebeu a melhora em sua alimentação:

> "Acho que as coisas aquietaram-se e ainda estão razoavelmente normais, em termos de sua condição. Quer dizer, ela está se alimentando razoavelmente bem. Ela não come apenas alface, não se preocupa tanto com saladas quanto antes. Ela come muitos tipos diferentes de vegetais, diferentes tipos de feijão entre outras coisas. Acho que provavelmente poderia haver mais proteína em sua dieta, e esta certamente não é mais tão deficiente quanto antes."

Quadro 9.3 A Mídia e a Anorexia

Representações de anorexia nos jornais, programas de entrevistas, eventos da atualidade, documentários e revistas femininas ajustam-se em três amplas categorias. A primeira categoria é formada pela mídia sensacionalista macabro". Esses artigos tentam chocar o público com fotos explícitas de corpos emaciados e relatando que tais pessoas comem muito pouco e pesam pouco ou têm comportamentos e atitudes incomuns. Essas histórias mostram a anorexia como um espetáculo e apresentam as pessoas com anorexia como incompreensíveis e grotescas. A cobertura internacional do caso da anorexia e morte da cantora Karen Carpenter é ilustrativa.[319]

A segunda categoria de cobertura da mídia compreende "documentos informativos" que visam dar ao público um entendimento preciso e realista sobre a complexidade da anorexia e seu impacto. Os documentários e programas de atualidades típicos que apresentam informações fatuais e experiências da vida real de pessoas com anorexia e suas famílias de forma sensível, em vez de sensacionalista, são típicos.[320,321]

A terceira categoria de cobertura da mídia consiste de "narrativas de recuperação e cura": Essas apresentam histórias de recuperação e relatos de tratamentos de recuperação "bem-sucedidos". Algumas histórias relatam sobre os avanços científicos e médicos no tratamento. Outras ignoram as evidências científicas, apresentando um novo tratamento como uma cura milagrosa e têm provocado expressões de preocupação por parte de médicos e outros de que as "narrativas de recuperação e cura" podem incentivar indivíduos e famílias a depositarem suas esperanças em estratégias de recuperação não comprovadas, caras ou potencialmente perigosas.[322,323]

A apresentação da anorexia na mídia pode moldar as ideias e crenças populares sobre a anorexia e como o público em geral responde a pessoas afetadas pela anorexia e sua famílias.[324] Esta pode ser uma causa de frustração para as pessoas com anorexia.[325] Histórias apresentadas na mídia exibem celebridades com anorexia como glamorosa, românticas, que promovem uma imagem da anorexia como uma fraqueza dos ricos e alimentam as percepções do público de que a anorexia resulta de um desejo de ser magro e belo e de imitar as celebridades da mídia.[325,326]

Programas de televisão, revistas populares e publicidade são muitas vezes acusados de contribuir para os distúrbios alimentares, apresentando a magreza como essencial para a beleza feminina e desejável para a mulher bem-sucedida, aumentando assim a pressão sobre as mulheres para lutar por uma noção idealizada da feminilidade. Como Smolak[327] descreve: "O papel feminino dominante modelado para meninas e mulheres universitárias de hoje é o da supermulher... as mulheres deveriam ser capazes de 'ter tudo': boa carreira, casamento feliz, filhos saudáveis, uma vida social ativa e boa aparência".

A pesquisa revela que as imagens e histórias da mídia não causam anorexia, mas criam um clima cultural em que o comportamento de autoinanição de meninas e mulheres é recompensado, incentivado, admirado e elogiado. Para os indivíduos que não têm algum propósito maior na vida, o projeto de autoinanição e de ser magro pode exceder todo o resto. Existem algumas evidências de um relacionamento positivo entre a exposição de mulheres magras na mídia e a insatisfação das mulheres com seus corpos e com transtornos alimentares. Embora isso não se traduza necessariamente em anorexia, pode desempenhar um papel na formação das pressões sociais e percepções de beleza e sucesso que são predominantes na sociedade contemporânea.[186]

Embora explicações científicas definitivas sobre o relacionamento entre mídia e anorexia sejam escassas, os analistas sociais argumentam que a idealização da magreza como integral à beleza e perfeição feminina é socialmente indesejável, porque ensina as mulheres a medir o seu valor de acordo com o tamanho de seus corpos. Consequentemente, a crítica da mídia é muitas vezes considerada um componente central dos programas de prevenção, educação e tratamento para a anorexia, porque ensina meninas e mulheres a reorientar o seu pensamento da crítica a seus corpos para uma crítica à cultura que incentiva e apoia os comportamentos alimentares autodestrutivos.[313]

No entanto, Raquel está frustrada porque sua recuperação parece muito lenta. Ela se pergunta constantemente: "Eu já não deveria estar melhor agora?". O médico e o psicólogo a ajudaram a entender "que melhorar não acontece simplesmente por decidir-se melhorar, mas leva um longo tempo." A recuperação é uma jornada.

Apesar da determinação de Raquel para se recuperar, Elizabeth e Peter estão desgastados pelo trauma e sofrimento de lutar para tentar impedir que Raquel se desgaste mais: "Há tensão o tempo todo, então nos zangamos uns com os outros. Todo mundo sente raiva". Os sentimentos de Elizabeth sobre os problemas de Raquel são tão turbulentos que ela se esforça para colocá-los em palavras, como raiva, frustração, tristeza e angústia. O sentimento mais prevalecente é o de culpa:

"É o sentimento exato que eu tive quando nosso primeiro filho morreu. Deve ter sido algo que eu fiz. Você pensa assim por anos, quando está de luto – foi algo que eu fiz. Você só fica se culpando e repisando tudo, pensando: 'Se eu não tivesse feito tal coisa, tudo estaria bem'. É estúpido, mas você não pode parar. É a culpa, eu suponho. Você se sente envergonhado porque é tão trágico. É exatamente como me sinto sobre o distúrbio alimentar de Raquel. Sinto-me envergonhada porque acho que provavelmente tem algo a ver com alguma coisa que eu fiz. Eu me sinto responsável porque sou a mãe... Eu deveria ter visto ou impedido que isso acontecesse, muito tempo atrás. Não consigo realmente expressar o que sinto. É como se tivesse fracassado."

Quadro 9.4 Prontidão para a Recuperação

Por que as pessoas diagnosticadas com anorexia parecem resistir à recuperação, embora a anorexia lhes cause tanto sofrimento? A anorexia pode servir a diferentes funções para pessoas diferentes. Ela pode impedir o processo de crescimento e da transformação em um adulto independente ou sexualmente maduro. Ela pode dar uma sensação de competência, autocontrole e pureza moral que, de outro modo, o indivíduo pode achar que não possui. Ela pode dar a impressão de que torna a vida mais simples e previsível ou protege a pessoa da necessidade de pensar em questões mais dolorosas. Às vezes, a anorexia está tão emaranhada com a identidade de uma pessoa que é inconcebível viver sem ela. Ao mesmo tempo, a autoinanição e a depressão também podem inibir a capacidade para pensar racionalmente ou contemplar uma forma diferente de vida.[175]

Pesquisadores, clínicos, pessoas diagnosticadas com anorexia e aqueles que se recuperaram concordam que a recuperação depende, muitas vezes, da motivação e prontidão para a mudança.[85,328] Essas pessoas podem chegar a um ponto crítico de prontidão em momentos diferentes e de maneiras muito individuais. Algumas pessoas identificaram eventos de vida positivos como eventos-chave no caminho para a sua recuperação, por exemplo: trabalho ou educação gratificante; engravidar e ter filhos; retirar-se de relacionamentos e ambientes destrutivos. Outras afirmam que simplesmente amadureceram, perceberam o custo emocional e físico de sua anorexia ou queriam uma vida melhor.

Os modelos teóricos que explicam como as pessoas mudam comportamentos aditivos como bebidas e jogo têm sido usados para entenderem-se os distúrbios alimentares. Por exemplo, o modelo de Etapas da Mudança identifica seis etapas na progressão da anorexia:[329-31]

- *Pré-contemplação:* a pessoa não tem conhecimento do problema ou não tem intenção de fazer qualquer coisa sobre ele.
- *Contemplação:* a pessoa está disposta a considerar, mas não se compromete com a mudança.
- *Preparação:* a pessoa se compromete a mudar no futuro próximo.
- *Ação:* a pessoa está trabalhando ativamente para a mudança.
- *Manutenção:* a pessoa está trabalhando para sustentar as melhorias feitas.
- *Término:* a pessoa não está mais tentada a reincidir nos antigos comportamentos.

No modelo de Etapas da Mudança, como em modelos semelhantes, a motivação para a mudança depende da visão de uma pessoa sobre o desejo ou importância da mudança e de sua capacidade para mudar.[328, 332]

Alguns especialistas discordam da ideia de estágios da mudança e acreditam que esta é um processo contínuo.[333] Outros argumentam que a anorexia é mais complexa do que outros comportamentos de dependência, porque envolve mudança de comportamentos múltiplos, tais como restrição alimentar, comer compulsivamente, purgar e exercícios em excesso.[334] Além disso, uma pessoa com anorexia pode se sentir motivada para descartar sintomas de anorexia que têm um efeito negativo sobre o bem-estar, como a preocupação com os alimentos, doença física, humor deprimido e dificuldade com relacionamentos.[328,335] No entanto, elas podem não estar dispostas a abandonar aspectos de sua anorexia que valorizam, como baixo peso e rígido controle dos alimentos.[175] Até mesmo pessoas que estão assumindo ação positiva para a mudança relatam sentimentos ambivalentes sobre a recuperação, e veem a anorexia como amiga e inimiga ao mesmo tempo.[85]

Independentemente do desacordo sobre se determinados modelos de mudança devem ser usados para orientar o tratamento, há consenso de que aumentar a motivação de uma pessoa para a mudança é importante.[331,334,336] Uma estratégia de tratamento usada para tentar levar os indivíduos para a mudança é a da Entrevista Motivacional.[337] Esta consiste em um estilo de aconselhamento que usa uma série de perguntas para ajudar o indivíduo a explorar e compreender a sua ambivalência para a recuperação. Uma vez que o confronto supostamente aumenta a resistência, essa abordagem usa um estilo acolhedor, colaborativo e empático projetado para reduzir a negatividade dos indivíduos diagnosticados com anorexia.[332]

Embora o desejo de se recuperar seja importante, exatamente como esta motivação acontece muitas vezes é um mistério não só para os médicos e os pesquisadores, mas também para as pessoas com anorexia.

Às vezes, a luta sem trégua esgota Elizabeth e ela fica com raiva do mundo. Quando esses sentimentos a dominam, ela evita Raquel. Elizabeth sabe que é a doença, não Raquel, a causa de sua raiva. Ela se irrita com a falta de apoio profissional para os pais em seu distrito, mas tem sido confortada por seus amigos e sua fé. Quando a vida fica tão difícil ao ponto de não ver uma saída, Elizabeth repete uma de suas frases preferidas: "Todas as coisas mudam, só Deus permanece".

Peter admira a paciência de Elizabeth e é grato a ela. Elizabeth não só arca com o maior peso dos problemas alimentares da filha, mas também fez isso enquanto cuida da mãe idosa que vive com a família durante a maior parte do ano. O trabalho de Peter para instituições de caridade locais o mantém ocupado e o distrai, mas ele também se preocupa com suas próprias dificuldades físicas e emocionais:

> "Eu luto contra o alcoolismo há muitos anos. Estou perfeitamente bem no momento, mas sofro de depressão terrível, às vezes. Eu fico muito deprimido. Passei por um surto razoavelmente ruim de depressão, em parte, eu suspeito, porque sou uma dessas pessoas que fica deprimida durante os meses de inverno. Nas últimas semanas, eu estou começando a me sentir

realmente bem. E outra coisa é que eu fui diagnosticado com diabete três ou quatro anos atrás. Iniciei um medicamento muito mais potente nos últimos dias e estou começando a me sentir melhor do que nos últimos 12 meses. É realmente muito melhor. Meu pensamento está muito mais claro e também me sinto bem mais calmo. Enfim, certamente estou me sentindo muito mais positivo."

Elizabeth e Peter sentem que a reflexão lúcida de Raquel sobre sua doença é uma mudança significativa no seu pensamento e atitudes. Eles estão aliviados por essa mudança e acreditam que é importante para a sua recuperação, mas estão cautelosos contra a sedução de uma esperança prematura. Eles vêem a recuperação como uma promessa para o futuro, em vez de como uma realidade no presente. E acham que Raquel, agora com 18 anos, não é mais criança e que precisa assumir a responsabilidade por sua própria integridade física e bem-estar emocional. Raquel concorda:

"Tudo depende de mim agora. Eu sei logicamente o que preciso fazer, mas considero muito difícil fazer o que preciso."

10
Conclusão

As histórias familiares de *Dominando Anorexia* revelam as diversas formas que a doença pode tomar. Enquanto a opinião pública tende a ver a anorexia simplesmente como autoinanição – privar-se deliberadamente dos alimentos – as histórias contidas em *Dominando Anorexia* revelam que esse transtorno é muito mais complexo. Os comportamentos alimentares das pessoas diagnosticadas com anorexia são muito diferentes e, muitas vezes, mudam com o tempo. A anorexia também envolve mais do que controlar o consumo de alimentos. Muitas vezes, ela envolve rituais complexos em torno da preparação de alimentos. Ana, por exemplo, impôs rotinas rígidas para a preparação das cenouras e vegetais que comia no jantar e para a forma como consumia suas refeições. Jo tinha rituais diferentes, mas igualmente rígidos, envolvendo a ordem em que comia diferentes alimentos. Em muitos casos, as pessoas com anorexia estendem sua necessidade de restringir os alimentos para o controle da alimentação de outros membros da família. Kate e Raquel, por exemplo, insistiam em tomar conta da cozinha e preparavam enormes quantidades de comida para suas famílias. Ruth usava seu conhecimento sobre o teor de gordura e calorias dos alimentos para monitorar e disciplinar a preparação de refeições pela mãe.

As histórias familiares também revelam que a anorexia envolve muito mais do que comida. Os pais e as meninas descrevem as paixões intensas que podem operar em conjunto com o impulso por magreza: a pressão por sucesso na escola, nos esportes, na dança, por ser a "mais anoréxica", a compulsão para exercitar-se, apesar de seus efeitos negativos nos corpos, no bem-estar emocional ou nas relações familiares e sociais das meninas. Em alguns casos, comportamentos mais extremos e trágicos podem ser parte da experiência de anorexia. Kate foi mantida cativa pela necessidade obsessivo-compulsiva de contar e limpar, enquanto a anorexia de Jo era acompanhada por automutilação destrutiva e tentativas de suicídio. Para todas as meninas cujas histórias são apresentadas aqui, o desenvolvimento da anorexia trouxe mudanças significativas em seu comportamento e sua saúde física e na capacidade emocional para participar do tipo de atividades e relações sociais que geralmente preenchem a vida dos adolescentes.

As histórias desta coleção também revelam que a anorexia não é uma entidade estática. Sua forma e expressão podem mudar ao longo do tempo. Esta qualidade torna a anorexia uma condição especialmente desafiadora para os pais, irmãos, amigos e outros. Por exemplo, Raquel contou como seus comportamentos alimentares passaram da autoinanição a compulsão aumentar e purgação diária. Ruth, Ana, Carol, e Antonia descreveram a experiência de uma metamorfose que foi da dieta "normal" para uma redução radical na quantidade de alimentos que consumiam. Tais mudanças são sempre acompanhadas pelo surgimento de novos comportamentos e diferentes problemas físicos e psicológicos que apresentam um novo conjunto de desafios para aqueles com diagnóstico de anorexia, seus pais e seus familiares, e para os médicos e outros profissionais que trabalham com eles.

Apesar desta diversidade, vários tópicos são comuns aos relatos das meninas e pais sobre a vida com anorexia. Três destes merecem um comentário especial, porque foram especialmente significativos para as meninas e os pais, cujas histórias são contadas neste livro e porque ecoam os padrões identificados por outros pesquisadores, clínicos e especialistas em distúrbios alimentares entre pessoas com diagnóstico de anorexia e seus familiares em geral.

O primeiro desses tópicos é o entrelaçamento profundo da anorexia nas experiências individuais, ambientes e circunstâncias socioculturais da vida de cada pessoa. Experiências que as meninas identificaram como especialmente significativas incluíam intensa pressão social para ser magra, que se manifestava em comentários dolorosos sobre a forma corporal ou peso por pares ou outros (Carol, Kate, Antonia e Jo) e que as levaram a desejar a mesma forma física que outras meninas supostamente tinham (Ana), ou que era comum em determinadas culturas onde a magreza era vista como desejável ou necessária para o desempenho ideal, como no balé, na dança e nos esportes. Em retrospectiva, Carol, Ruth, Angela, e Ana acreditavam que as pressões para ser magra vivenciadas em seus ambientes socioculturais e circunstâncias particulares aumentaram sua vulnerabilidade à alimentação e a padrões de exercícios autodestrutivos.

É importante notar que estes são exemplos ilustrativos. Existe uma grande variação nos contextos socioculturais particulares em que qualquer pessoa diagnosticada com anorexia pode existir. No entanto, as meninas e seus pais reconheceram o impacto de tais influências e suas opiniões ecoam um crescente corpo de pesquisa que tem esclarecido as formas sutis, mas importantes, pelas quais os ambientes e contextos socioculturais podem promover o distúrbio na alimentação e no comportamento, como é evidente em nossa discussões sobre o papel dos meios de comunicação, escolaridade e das mensagens embutidas na ideologia do culto à saúde.[2,163,183]

O segundo ponto em comum nessas histórias familiares é o impacto da autoestima e os sentimentos das meninas acerca de seus corpos em suas vidas. Carol, Raquel e Kate, por exemplo, descrevem os efeitos prejudiciais de seus sentimentos sobre si e seus corpos: como eles corroeram sua autoconfiança; como as levaram ao retraimento em relação à interação social; e como influenciavam o desenvolvimento e a manutenção da anorexia. Tais experiências pessoais reverberam com um extenso corpo de pesquisa que documenta a ligação entre a autoestima, anorexia e os problemas que a acompanham." Sublinhando essa conexão, meninas como Carol e Angela testemunharam que a melhora de sua autoestima foi um passo importante para a recuperação.

O terceiro fio condutor evidente nas histórias familiares contadas aqui é o emaranhado complexo da anorexia com a sensação de identidade pessoal e propósito de vida. Kate deixou este ponto explícito ao dizer: "se você não é a menina com anorexia, então quem é você?". Para a maioria das pessoas, a anorexia torna-se muito mais do que apenas um problema ou uma doença. Ela se torna um modo de vida e uma maneira de definir a si mesmo. Pelo menos em parte, a fusão da anorexia com o senso que uma pessoa tem de si mesma ajuda a explicar a dificuldade e o trauma envolvidos na recuperação, pois exige que as pessoas abandonem um modo de ser que restringem como veem e conhecem a si mesmas...".

Talvez o traço mais marcante das histórias familiares em *Dominando Anorexia* seja que elas revelam que quase nada escapa aos efeitos da anorexia. A doença permeia as minúcias da vida cotidiana de modo que afeta a todos em uma família: os níveis de estresse aumentam; rotinas diárias como alimentação, escola, compras, e trabalho se alteram; o tempo e a energia são retirados de outras atividades para consultas a médicos ou idas a hospitais; os relacionamentos entre os membros da família alteram-se; e os planos familiares, as esperanças e as expectativas com frequência precisam ser alterados e revisados.

Para a maioria dos pais, a presença de uma pessoa com anorexia na família é um teste de resistência, dedicação e capacidade para se adaptarem às mudanças que ocorrem durante a doença. Os pais se descobrem questionando, buscando respostas constantemente e se envolvendo em um processo perpétuo de experimentação para a descoberta de uma estratégia, abordagem ou tratamento médico que pareça funcionar para seu filho em determinado momento. Como as histórias partilhadas por pais revelam, este processo pode envolver desapontamento e mágoa. Mas este nem sempre é o caso. Os pais de Kate descobriram que a terapia familiar lhes dava confiança e estratégias para lidar com Kate e tornar a vida familiar mais harmoniosa e funcional. Os pais de Ana, depois de muitas tentativas em vão, finalmente encontraram um médico que conseguiu trabalhar com sua filha e, como resultado de sua própria pesquisa, descobriram que o tratamento de Ana e sua anorexia como diferentes personalidades permitia-lhes ajudar a filha em sua recuperação. Para os pais e as famílias, viver com a anorexia envolve um ciclo de aprendizagem. Em termos gerais, este processo consiste de três fases:

1. *Uma fase de acúmulo de conhecimento* que envolve buscar informações de uma variedade de fontes para obter uma melhor compreensão da anorexia, suas implicações e efeitos, e diferentes estratégias de manejo e formas de ajudar a pessoa a avançar na a recuperação. Durante esta fase de aprendizagem, os pais e as famílias acessam uma ampla gama de fontes de informação. Essas

incluem o conhecimento dos médicos e outros profissionais de saúde, mas também a literatura popular, publicações acadêmicas, a Internet e redes formais e informais, que incluem membros da família, amigos, colegas de trabalho, e grupos de apoio para distúrbios alimentares.
2. *Uma fase de assimilação,* quando novos conhecimentos e perspectivas diferentes são ponderados, avaliados e adotados ou excluídos, com base no conhecimento que os pais têm de seus filhos ou das circunstâncias específicas de cada família. Invariavelmente, esta fase envolve a tomada de decisões sobre questões e aspectos da anorexia onde especialistas em transtornos alimentares têm visões ou perspectivas diferentes, muitas das quais são resumidas neste livro.
3. *Uma fase de tomada de decisão* quando os pais usam o conhecimento adquirido para fazer escolhas sobre a ação futura. Às vezes, isso envolve questionar a opinião de especialistas. Este pode ser um passo difícil, como a mãe de Antonia aprendeu ao questionar o diagnóstico da filha. No entanto, reunir o conhecimento de vida real dos pais sobre o filho e o conhecimento profissional dos médicos pode ser uma fórmula potente para a mudança positiva e para a melhora, como os pais de Kate descobriram ao trabalharem em conjunto com o terapeuta familiar.

Uma vez que a anorexia não é uma entidade estável, estas três fases de aprendizagem são repetidas, em maior ou menor grau, à medida que a condição ou as circunstâncias de uma pessoa mudam, embora o trabalho envolvido em cada fase diminua conforme o conhecimento aumenta.

Dominando Anorexia ilustra a diversidade, a complexidade e os desafios que a anorexia apresenta para meninas, pais e familiares, médicos, bem como para o crescente número de profissionais, como professores, conselheiros, assistentes sociais e agentes de saúde, que lidam com a doença diariamente. Essa diversidade é um lembrete de que a experiência da anorexia é diferente para todos e que uma abordagem única não é o bastante para o manejo de um problema tão complexo. Em vez disso, *Dominando Anorexia* demonstra que o ponto de partida para o entendimento desse transtorno alimentar deve ser o histórico e as experiências singulares a cada indivíduo e família.

Enquanto pesquisas vigorosas e de alta qualidade continuam sendo conduzidas, na esperança de se encontrar respostas definitivas, *Dominando Anorexia* ilustra que especialistas de diferentes disciplinas atualmente têm perspectivas diversas sobre os aspectos da anorexia. Isto deve ser visto como uma ajuda, em vez de um obstáculo. Tais percepções variadas oferecem uma gama de conhecimentos e recursos necessários para a abordagem a um problema tão diverso e complexo como a anorexia, especialmente entre o grupo mais vulnerável de pessoas com anorexia nervosa: meninas adolescentes.

Grupo Consultivo Internacional

Neil W. Boris, mestre e professor associado do Departamento Comunitário de Ciências da Saúde da Escola de Saúde Pública e Medicina Tropical da Universidade de Tulane, em Nova Orleans, Louisiana, Estados Unidos. Ele se formou como pediatra e psiquiatra de crianças e adolescentes, colocando em prática sua paixão por promover a saúde física e mental de crianças em risco. Desde que completou sua residência médica, ele obteve financiamento para pesquisas consistentes de 12 diferentes agências ou fundações, foi coautor de mais de 40 publicações analisadas por pares e mais de 30 capítulos em importantes livros de pediatria e psiquiatria. Um foco importante das pesquisas do Dr. Boris tem sido o desenvolvimento social e emocional de crianças em ambientes de alto risco e ele foi o investigador principal em três grandes estudos longitudinais que examinaram intervenções envolvendo crianças em risco e em desvantagem socioeconômica. O Dr. Boris participa dos conselhos editoriais de duas importantes revistas internacionais e do conselho de diretores de organizações profissionais internacionais, que têm seu foco em crianças. Ele já lecionou em instituições internacionais e suas pesquisas atuais envolvem a avaliação de intervenções para crianças órfãs na África.

Simon Clarke, mestre e chefe do Departamento de Medicina do Adolescente no Hospital Westmead e Diretor de Medicina do Adolescente para o Serviço de Saúde da Área Oeste de Sydney, na Austrália. Como médico pediatra e de adolescentes, ele é um dos pioneiros da Austrália na saúde e bem-estar de adolescentes. O Dr. Clarke inaugurou a primeira ala hospitalar para adolescentes na Austrália, em maio de 1983. Além de gerenciar outros casos, a unidade para adolescentes do Hospital Westmead especializa-se no manejo de crianças e adolescentes com distúrbios alimentares. Além de seus interesses clínicos, grande parte da pesquisa científica e de suas publicações envolve a área de distúrbios alimentares. Este trabalho inclui estudos sobre a genética da anorexia nervosa, composição corporal em pacientes não tratados e tratados de anorexia nervosa, alimentação nasogástrica e reações de pais e irmãos a pacientes com anorexia. Atualmente, o Dr. Clarke está envolvido em um estudo sobre os efeitos da fome sobre o cérebro e as alterações de humor antes e após a realimentação.

John Evans, Bacharel em Educação, PhD., é professor de Sociologia da Educação e Educação Física na Escola de Desporto e Ciências do Exercício da Loughborough University, Inglaterra. Suas publicações incluem: *PE; Sport and Schooling: Studies in the Sociology of PE* (Falmer Press, 1986); *Teachers, Teaching and Control* (Falmer Press, 1988); *Equality, Education and Physical Education* (Falmer Press, 1993); *Politics, Policy and Practice in Physical Education* (com F. Dawn Penney e F.H. Spon, 1999); *Knowledge and Control: Studies in the Sociology of Physical Education and Health* (Routledge, 2004); e *Educational Policy and Social Reproduction* (com John Fitz e Brian Davies, Routledge, 2005). Ele é editor de uma edição especial do *The Curriculum Journal*, "International Perspectives on Physical Education" e editor fundador do periódico internacional *Sport, Education and Society*. Ele tem extensas publicações nas áreas de sociologia da educação e educação física. Sua pesquisa atual com a Dra. Emma Rich aborda os relacionamentos entre discursos de obesidade, educação formal e desenvolvimento de distúrbios alimentares. Ele está conduzindo, com a Dra. Emma Rich, uma investigação sobre "O Impacto dos Imperativos da Saúde nas Escolas", financiada pelo Conselho de Pesquisas Econômicas e Sociais do Reino Unido.

Daniel Le Grange, PhD., é Professor Associado de Psiquiatria no Departamento de Psiquiatria da Seção de Psiquiatria Infantil e Adolescente e Diretor do Programa de Distúrbios Alimentares da Universidade de Chicago. Ele fez seu doutorado no instituto de Psiquiatria da Universidade de Londres, com formação em tratamento de anorexia nervosa em adolescentes baseada na família, no Maudsley Hospital, em Londres, onde foi membro da equipe que desenvolveu a "Abordagem Maudsley" como tratamento para a anorexia nervosa de início precoce. Ele concluiu uma bolsa em pós-doutorado no Maudsley Hospital, da Universidade de Londres, e apresentou a "Abordagem Maudsley" aos seus colegas ao mudar-se para os Estados Unidos com uma bolsa de pós-doutorado na Universidade de Stanford. O Dr. Le Grange é autor ou coautor de mais de 100 artigos de pesquisa e clínicos, resumos de estudos científicos, livros e capítulos de livros. A maior parte de sua obra acadêmica é na área de tratamento baseado na família para distúrbios alimentares na adolescência e inclui o primeiro estudo de dois tratamentos ambulatoriais baseados na família para adolescentes com anorexia nervosa. Com Lock, Agras e Dare, o Dr. Le Grange é autor do *Treatment Manual for Anorexia Nervosa: A Family-based Approach* (Guilford Press, 2001) e coautor (com James Lock) de *Help your Teenager Beat an Eating Disorder* (Guilford Press, 2005) e *Treating Bulimia in Adolescents: A Family-based Approach* (Guilford Press, 2007).

Michael Kohn, mestre, pediatra e pesquisador clínico especializado em resultados de tratamento e distúrbios alimentares, comportamentais e de aprendizagem. Após concluir o treinamento pediátrico em Sidney, Austrália, o Dr. Kohn concluiu uma bolsa em Medicina do Adolescente no Albert Einstein College of Medicine, em Nova York. Desde de seu retorno para a Austrália em 1996, ele deu continuidade a seus interesses clínicos e de pesquisa no Children's Hospital em Westmead, em Sydney, Austrália, onde atualmente é especialista sênior e palestrante clínico sênior na Faculdade de Medicina da Universidade de Sydney. O principal interesse de pesquisas do Dr. Kohn está na investigação de aspectos da nutrição e neurosciência, principalmente entre adolescentes com distúrbios alimentares. Em colaboração com uma equipe de pesquisas clínicas no *campus* de Westmead, ele publicou mais de 50 artigos científicos revisados por pares e cinco capítulos de livros. Atualmente, ele investiga os efeitos do Strattera.

Michelle Lelwica, PhD., é autora de *Starving for Salvation: The Spiritual Dimensions of Eating Problems among American Girls and Women* (Oxford University Press, 1999) baseado em suas pesquisas de doutorado na Universidade de Harvard. Seu livro mais recente, *The Religion of Thinness* (Gurze Press, 2008), foi escrito para um público popular e examina as dimensões espirituais da imagem corporal e problemas alimentares. A Dra. Lelwica recebeu seu doutorado na Harvard Divinity School, na área de Religião, Gênero e Cultura, em 1996, e recebeu seu mestrado em Estudos Teológicos da Harvard Divinity School na área de Cristianismo e Cultura, em 1989. A Dra. Lelwica publicou artigos sobre religião e o relacionamento conflituoso das mulheres com os alimentos e seus corpos e já apresentou numerosas conferências sobre o tema. Sua pesquisa atual concentra-se na dinâmica e efeitos da globalização do ideal euro-americano de magreza feminina para as mulheres em contextos pós-coloniais. A Dra. Lelwica leciona cursos relacionados com a religião e o corpo, mulheres e religião, e religião e cultura no Departamento de Religião e no Programa de Estudos Femininos do Concordia College, em Moorhead, Minnesota, Estados Unidos.

James Lock, PhD., é professor de Psiquiatria Infantil e Pediatria do Departamento de Psiquiatria e Ciências do Comportamento da Faculdade de Medicina da Universidade de Stanford, onde também atua como diretor do Programa de Distúrbios alimentares para Crianças e Adolescentes. Seus principais interesses em pesquisas e prática clínica estão em pesquisas de psicoterapia, especialmente para crianças e adolescentes, e especificamente para aqueles com distúrbios alimentares. O Dr. Lock já publicou mais de 150 artigos, resumos de artigos científicos e capítulos de livros. Ele é autor, com Le Grange, Agras e Dare, do *Treatment Manual for Anorexia Nervosa: A Family-Based Approach* (Guilford Press, 2001). Ele é coautor (com Le Grange) de um livro para pais chamado *Help your Teenager Beat an Eating Disorder* (Guilford Press, 2005) e um manual de tratamento para bulimia nervosa em adolescentes, chamado *Treating Bulimia in Adolescents: A Family-based Approach* (Guilford Press, 2007). O Dr. Lock recebeu um prêmio "Career Development Award" e um prêmio "Mid-Career Award, ambos financiados pelo Instituto Nacional de Saúde

Mental dos Estados Unidos e voltados para a melhoria dos tratamentos psicossociais dos distúrbios alimentares em crianças e adolescentes. Ele é o principal pesquisador da Universidade de Stanford em um ensaio em diversos locais comparando abordagens individuais e familiares para a anorexia nervosa em adolescentes, financiado pelo Instituto Nacional de Saúde dos Estados Unidos.

Sloane Madden, é psiquiatra de crianças e adolescentes no The Children's Hospital, Westmead, em Sydney, Austrália. Seus interesses especiais são distúrbios alimentares, neuroimagens e neuropsiquiatria. Ele é chefe-adjunto do Departamento de Medicina Psicológica e administra o programa de distúrbios alimentares do hospital com o médico de adolescentes Dr. Michael Kohn. Ele é membro do Comitê Organizador e Científico da Conferência de Academia Internacional de Distúrbios Alimentares de 2006, 2008 e 2009 e publicou reentemente artigos sobre suas pesquisas em terapia familiar para distúrbios alimentares, uso de alimentação por sonda nasogástrica em transtornos alimentares, bem como sobre o papel de irmãos em distúrbios alimentares.

Emma Rich, PhD., é professora de Educação Física, Gênero, Identidade e Saúde na Faculdade de Ciências do Desporto e Exercício da Universidade de Loughborough, na Inglaterra. Seus interesses de pesquisa incluem: gênero e educação física/esporte, a construção social da (má) saúde; processos de medicalização; igualdade, inclusão e identidade em educação física, e saúde e ciberespaço. Ela já publicou artigos em periódicos e livros sobre sociologia, educação, educação física, sociologia da saúde e doença, e estudos feministas. Seu trabalho com o professor John Evans e Rachel Allwood, explorando a relação entre educação, distúrbios alimentares e a epidemia de obesidade, foi publicado internacionalmente em comunidades de sociologia da educação, educação física e saúde, e tem recebido atenção crescente da mídia internacional. A Dra. Rich é coautora de livros a serem publicados pela Routledge, *Medicalisation of Cyberspace* (com Andy Miah) e *Fat Fabrications* (com John Evans) e é fundadora do Fórum Internacional de Gênero, Esporte e Sociedade. Ela é pesquisadora com John Evans em "O Impacto dos Imperativos de Saúde nas Escolas, um projeto de pesquisas financiado pelo Conselho de Pesquisas Econômicas e Ciências Sociais no Reino Unido.

Stephen Touyz, PhD., é professor de Psicologia Clínica na Universidade de Sydney e Presidente Honorário no Departamento de Medicina Psicológica (Psiquiatria). Ele é codiretor do Centro Peter Beumont para Distúrbios de Alimentação no Wesley Private Hospital e consultor do Programa de Distúrbios Alimentares do Westmead Hospital em Sydney, Austrália. O professor Touyz foi o último presidente da Sociedade de Pesquisas de Distúrbios Alimentares e é membro executivo das Academias Australiana e da Nova Zelândia de Distúrbios Alimentares e Fundação para Distúrbios Alimentares. Ele já escreveu e/ou foi coautor de cinco livros e publicou mais de 170 artigos e capítulos de livros. O professor Touyz é, atualmente, o investigador principal em dois grandes projetos de pesquisa financiados pelo Conselho Nacional de Saúde e Pesquisas Médicas da Austrália sobre o tratamento da anorexia nervosa.

Sobre as Autoras

Christine Halse, professora associada e educadora diplomada, PhD., é investigadora chefe do projeto multidisciplinar e multimodal do Conselho Australiano de Pesquisas "Múltiplas Perspectivas de Distúrbios Alimentares em Meninas", na Universidade de Western Sydney, Austrália. Ela já publico diversos trabalhos sobre anorexia nervosa, particularmente sobre questões biográficas, perspectivas transdisciplinares de problemas clínicos e questões éticas envolvidas no trabalho com meninas adolescentes com anorexia. A Dra. Halse é mundialmente aclamada como biógrafa e por seu trabalho sobre o impacto da história de vida sobre problemas práticos. Ela é autora de *A Terribly Wild Man: The Life of the Reverend Ernest Gribble* (Allen & Unwin, 2002), a história do mais famoso e infame missionário dos aborígenes australianos.

Dra. Anne Honey, bacharel em Ciências Aplicadas (Terapia Ocupacional), PhD., atua com pesquisas de saúde mental e terapia ocupacional. Ela é pesquisadora sênior no projeto Múltiplas Perspectivas de Distúrbios Alimentares de Meninas, da Universidade de Western Sydney, Austrália. As pesquisas e publicações da Dra. Honey iluminaram as perspectivas de pessoas com problemas de saúde mental e deficiências intelectuais, e ela tem conhecimentos especialmente sobre o papel dos pais no manejo da saúde.

Dra. Desiree Boughtwood, PhD., terapeuta, cujo doutorado com o título de "Anorexia Nervosa na Clínica" examinou as experiências e os relacionamentos interpessoais de meninas adolescentes com anorexia no hospital e apresentou soluções práticas para a melhora do tratamento e da hospitalização. A Dra. Boughtwood também pesquisou e publicou sobre o papel da mídia na anorexia. Ela possui extensa experiência pessoal e conhecimento sobre distúrbios alimentares e conviveu por muitos anos com uma irmã com anorexia.

Notas

1. Halse C. e Honey, A. (2005) "Unravelling ethics: Illuminating the moral dilemmas of research ethics". *Signs: Journal of Women in Culture and Society. Special Issue on Dilemmas in Feminist Social Research 30*, 4, 2142-61.
2. Bordo, S. (1993) *Unbearable Weight: Feminism, Western Culture and the Body.* Berkeley. University of California Press.
3. Chernin, K. (1985) *The Hungry Self: Women, Eating and Identity.* Nova York: Times Books.
4. Fallon, P.; Katzman, M.A. e Wooley, S.C. (eds.) (1994) *Feminist Perspectives on Eating Disorders.* Nova York: Guilford Press.
5. Orbach, S. (1986) *Hunger Strike: The Anorectic's Struggle as a Metaphor for Our Age.* London: Faber & Faber.
6. Malson, H. (1998) *The Thin Woman: Feminism, Post-structuralism and the Social Psychology of Anorexia Nervosa.* Londres: Routledge.
7. American Psychiatric Association (2000) *Diagnostic and Statistical Manual of Mental Disorders, IV-TR.* Washington, DC: American Psychiatric Association.
8. Beumont, P. e Touyz, S. (2003) "What kind of illness is anorexia nervosa?" *European Child & Adolescent Psychiatry 12*, Supplement 1, 20-4.
9. Polivy, J. e Herman, C.P. (2002) "Causes of eating disorders". *Annual Review of Psychology 53*, 187-213.

10. Fichter, M. M.; Quadflieg, N. e Hedlund, S. (2006) "Twelve-year course and outcome predictors of anorexia nervosa". *International Journal of Eating Disorders* 39, 2, 87-100.

11. Keel, P.K. and Klump, K.L. (2003) "Are eating disorders culture-bound syndromes? Implications for conceptualizing their etiology". *Psychological Bulletin* 129, 5, 747-69.

12. Mitchell, J.; Cook-Myers, T. e Wonderlich, S. (2005) "Diagnostic criteria for anorexia nervosa. Looking ahead to DSM- V". *International Journal of Eating Disorders* 37, Supplement, s95-7.

13. Levine, M. e Smolak, L. (2006) *The Prevention of Eating Problems and Eating Disorders: Theory, Research and Practice*. Nova Jersey: Lawrence Erlbaum Associates.

14. Cachelin, F.M. e Maher, B.A. (1998) "Is amenorrhea a critical criterion for anorexia *nervosa?*" *Journal of Psychosomatic Research* 44, 3-4, 435-40.

15. Watson, T.L. e Anderson, A.E. (2003) "A critical examination of the amenorrhea and weight criteria for anorexia nervosa". *Acta Psychiatrica Scandinavica* 108, 175-82.

16. Lee, S., Ho, T.P. e Hsu, L.K. (1993) "Fat phobic and non-fat phobic anorexia nervosa: A comparative study of 70 Chinese patients in Hong Kong". *Psychological Medicine* 23, 4, 999-1017.

17. Bemporad, J. (1997) "Cultural and historical aspects of eating disorders". *Theoretical Medicine* 18, 401-20.

18. Brumberg, J. (1988) *Fasting Girls: The Emergence of Anorexia Nervosa as a Modern Disease*. Cambridge, MA: Harvard University Press.

19. McClelland, L. e Crisp, A. (2001) "Anorexia nervosa and social class". *International Journal of Eating Disorders* 29, 2, 150-6.

20. Gard, M.C.E. e Freeman, C.P. (1996) "The dismantling of a myth: A review of eating disorders and socio-economic status". *International Journal of Eating Disorders* 20, 1-12.

21. Becker, A.E. (2004) "New global perspectives on eating disorders". *Culture, Medicine and Psychiatry* 28, 4, 433-7.

22. Favaro, A.; Ferrara, S. e Santonastaso, P. (2003) "The spectrum of eating disorders in young women: A prevalence study in a general population sample". *Psychosomatic Medicine* 65, 701-8.

23. Lewinsohn, P.M., Striegel-Moore, R.H. and Seeley, J.R. (2000) "Epidemiology and natural course of eating disorders in young women from adolescence to young adulthood". *Journal of the Academy of Child Adolescent Psychiatry* 39, 1284-92.

24. Wade, T.D.; Bergin, J.L., Tiggemann, M., Bulik, C.M. e Fairburn, C.G. (2006) 'Prevalence and long-term course of lifetime eating disorders in an adult Australian twin cohort'. *Australian & New Zealand Journal of Psychiatry 40, 2, 12 1-8.*

25. Austin, S.B. (2000) 'Prevention research in eating disorders: Theory and new directions'. *Psychological Medicine 30, 1249-62.*

26. Lucas, A.R.; Crowson, C.S.; O'fallon, W.M. e Melton, L.J. (1999) "The ups and downs of anorexia nervosa". *International Journal of Eating Disorders* 26, 4, 397-405.

27. Schmidt, U. (2003) "Aetiology of eating disorders in the 21st century: New answers to old questions". *European Child & Adolescent Psychiatry* 12, Supplement 1, i30-37.

28. Steiner, H.; Kwan, W.; Shaffer, T.G.; Walker, S.; Miller, S., Sagar; A. e Lock, J. (2003) "Risk and protective factors for juvenile eating disorders". *European child & Adolescent Psychiatry* 12, Supplement 1, i38-46.

29. Connan, F. e Stanley, S. (2003) "Biology of appetite and weight regulation". In J. Treasure, U. Schmidt and E. Van Furth (eds.) *Handbook of Eating Disorders*. Chichester: Wiley.

30. Hsu, L. (2001) "Pathogenesis of anorexia nervosa". *Hong Kong Journal of Psychiatry* 11, 3, 7-12.

31. Klump, K.L. e Gobrogge, K.L. (2005) "A review and primer of molecular genetic studies of anorexia nervosa". *International Journal of Eating Disorders* 37, S43-8.

32. Slof-Op't Landt, M.C.T.; van Furth, E.F.; Meulenbelt, L.; Slagboom, P.E.; Bartels, M.; Boomsma, D. e Bulik, C.M. (2005) "Eating disorders: From twin studies to candidate genes and beyond". *Twin Research and Human Genetics* 8, 5, 467-82.

33. Bulik, C.M. (2005) "Exploring the gene-environment nexus in eating disorders". *Journal of Psychiatry & Neuroscience* 30, 5, 335-9.

34. Ghaderi, A. (2001) "Review of risk factors for eating disorders: Implications for primary prevention and cognitive behavioural therapy". *Scandinavian Journal of Behaviour Therapy* 30, 2, 57-74.

35. Serpell, L. e Troop, N.A. (2003) "Psychological factors". *In* J. Treasure, U. Schmidt e E. Van Furth (eds.) *Handbook of Eating Disorders.* Chichester: Wiley.

36. Cassin, S.E. e von Ranson, K.M. (2005) "Personality and eating disorders: A decade in review". *Clinical Psychology Review* 25, 7, 895-916.

37. Klump, K.L.; Strober, M.; Bulik, C.M.; Thornton, L.; Johnson, C.; Devlin, B.; Fichter, M.M.; Halmi, K.; Kaplan, A.S.; Woodside, D.B.; Crow, S.; Mitchell, J.; Rotondo, A.; Keel, P.K.; Berretini, W.H.; Plotnicov, K.; Pollice, C.; Lilenfeld, L.R. e Kaye, W.H. (2004) "Personality characteristics of women before and after recovery from an eating disorder". *Psychological Medicine* 34, 8, 1407-18.

38. Wonderlich, S. (2002) "Personality and eating disorders". *In* C. Fairburn and K. Brownell (eds.) *Eating Disorders and Obesity: A Comprehensive Handbook.* Nova York: Guilford Press.

39. Wonderlich, S.A.; Lilenfeld, L.R.; Riso, L.P.; Engel, S. e Mitchell, J.E. (2005) "Personality and anorexia nervosa". *International Journal of Eating Disorders* 37, S68-71.

40. Bruch, H. (1988) *Conversations with Anorexics.* Nova York: Basic Books.

41. Fairburn, C.; Cooper, Z.; Doll, H. e Welch, S. (1999) "Risk factors for anorexia nervosa: Three integrated case-control comparisons". *Archives of General Psychiatry* 56, 5, 468-476.

42. Becker, H.; Koerner, P. e Stoeffier, A. (1981) "Psychodynamics and therapeutic aspects of anorexia nervosa: A study of family dynamics and prognosis". *Psychotherapy and Psychosomatics 36*, 1, 8-16.

43. Deluca, K.L. (2000) "Attachment and sexuality: Comparisons in college women with eating disorder symptoms and those women without eating disorder symptoms". *Dissertation Abstracts International. Section B: The Sciences and Engineering 60,* 12-B, 6396.

44. Schmidt, U.; Tiller, J.; Blanchard, M.; Andrews, B. e Treasure, J. (1997) "Is there a specific trauma precipitating anorexia nervosa?" *Psychological Medicine 27*, 3, 523-30.

45. Haudek, C.; Rorty, M. e Henker, B. (1999) "The role of ethnicity and parental bonding in the eating and weight concerns of Asian-American and Caucasian college women". *International Journal of Eating Disorders 25*, 4, 425-33.

46. Troop, N. (1998) "Eating disorders as coping strategies: A critique". *European Eating Disorders Review 6*, 229-37.

47. Wilson, J. (2004) "Beyond psychiatry: How social workers conceptualise women and self-starvation". *Australian Social Work 57*, 2, 150-60.

48. Bordo, S. (1993) "Feminism, Foucault and the politics of the body". In C. Ramazanoglu (ed.) *Up against Foucault.* London: Routledge.

49. Calam, R. e Slade, P. (1994) "Eating patterns and unwanted sexual experiences". In B.M. Dolan and I. Gitzinger (eds.) *Why Women? Gender Issues and Eating Problems.* London: Athlone Press.

50. Thompson, B. (1992) "'A way outa no way': Eating problems among African-American, Latina and white women". *Gender & Society 6*, 4, 546-61.

51. Shelley, R. (1997) *Anorexics on Anorexia.* Londres: Jessica Kingsley Publishers.

52. Woods, S. (2004) "Untreared recovery from eating disorders". *Adolescence 39*, 154, 361-71.

53. Garfinkel, P.E. and Garner, D.M. (1982) *Anorexia Nervosa. A Multidimensional Perspective.* Nova York: Brunner/Mazel.

54. Ravaldi, C.; Vannacci, A.; Zucchi, T.; Mannucci, E.; Cabras, P.L.; Boldrini, M.; Murciano, L.; Rotella, C.M. e Ricca, V. (2003) "Eating disorders and body image disturbances among ballet dancers, gymnasium users and body builders". *Psychopathology 36*, 5, 247-54.

55. Sundgot-Borgen, J.; Skarderud, F. e Rodgers, S. (2003) "Athletes and dancers". *In* J. Treasure, U. Schmidt e E. Van Furth (eds.) *Handbook of Eating Disorders.* Chichester: Wiley.

56. Byrne, S. (2002) "Sport, occupation and eating disorders". *In* C. Fairburn and K. Brownell (eds.) *Eating Disorders and Obesity: A Comprehensive Handbook.* Nova York: Guilford Press.

57. Lawrence, M. (1984) *The Anorexic Experience.* Londres: Women's Press.

58. Eliot, A. e Baker, C.W. (2000) "Maternal stressors and eating disordered adolescent girls". *Family Therapy 27*, 3, 165-78.

59. Haworth-Hoeppner, S. (2000) "The critical shapes of body image: The role of culture and family in the production of eating disorders". *Journal of Marriage and the Family 62*, 1, 212-27.

60. Minuchin, S., Rosman, B.L. e Baker, L. (1978) *Psychosomatic Families: Anorexia Nervosa in Context.* Cambridge, MA: Harvard University Press.

61. Huline-Dickens, S. (2000) "Anorexia nervosa: Some connections with the religious attitude". *British Journal of Medical Psychology 73*, Pt 1, 67-76.

62. Ward, A.; Ramsay, R. e Treasure, J. (2000) "Attachment research in eating disorders". *British Journal of Medical Psychology 73*, 1, 35-51.

63. Tozzi, F.; Sullivan, P.; Fear, J.; McKenzie, J. e Bulik, C.M. (2003) "Causes and recovery in anorexia nervosa: The patient's perspective". *International Journal of Eating Disorders 33*, 143-54.

64. Eisler, I. (1995) "Family models of eating disorders". *In* G. Szmukler, C. Dare and J. Treasure (eds.) *Handbook of Eating Disorders: Theory, Treatment and Research.* Chichester: Wiley.

65. Burggraf, K.K. (2001) "Eating disorder symptomatology and media, family, psychological and maturational variables: A longitudinal study of young females". *Dissertation Abstracts International: Section B: The Sciences and Engineering, 6734.*

66. Steiger, H.; Stotland, S.; Trottier, J. e Ghadirian, A.M. (1996) "Familial eating concerns and psychopathological traits: Causal implications of transgenerational effects". *International Journal of Eating Disorders 19*, 2, 147-57.

66. Liu, A. (1979) *Solitaire.* Nova York: Harper and Row.

67. Paxton, S.J.; Schutz, H.K.; Wertheim, E.S. e Muir, S.L. (1999) "Friendship clique and peer influences on body image concerns, dietary restraint, extreme weight-loss behaviors and binge eating in adolescent girls". *Journal of Abnormal Psychology 108,* 255-66.

69. Ward, A e Gowers, S. (2003) "Attachment and childhood development". *In* J. Treasure, U. Schmidt and E. van Furth (eds.) *Handbook of Eating Disorders.* Chichester: Wiley.

70. Larkin, J. e Rice, C. (2005) "Beyond 'healthy eating' and 'healthy weights': Harassment and the health curriculum in middle schools". *Body Image 2,* 3, 219-32.

71. Lieberman, M.; Gauvin, L.; Bukowski, W. e White, D. (2001) "Interpersonal influence and disordered eating in adolescent girls: The role of peer modeling, social reinforcement and body-related teasing". *Eating Behaviors 2,* 215-36.

72. Larkin, J.; Rice, C. e Russell, V. (1999) "Sexual harassment and the prevention of eating disorders: Educating young women." *In* N. Piran, M.P. Levine and C. Steiner-Adair (eds.) *Preventing Eating Disorders: A Handbook of Interventions and Special Challenges.* Philadelphia: Brunner/Mazel.

73. Liddlelow, E. (2002) "Fat chances in an anorexic culture". *Arena 59,* 47-59.

74. Hornbacher, M. (1998) *Wasted. A Memoir of Anorexia and Bulimia.* Nova York: HarperCollins.

75. Thompson, B. (1994) *A Hunger So Wide and So Deep: American Women Speak Out About their Eating Problems.* Londres: University of Minnesota Press.

76. Austin, S.B. (2001) "Population-based prevention of eating disorders: An application of the Rose prevention model". *Preventative Medicine 32,* 268-83.

77. Branch, H. e Eurman, L. (1980) "Social attitudes toward patients with anorexia nervosa". *American Journal of Psychiatry 137,* 5, 63 1- 32.

78. Fairburn, C. (2005) "Evidence-based treatment of anorexia nervosa". *International Journal of Eating Disorders* 37, Supplement, s26-30.

79. National Institute for Clinical Excellence (2003) *Eating Disorders: Core Interventions in the Management and Treatment of Anorexia Nervosa, Bulimia Nervosa and Related Eating Disorders.* Leicester: British Psychological Society.

80. Treasure, J. e Schmidt, U. (2003) "Treatment overview". *In* J. Treasure, U. Schmidt and E. van Furth (eds.) *Handbook of Eating Disorders.* Chichester: Wiley.

81. Winston, A. e Webster, P. (2003) "Inpatient treatment". *In* J. Treasure, U. Schmidt and E. van Furth (eds.) *Handbook of Eating Disorders.* Chichester: Wiley.

82. Halse, C.: Boughtwood, D.; Clarke, S.; Honey, A.; Kohn, M. and Madden, S. (2005) "Illuminating multiple perspectives: Meanings of nasogastric feeding in anorexia nervosa". *European Eating Disorders Review 13,* 4, 264-72.

83. Eisler, I.; Dare, C.; Russell, G.F.M.; Szmukler, G.; le Grange, D. e Dodge, E. (1997) "Family and individual therapy in anorexia nervosa: A 5-year follow-up". *Archives of General Psychiatry 54,* 11, 1025-30.

84. Shute, J. (1992) *Life-size.* Londres: Secker & Warburg.

85. Colton, A. e Pistrang, N. (2004) "Adolescents experiences of inpatient treatment for anorexia nervosa". *European Eating Disorders Review 12,* 5, 307-16.

86. Sesan, R. (1994) "Ferninist inpatient treatment for eating disorders: An oxymoron?" *In* P. Fallon, M. Katzman and S.e. Wooley (eds.) *Feminist Perspectives on Eating Disorders*. Nova York. Guilford Press.

87. Vandereycken, W. (2003) "The place of inpatient care in the treatment of anorexia nervosa: Questions to be answered". *International Journal of Eating Disorders 34*, 409-22.

88. Loewenthal, C. (1996) *The Substance from the Shadow*. Sydney: Pen Skill.

89. Robinson, P. (2003) "Day treatments". *In* J. Treasure, U. Schmidt and E. Van Furth (eds.) *Handbook of Eating Disorders*. Chichester: Wiley.

90. Zipfel, S.; Reas, D.; Thornton, C.; Olmsted, M.; Williamson, D.A.; Gerlinghoff, M.; Herzog, W. e Beumont, P. (2002) "Day hospitalization programs for eating disorders: A systematic review of the literature". *International Journal of Eating Disorders* 31, 2, 10 5-17.

91. Thornton, C.; Beumont, P. e Touyz, S. (2002) "The Australian experience of day programs for patients with eating disorders". *International Journal of Eating Disorders 32*, 1, 1-10.

92. Marx, R.D. e Herrin, M. (2005) "Questions and answers". *Eating Disorders: The Journal of Treatment & Prevention 13*, 219-22.

93. Dare, C. e Eisler, I. (2002) "Family therapy and eating disorders". *In* C.G. Fairburn e K.D. Brownell (eds.) *Eating Disorders and Obesity: A Comprehensive Handbook*. Nova York: Guilford Press.

94. Lock, J. e Gowers, S. (2005) "Effective interventions for adolescents with anorexia nervosa". *Journal of Mental Health 14*, 6, 599-610.

95. Woodside, D.B. (2005) "Treatment of anorexia nervosa: More questions than answers". *International Journal of Eating Disorders 37*, Supplement, S41-2.

96. Shafran, R. and de Silva, P. (2003) "Cognitive behavioural models". *In* J. Treasure, U. Schmidt and E. Van Furth (eds.) *Handbook of Eating Disorders*. Chichester: Wiley.

97. Wilfley, O.; Stein, R. e Welch, R. (2003) "Interpersonal psychotherapy". *In* J. Treasure, U. Schmidt and E. Van Furth (eds.) *Handbook of Eating Disorders.* Chichester: Wiley.

98. Morgan, A. (1999) *What is Narrative Therapy? An Easy-to-read Introduction.* Adelaide: Dulwich Centre Publications.

99. Kaplan, A.S. (2002) "Psychological treatments for anorexia nervosa: A review of published studies and promising new directions". *Canadian Journal of Psychiatry 47*, 3, 235-42.

100. Richards, P.S.; Baldwin, B.M.; Frost, H.A.; Clark-Sly, J.B.; Berren, M.E. e Hardman, R.K. (2000) "What works for treating eating disorders? Conclusions of 28 outcome reviews". *Eating Disorders. The journal of Treatment and Prevention 8*, 3, 189-206.

101. Zhu, A.J. e Walsh, B.T. (2002) "Pharmacologic treatment of eating disorders". *Canadian Journal of Psychiatry 47*, 3, 227-35.

102. Bruna, T. e Fogteloo, J. (2003) "Drug treatments". *In* J. Treasure, U. Schmidt and E. Van Furth (eds.) *Handbook of Eating Disorders.* Chichester: Wiley.

103. Noordenbos, G. e Seubring, A. (2006) "Criteria for recovery from eating disorders according to patients and therapists". *Eating Disorders: The Journal of Treatment and Prevention 14*, 1, 41-54.

104. Herpertz-Dahlmann, B.M.; Wewetzer, C.; Schulz, E. e Remschmidt, H. (1996) "Course and outcome in adolescent anorexia nervosa". *International Journal of Eating Disorders 19*, 4, 335-45.

105. Lowe, B.; Zipfel, S.; Buchholz, C.; Oupont, Y.; Reas, D.L. e Herzog, W. (2001) "Long-term outcome of anorexia nervosa in a prospective 21-year follow-up study". *Psychological Medicine 31*, 881-90.

106. Ben-Tovim, D.I. (2003) "Eating disorders: Outcome, prevention and treatment of eating disorders". *Current Opinion in Psychiatry 16*, 1, 65-69.

107. Garfinkel, P.E.; Moldofsky, H. e Garner, D.M. (1977) "The outcome of anorexia nervosa: Significance of clinical features, body image

and behavior modification". *In* R.A. Vigersky (ed.) *Anorexia Nervosa.* Nova York: Raven Press.

108. Morgan, H.C. e Hayward, A.E. (1988) "Clinical assessment of anorexia nervosa. The Morgan-Russell outcome assessment schedule". *British Journal of Psychiatry* 152, 2, 367-71.

109. Steinhausen, H.C.; Boyadjieva, S.; Giogoroiu-Serbanescu, M. e Neumarker, K.J. (2003) "The outcome of adolescent eating disorders: Findings from an international collaborative study". *European Child & Adolescent Psychiatry 12,* Supplement 1, 91-8.

110. Garrett, C. (1998) *Beyond Anorexia: Narrative, Spirituality and Recovery.* Cambridge: Cambridge University Press.

111. Pettersen, G. e Rosenvinge, J. (2002) "Improvement and recovery from eating disorders: A patient perspective". *Eating Disorders: The Journal of Treatment and Prevention 10,* 1, 61 -71.

112. Weaver, K., Wuest, J. e Ciliska, D. (2005) "Understanding women's journey of recovering from anorexia nervosa". *Qualitative Health Research 15,* 2, 188-206.

113. Garrett, C. (1997) "Recovery from anorexia nervosa: A sociological perspective". *International Journal of Eating Disorders 21,* 3, 261-72.

114. Fisher, M. (2003) "The course and outcome of eating disorders in adults and in adolescents: A review". *Adolescent Medicine 14,* 1, 149-58.

115. Pompili, M.; Mancinelli, I.; Girardi, P.; Ruberto, A. e Tatarelli, R. (2004) "Suicide in anorexia nervosa: A meta-analysis". *International Journal of Eating Disorders 36,* 1, 99-103.

116. Steinhausen, H.C. (2002) "The outcome of anorexia nervosa in the 20th century". *American Journal of Psychiatry 159,* 8, 1284-9 3.

117. Hsu, L.K.G. (1996) "Outcome of early onset anorexia nervosa: What do we know?" *Journal of Youth and Adolescence 25,* 4, 563-8.

118. Bell, L. (2003) "What can we learn frorn consumer studies and qualitative research in the treatment of eating disorders?" *Eating & Weight Disorders 8,* 3, 181-7.

119. Keski-Rahkonen, A. and Tozzi, F. (2005) "The process of recovery in eating disorder sufferers own words: An internet-based study". *International Journal of Eating Disorders 37*, Supplement, s80-6.

120. Abraham, S. e Llewellyn-Jones, D. (2001) *Eating Disorders: The Facts*, 5th edn. Nova York: Oxford University Press.

121. Palmer, B. (2000) *Helping People with Eating Disorders: A Clinical Guide to Assessment and Treatment.* Chichester: Wiley.

122. Williamson, D.A.; Gleaves, D.H. e Stewart, T.M. (2005) "Categorical versus dimensional models of eating disorders: An examination of the evidence". *International Journal of Eating Disorders 37*, 1, 1-10.

123. Perosa, L.M. and Perosa, S.L. (2004) "The continuum versus categorical debate on eating disorders: Implications for counselors". *Journal of Counseling & Development 82*, 203-6.

124. Campos, P. (2004) *The Obesity Myth.* Camberwell, Victoria: Viking.

125. Gordon, R.A. (2000) *Eating Disorders: Anatomy of a Social Epidemic*, 2nd edn. Oxford: Blackwell.

126. Way, K. (1995) "Never too rich or too thin: The role of stigma in the social construction of anorexia nervosa". *In* D. Maurer and J. Sobal (eds.) *Eating Agendas.* Nova York: Walter de Gruyter.

127. Beumont, P. (2000) "An overview of medical issues related to eating disorders". *In* F. Sanders and D. Gaskill (eds.) *The Encultured Body: Policy Implications for Healthy Body Image and Disordered Eating Behaviours.* Brisbane: Queensland University Printing and Publications Unit.

128. Atkins, P. e Bowler, I. (2001) *Food in Society.* Londres: Hodder Headline.

129. Eisler, I.; Le Grange, D. e Asen, E. (2003) "Family interventions". *In* J. Treasure, U. Schmidt and E. Van Furth (eds.) *Handbook of Eating Disorders.* Chichester: Wiley.

130. American Psychiatric Association Work Group on Eating Disorders (2000) "Practice guidelines for the treatment of patients with eating disorders (revision)". *American Journal of Psychiatry 157*, Supplement 1, 1-39.

131. Robb, A.; Silber, T.; Orrell-Valente, J.; Ellis, N.; Dadson, M. e Chatoor, I. (2002) "Supplemental nocturnal nasogastric refeeding for better short-term outcomes in hospitalised adolescent girls with anorexia nervosa". *American Journal of Psychiatry 159*, 8, 1347-53.

132. Mehler, P.S. e Crews, C.K. (2001) "Refeeding the patient with anorexia nervosa". *Eating Disorders. The Journal of Treatment and Prevention 9*, 2, 167-71.

133. Zipfel, S.; Lowe, B. e Herzog, W. (2003) "Medical complications". *In* J. Treasure, U. Schmidt and E. Van Furrh (eds.) *Handbook of Eating Disorders*. Chichester: Wiley.

134. Yucel, B.; Ozbey, N.; Polat, A. e Yager, J. (2005) "Weight fluctuations during the early refeeding period in anorexia nervosa: Case reports". *International Journal of Eating Disorders 37*, 175-7.

135. Holtkamp, K.; Hebebrand, J. e Herpertz-Dahlmann, B. (2004) "The contribution of anxiety and food restriction on physical activity in acute anorexia nervosa". *International Journal of Eating Disorders 36*, 163-71.

136. Boughtwood, D. "Anorexia nervosa in the clinic: Embodiment, autonomy and shifting subjectivities". Unpublished PhD. thesis. Sydney: University of Western Sydney.

137. Segal, J. "Listen to our stories: Young women with anorexia nervosa speak out about their hospital experiences". Unpublished Honours thesis. Sydney: University of New South Wales.

138. Sharpe, D. e Rossiter, L. (2002) 'Siblings of children with a chronic illness: A meta-analysis.' *Journal of Pediatric Psychology 27*, 8, 699-710.

139. Garley, D. e Johnson, B. (1994) "Siblings and eating disorders: A phenomenological perspective". *Journal of Psychiatric and Mental Health Nursing 1*, 3, 157-64.

140. Ross, K. e Handy, J.A. (1997) "Family perceptions of anorexia nervosa: A qualitative study of two familie' histories". *In* G.M. Habermann (ed.) *Looking Back and Moving Forward: 50 Years of New Zealand Psycho logy*. Wellington: New Zealand Psychological Society.

141. Howe, G.W. (1993) "Siblings of children with physical disabilities and chronic illnesses: Studies of risk and social ecology." *In* Z. Stoneman and P.W. Berman (eds.) *The Effects of Mental Retardation, Disability and Illness on Sibling Relationships. Research Issues and Challenges.* Baltimore: Paul H. Brookes.

142. Taylor, V., Fuggle, P. e Charman, T. (2001) "Well sibling psychological adjustment to chronic physical disorder in a sibling: How important is maternal awareness of their illness attitudes and perceptions?" *Journal of Child Psychology & Psychiatry & Allied Disciplines 42*, 7, 953-62.

143. Williams, P.D.; Williams, A.; Graff, C.; Hanson, S.; Stanton, A.; Hafeman, C.; Liebergen, A.; Leuenberg, K.; Setter, R.K.; Ridder, L.; Curry, H., Barnard, M. e Sanders, S. (2002) "Interrelationships among variables affecting well siblings and mothers in families of children with a chronic illness or disability". *Journal of Behavioral Medicine 25*, 5, 41 1-24.

144. Lobato, D. e Kao, B. (2002) "Integrated sibling-parent group intervention to improve sibling knowledge and adjustment to chronic illness and disability". *Journal of Pediatric Psychology 27*, 8, 711-16.

145. Highet, N.; Thompson, M. e King, R. (2005) "The experience of living with a person with an eating disorder: The impact on carers". *Eating Disorders: The Journal of Treatment and Prevention 13*, 4, 327-44.

146. Honey, A. e Halse, C. (2006) "The specifics of coping: Parents of daughters with anorexia nervosa". *Qualitative Health Research 16*, 5, 611-29.

147. Treasure, J., Murphy, T., Szmukler, G., Todd, G., Gavan, K. e Joyce, J. (2001) 'The experience of caregiving for severe mental illness: A comparison between anorexia nervosa and psychosis". *Social Psycbiatry & Psycbiatric Epidemiology 36*, 7, 343-7.

148. de la Rie, S.; Van Furth, E.; Koning, A.; Noordenbos, G. e Donker, M. (2005) "The quality of life of family caregivers of eating disorder patients". *Eating Disorders: The Journal of Treatment and Prevention 13*, 4, 345-51.

149. Macdonald, M. (1993) "Bewildered, blamed and broken hearted: Parents' views of anorexia nervosa". *In* B. Lask and R. Bryant-Waugh (eds.) *Child Onset of Anorexia Nervosa and Related Eating Disorders.* Hove: Psychology Press.

150. Greed, C. (1990) "The professional and the personal. A study of women quantity surveyors". *In* L. Stanley (ed.) *Feminist Praxis. Research, Theory and Epistemology in Feminist Sociology.* London: Routledge.

151. Laws, C.A. (2001) "Poststrucruralism at work with marginalised children". Unpublished PhD thesis. Sydney: James Cook University.

152. White, M. e Epston, D. (1990) *Narrative Means to Therapeutic Ends.* Nova York: Norton.

153. Sarason, I.G. e Sarason, B.R. (1993) *Abnormal Psychology: The Problem of Maladaptive Bebavior.* Upper Saddle River: Prentice Hall.

154. Monk, G., Winslade, J., Crocket, K. e Epston, D. (1997) *Narrative Therapy In Practice.* São Francisco, CA: Jossey Bass.

155. Bruch, H. (1978) *The Golden Cage. The Enigma of Anorexia Nervosa.* Cambridge, MA: Harvard University Press.

156. Huon, G., Gunewardene, A. e Hayne, A. (2000) "The gender and SES context of weight-loss dieting among adolescent females". *Eating Disorders: The Journal of Treatment and Prevention 8*, 2, 147-55.

157. Fear, J.L., Bulik, C.M. e Sullivan, P.F. (1996) "The prevalence of disordered eating behaviours and attitudes in adolescent girls". *New Zealand Journal of Psychology 25*, 1, 7-12.

158. Tiggemann, M. (2001) "Effect of gender composition of school on body concerns in adolescent women". *International Journal of Eating Disorders 29*, 2, 239-43.

159. Dyer, G. e Tiggemann, M. (1996) "The effect of school environment on body concerns in adolescent women". *Sex Roles 34*, 12, 127-38.

160. Mensinger, J. (2001) "Conflicting gender role prescriprions and disordered eating in single-sex and coeducational school environments". *Gender and Education 13*, 4, 417-29.

161. Limbert, C. (2001) "A comparison of female university students from different school backgrounds using the Eating Disorder Inventory". *International Journal of Adolescent Medicine and Health* 13, 2, 145-54.

162. Cohn, L.D.; Adler, N.E.; Irwin, C.E.; Millstein, S.G.; Kegeles, S.M. e Stone, G. (1987) "Body-figure preferences in male and female adolescents". *Journal of Abnormal Psychology* 96, 276-9.

163. Halse, C., Honey, A. e Boughtwood, D. (2007) "The paradox of virtue: (re) thinking deviance, anorexia and schooling". *Gender and Education* 19, 2, 219-35.

164. Striegel-Moore, R.H., Connor-Greene, P.A. e Shime, S. (1991) "School milieu characteristics and disordered eating in high school graduates". *International Journal of Eating Disorders* 10, 2, 187-92.

165. Garner, D.M. e Garfinkel, P.E. (1982) "Sociocultural factors". In *Anorexia Nervosa: A Multidimensional Perspective*. Philadelphia: Brunner/Mazel.

166. Levine, M.P. e Piran, N. (2004) "The role of body image in the prevention of eating disorders". *Body Image* 1, 1, 57-70.

167. Paxton, S. (1999) "Peer relations, body image and disordered eating in adolescent girls: Implications for prevention". *In* N. Piran, M.P. Levine and C. Steiner-Adair (eds.) *Preventing Eating Disorders: A Handbook of Interventions and Special Challenges*. Philadelphia: Brunner/Mazel.

168. Piran, N. (1999) "The reduction of preoccupation with body weight and shape in schools: A feminist approach". *In* N. Piran, M.P. Levine e C. Steiner-Adair (eds.) *Preventing Eating Disorders: A Handbook of Interventions and Special Challenges*. Philadelphia: Brunner/Mazel.

169. Pruzinsky, T. e Cash, T. (2004) "Understanding body image: Historical and contemporary perspectives". *In* T. Cash and T. Pruzinsky (eds.) *Body Image: A Handbook of Theory, Research and Clinical Practice*. Nova York: Guilford Press.

170. Garner, D.M. (2004) "Body image and anorexia nervosa". *In* T. Cash and T. Pruzinsky (eds.) *Body Image A Handbook of Theory, Research and Clinical Practice*. Nova York: Guilford Press.

171. Ogden, J. (2003) *The Psychology of Eating: From Healthy to Disordered Behaviour.* Oxford: Blackwell.

172. Blood, S.K. (2005) *Body Work: The Social Construction of Women's Body Image.* Nova York: Routledge.

173. Katzman, M.A. e Lee, S. (1997) "Beyond body image: The integration of feminist and transcultural theories in the understanding of self starvation". *International Journal of Eating Disorders 22*, 4, 385-94.

174. Mckinley, N.M. (2004) "Feminist perspectives and objectified body consciousness". *In* T. Cash and T. Pruzinsky (eds.) *Body Image: A Handbook of Theory, Research and Clinical Practice.* Nova York: Guilford Press.

175. Vitousek, K.; Watson, S. e Wilson, G.T. (1998) "Enhancing motivation for change in treatment-resistant eating disorders". *Clinical Psychology Review 18*, 4, 391-420.

176. *Times Educational Supplement* (1999) "Anorexia? That's a girl's disease". 16 April, 1-2.

177. Schwitzer, A.M.; Bergholz, K.; Dore, T. e Salimi, L. (1998) "Eating disorders among college women: prevention, education, and treatment responses". *Journal of American College Health 46*, 5, 199-209.

178. Smolak, L. (1999) "Elementary school curricula for the primary prevention of eating problems". *In* N. Piran, M.P. Levine and C. Steiner-Adair (eds.) *Preventing Eating Disorders: A Handbook of Interventions and Special Challenges.* Philadelphia: Brunner/Mazel.

179. Tyrka, A.R.; Graber, J.A. e Brooks-Cunn, J. (2000) "The development of disordered eating: Correlates and predictors of eating problems in the context of adolescence". *In* A.J. Sameroff, M. Lewis and S. Miller (eds.) *Handbook of Developmental Psychopathology,* 2nd edn. Nova York: Springer.

180. Steiner-Adair, C. (1999) "Resisting weightism: Media literacy for elementary-school children". *In* N. Piran, M.P. Levine and C. Steiner-Adair (eds.) *Preventing Eating Disorders: A Handbook of Interventions and Special Challenges.* Philadelphia: Brunner/Mazel.

181. Pratt, B. e Woolfenden, S. (2005) "Interventions for preventing eating disorders in children and adolescents". *Cochrane Database of Systematic Reviews* 2, 4.

182. Littleton, H.L. e Ollendick, T. (2003) "Negative body image and disordered eating behavior in children and adolescents: What places youth at risk and how can these problems be prevented?" *Clinical Child and Family Psychology Review* 6, 1, 51-66.

183. Evans, J.; Rich, E. e Holroyd, R. (2004) "Disordered eating and disordered schooling: What schools do to middle class girls". *British Journal of Sociology of Education* 25, 2, 123-42.

184. O'Dea, J. e Maloney, D. (2000) "Preventing eating and body image problems in children and adolescents using the Health Promoting Schools framework". *Journal of School Health* 70, 1, 18-21.

185. Borresen, R. e Rosenvinge, J. (2003) "Frorn prevention to health promotion". *In* J. Treasure, U. Schmidt and E. Van Furth (eds.) *Handbook of Eating Disorders.* Chichester: Wiley.

186. Levine, M.P., Piran, N. e Stoddard, C. (1999) "Mission more probable: Media literacy, activism, and advocacy as primary prevention". *In* N. Piran, M.P. Levine and C. Steiner-Adair (eds.) *Preventing Eating Disorders: A Handbook of Interventions and Special Challenges.* Philadelphia: Brunner/Mazel.

187. Nasser, M. e Katzman, M. (1999) "Eating disorders: Transcultural perspectives inform prevention". *In* N. Piran, M.P. Levine and C. Steiner-Adair (eds.) *Preventing Eating Disorders: A Handbook of Interventions and Special Challenges.* Philadelphia: Brunner/Mazel.

188. Piran, N.; Levine, M.P. e Steiner-Adair, C. (1999) *Preventing Eating Disorders: A Handbook of Interventions and Special Challenges.* Philadelphia: Brunner/Mazel.

189. Langley, J. (2006) *Boys Get Anorexia Too.* London: Sage.

190. Crasscope-Happel, C., Hutchins, D., Getz, H. e Hayes, G. (2000) "Male anorexia nervosa: A new focus". *Journal of Mental Health Counseling* 22, 4, 365-70.

191. Muise, A.; Stein, D. e Arbess, G. (2003) "Eating disorder in adolescent boys: A review of the adolescent and young adult literature". *Journal of Adolescent Health 33*, 6, 427-35.

192. Toro, J.; Castro, J.; Gila, A. e Pombo, C. (2005) "Assessment of sociocultural influences on body shape model in adolescent males with anorexia nervosa". *European Eating Disorders Review 13*, 351-9.

193. Andersen, A.E. (1990) *Males with Eating Disorders*. Philadelphia: Brunner/Mazel.

194. Crisp, A. e colaboradores (2006) "Anorexia nervosa in males: Similarities and differences to anorexia nervosa in females". *European Eating Disorders Review 14*, 163-7.

195. Bulik, C.M. (2002) "Anxiety, depression and eating disorders". *In* C. Fairburn and K. Brownell (eds.) *Eating Disorders and Obesity: A Comprehensive Handbook*. Nova York: Guilford Press.

196. Wonderlich, S. e Mitchell, J. (1997) "Eating disorders and comorbidity: Empirical, conceptual, and clinical implications". *Psychopharmacology Bulletin 33*, 3, 381-90.

197. Gillberg, I. C.; Rastam, M. e Gillberg, C. (1995) "Anorexia nervosa 6 years after onset: Part I. Personality disorders". *Comprehensive Psychiatry 36*, 1, 61-9.

198. Rastam, M., Gillberg, C. e Gillberg, I.C. (1996) "A six-year follow-up study of anorexia nervosa subjects with teenage onset". *Journal of Youth and Adolescence 25*, 4, 439-53.

199. Lock, J. e Le Grange, D. (2005) "Family-based treatment of eating disorders". *International Journal of Eating Disorders 37*, Supplement, s64-7.

200. le Grange, D.; Binford, R. e Loeb, K.L. (2005) "Manualized family-based treatment for anorexia nervosa: A case series". *Journal of the American Academy of Child & Adolescent Psychiatry 44*, 1, 41-6.

201. le Grange, D. (2006) "How enthusiastic should we be about family-based treatment for adolescent anorexia nervosa?" *European Eating Disorders Review 14*, 6, 373-5.

202. Tierney, S. (2005) "The treatment of adolescent anorexia nervosa: A qualitative study of the views of parents". *Eating Disorders: The Journal of Treatment and Prevention 13*, 4, 369-79.

203. Keys, A.; Brozek, J.; Henschel, A.; Mickelson, O. e Taylor, H.L. (1950) *The Biology of Human Starvation*. Minneapolis, MN: University of Minnesota Press.

204. Allen, J. (1991) *Biosphere 2: The Human Experiment*. Nova York: Viking.

205. Walford, R. (1986) *The 120-year Diet*. Nova York: Simon & Schuster.

206. Roth, G.S.; Ingram, O.K. e Lane, M.A. (2001) "Caloric restriction in primates and relevance to humans". *Annals of the New York Academy of Sciences 92*, 302-15.

207. Manke, F.P. e Vitousek, K. (2002) "Hunger, semistarvation and ill health". *American Psychologist 57*, 371-2.

208. Polivy, J. (1996) "Psychological consequences of food restriction". *Journal of the American Dietetic Association 96*, 6, 589.

209. Vitousek, K. (2004) "The case for semi-starvation". *European Eating Disorders Review 12*, 275-8.

210. Virousek, K.; Manke, F.P.; Gray, J.A. e Vitousek, M.N. (2004) "Caloric Restriction for Longevity: II – The systematic neglect of behavioural and psychological outcomes in animal research". *European Eating Disorders Review 12*, 338-60.

211. Bank, S. e Kahn, M. (1997) *The Sibling Bond*. Nova York: Basic Books.

212. Cicirelli, V.G. (1995) *Sibling Relationships Across the Lifespan*. Nova York: Plenum Press.

213. Honey, A.; Clarke, S.; Halse, C.; Kohn, M. e Madden, S. (2006) "The influence of siblings on the experience of anorexia nervosa for adolescent girls". *European Eating Disorders Review 14*, 5, 315-22.

214. Honey, A. e Halse, C. (2007) "Looking after siblings of adolescent girls with anorexia: An important parental role". *Child: Care, Health and Development 33*, 1,52-8.

215. Dare, C. e Eisler, I. (1995) "Family therapy". *In* G. Szmukler, C. Dare and J. Treasure (eds.) *Handbook of Eating Disorders: Theory, Treatment and Research*. Chichester: Wiley.

216. Lock, J.; Le Grange, D.; Agras, S. e Dare, C. (2001) *Treatment Manual for Anorexia Nervosa: A Family-based Approach*. Nova York: Guilford Press.

217. Beale, B.; McMaster, R. e Hilege, S. (2004) "Eating disorders: A qualitative analysis of the parents' journey". *Contemporary Nurse: A Journal for the Australian Nursing Profission* 18, 1-2, 124-32.

218. Vandereycken, W. e Louwies, I. (2005) "Parents for Parents: A self-help project for and by parents of eating disorder patients". *Eating Disorders* 13, 413-17.

219. Honey, A. e Halse, C. (2005) "Parents dealing with anorexia nervosa: Actions and meanings". *Eating Disorders: The Journal of Treatment & Prevention* 13, 4, 353-68.

220. Walkerdine, V.; Lucey, H. e Melody, J. (2001) *Growing Up Girl: Psychosocial Explorations of Gender and Class*. Basingstoke: Palgrave.

221. Dixey, R. (1998) "Healthy eating in schools, overweight and 'eating disorders': Are they connected?" *Educational Review* 50, 1, 29-35.

222. Rich, E. e Evans, J. (2005) "Making sense of eating disorders in schools". *Discourse: Studies in the Cultural Politics of Education* 26, 2, 247-62.

223. Ampollini, P.; Marchesi, C.; Gariboldi, S.; Cella, P.; Peqlizza, C. e Marchesi, C. (1999) "The Parma high school epidemiological survey: Eating disorders". *Journal of Adolescent Health* 24, 3, 158-9.

224. Tierney, S. (2006) "The dangers and draw of online communication: Pro anorexia websites and their implications for users, practitioners and researchers". *Eating Disorders* 14, 181-90.

225. Rahimi, S. (2003) *Thinner Than Air – A Pro Ana Movement in Cyberspace*. [11 de abril de 2005]; www.alternet.org/story/15058

226. *The Australian* (2001) "Spare us the skin and bones". 28 de novembro, 44.

227. Victoria (2004) "Victoria's pro-ana journal". [1 1 de abril de 2005]; www.victoriasproana.com/Omain.html

228. Fox, N.; Ward, K. e O'Rourke, A. (2005) "Pro-anorexia, weight-loss drugs and the internet: An 'anti-recovery' explanatory model of anorexia". *Sociology of Health & Illness 27*, 7, 944-71.

229. Pollack, D. (2003) "Pro-eating disorder websites: What should be the feminist response". *Feminism and Psychology 13*, 2, 246-51.

230. Shaw, G. (2006) "Pro anorexia websites: The thin web line". [10 de maio de 2006); www.webmd.com/content/Article/109/109381.html

231. *Wave Magazine* (2006) "The skeleton crew: Inside the pro anorexia movement's underground web campaign": www.thewavemag.com/pagegen.php? pagename=article&articleid=22888

232. *Time* (2001) "Anorexia goes high tech". 12 de novembro, 3.

233. Arndt, L. (2006) *The Anorexic Web* [cited 10 May 2006); www.anorexicweb.com/InsidetheFridge/proanorexic.html

234. Carney, T.; Tait, O.; Saunders, O.; Touyz, S. e Beumont, P. (2003) "Institutional options in the management of coercion in anorexia treatment: The antipodean expcriment?" *International Journal of Law and Psychiatry 26*, 647-75.

235. Tan, J.; Hope, T. e Stewart, A. (2003) "Competence to refuse treatment in anorexia nervosa". *Internacional Journal of Law and Psychiatry 26*, 6, 697-707.

236. Keywood, K. (2003) "Rethinking the anorexic body: How English law and psychiatry 'think'." *International Journal of Law and Psychiatry 26*, 599-616.

237. Watson, T.; Bowers, W. e Andersen, A. (2000) "Involuntary treatment of eating disorders". *American Journal of Psychiatry 157*, 11, 1806-10.

238. Carney, T.; Ingvarson, M. e Tait, O. (2004) "Experiences of 'control' in anorexia nervosa treatment: Delayed coercion, shadow of law, or disseminated power and control". Paper presented at the Societies of Control Conference, Sydney University, Sydney.

239. Gans, M. e Gunn, W. (2003) "End stage anorexia: Criteria for competence to refuse treatment". *International journal of Law and Psychiatry. Anorexia Special Issue 26*, 6, 677-95.

240. Tiller, J.; Schmidt, U. e Treasure, J. (1993) "Compulsory treatment for anorexia nervosa: Compassion or coercion?" *British Journal of Psychiatry 162*, 679-80.

241. Tan, J., Hope, T., Stewart, A. e Fitzpatrick, R. (2003) "Control and compulsory treatment in anorexia nervosa: The views of patients and parents". *International Journal of Law and Psychiatry 26*, 627 -64 5.

242. Griffiths, R. e Russell, J. (1998) "Compulsory treatment of anorexia nervosa patients". *In* W. Vandereycken (ed.) *Treating Eating Disorders*. Nova York: New York University Press.

243. Rathner, G. (1998) "A plea against compulsory treatment of anorexia nervosa patients". *In* W. Vandereycken (ed.) *Treating Eating Disorders*. Nova York: New York University Press.

244. Neiderman, M.; Farley, A.; Richardson, J. e Lask, B. (2001) "Nasogastric feeding in children and adolescents with eating disorders: Towards good practice". *International Journal of Eating Disorders 29*, 4, 441-8.

245. Carter, J.C., Bewell, E., Blackmore, E. e Woodside, D.B. (2006) "The impact of childhood sexual abuse in anorexia nervosa". *Child Abuse & Neglect 30*, 3, 257-69.

246. Purvis, M. e Joyce, A. (2005) "Child sexual abuse is a global public health problem: Where is Australia?" *Psychiatry, Psychology and Law 12*, 2, 334-44.

247. Thompson, K.M. e Wonderlich, S.A. (2004) "Child sexual abuse and eating disorders". *In* J.K. Thompson (ed.) *Handbook of Eating Disorders and Obesity*. Hoboken, NJ: Wiley.

248. Wonderlich, S.A.; Brewerton, T.D.; Jocic, Z., Dansky; B.S. e Abbott, D.W. (1997) "Relationship of childhood sexual abuse and eating di-

sorders". *Journal of the American Academy of Child and Adolescent Psychiatry* 36, 8, 1107-15.

249. Vize, C.M. e Cooper, P.J. (1995) "Sexual abuse in patients with eating disorder, patients with depression and normal controls". *British Journal of Psychiatry* 167, 1, 80-85.

250. Nagata, T.; Kiriike, T.; Iketani, T.; Kawarada, Y. e Tanaka, H. (1999) "History of childhood sexual or physical abuse in Japanese patients with eating disorders: Relationship with dissociation and impulsive behaviours". *Psychological Medicine* 29, 4, 935-42.

251. Wentz, E., Gillberg, I.C., Gillberg, C. e Rastam, M. (2005) "Fertility and history of sexual abuse at 10-year follow-up of adolescent-onset anorexia nervosa". *International Journal of Eating Disorders* 37, 4, 294-8.

252. Steiger, H. e Zanko, M. (1990) "Sexual trauma among eating disordered, psychiatric and normal female groups". *Journal of Interpersonal Violence* 5, 1, 74-86.

253. van Gerko, K.; Hughes, M.L.; Hamill, M. e Waller, G. (2005) "Reported childhood sexual abuse and eating-disordered cognitions and behaviors". *Child Abuse & Neglect* 29, 4, 375-82.

254. Anderson-Fye, E.P. e Becker, A.E. (2004) "Sociocultural aspects of eating disorders". *In* J.K. Thompson (ed.) *Handbook of Eating Disorders and Obesity*. Hoboken, NJ: Wiley.

255. Smolak, L. e Striegel-Moore, R.H. (2001) "Challenging the myth of the golden girl: Ethnicity and eating disorders". *In* R.H. Striegel-Moore and L. Smolak (eds.) *Eating Disorders. Innovative Directions in Research and Practice*. Washington, DC: American Psychological Association.

256. Becker, A.E. (2003) "Eating disorders and social transition". *Primary Psychiatry* 10, 75-9.

257. Gordon, R.A. (2004) "Commentary. Towards a clinical ethnography". *Culture, Medicine and Psychiatry* 28, 4, 603.

258. Katzman, M.A.; Hermans, K.M.E.; Hoeken, O.V. e Hoek, H.W. (2004) "Not your 'typical island wornan': Anorexia nervosa is reported only in subcultures in Curaçao". *Culture, Medicine and Psychiatry 28*, 4, 463.

259. Rieger, E.; Touyz, S.W.; Swain, T. e Beumont, P.J. (2001) "Crosscultural research on anorexia nervosa: Assumptions regarding the role of body weight". *International Journal of Eating Disorders 29*, 2, 205-15.

260. Soh, N.L.; Touyz, S. e Surgenor, L. (2006) "Eating and body image disturbances across cultures: A review". *European Eating Disorders Review 14*, 54-65.

261. Anderson-Fye, E.P. (2004) "A 'Cora-Cola' shape: Cultural change, body image, and eating disorders in San Andrés, Belize". *Culture, Medicine and Psychiatry 28*, 4, 561.

262. Cummins, L.H.; Simmons, A.M. e Zane, N.W.S. (2005) "Eating disorders in Asian populations: A critique of current approaches to the study of culture, ethnicity, and eating disorders". *American Journal of Orthopsychiatry 75*, 4, 553.

263. Khandelwal, S.K.; Sharan, P. e Saxena, S. (1995) "Eating disorders: An Indian perspective". *International Journal of Social Psychiatry 41*, 132-46.

264. Bennett, O.; Sharpe, M.; Freeman, C. e Carson, A. (2004) "Anorexia nervosa among female secondary school students in Ghana". *British Journal of Psychiatry 185*, 4, 312-17.

265. Williamson, L. (1998) "Eating disorders and the cultural forces behind the drive for thinness: Are African American women really protected?" *Social Work in Health Care 28*, 1, 61-73.

266. le Grange, D.; Louw, J.; Breen, A. e Katzrnan, M.A. (2004) "The meaning of 'self-starvation' in impoverished black adolescents in South Africa". *Culture, Medicine and Psychiatry 28*, 4, 439-61.

267. Desseilles, M.; Fuchs, S.; Ansseau, M.; Lopez, S.; Vinckenbosh, E. e Andreoli, A. (2006) "Achalasia may mimic anorexia nervosa, com-

pulsive eating disorder, and obesity problems". *Psychosomatics: Journal of Consultation Liaison Psychiatry* 47, 3, 270-1.

268. Lee, S.; Wing, Y.K.; Chow, C.C.; Chung, S. e Yung, e. (1989) "Gastric outlet obstruction masquerading as anorexia nervosa". *Journal of Clinical Psychiatry 50,* 5, 184-5.

269. Kaplan, A.S. e Katz, M. (eds.) (1993) *Medical Illnesses Associated with Weight Loss and Binge Eating.* Philadelphia: Brunner/Mazel.

270. Ahsanuddin, K.M. e Nyeem, R. (1983) "Fourth ventricular tumors and anorexia nervosa". *International Journal of Eating Disorders 2,* 2, 6 7-72.

271. Gravier, V.; Naja, W.; Blaise, M. e Cremniter, D. (1998) "Achalasia and megaesophagus misdiagnosed as anorexia nervosa". *European Psychiatry 13,* 6, 315-16.

272. Chipkevitch, E. e Fernandes, A.C. (1993) "Hypothalamic tumor associated with atypical forms of anorexia nervosa and diencephalic syndrome". *Arquivos de Neuropsiquiatria 51,* 2, 270-4.

273. Marshall, J.B. e Russell, J.L. (1993) "Achalasia mistakenly diagnosed as eating disorder and prompting prolonged psychiatric hospitalization". *Southern Medical Journal 86,* 12, 1405-7.

274. Pritts, S.D. e Susman, J. (2003) "Diagnosis of eating disorders in primary care". *American Family Physician 67,* 2, 297-304.

275. Schellenberg, R. (undated) "Medical causes of eating disorders – symptoms, treatment, diagnosis" [8 de setembro de 2006]; http://randyschellenberg.tri pod.com/anorexiatruthinfo/id20.html

276. Vandereycken, W. (1993) "Misleading variants in the clinical picture of anorexia nervosa". *European Eating Disorders Review1,* 3, 183-6.

277. Lupton, D. (1996) *Food, the Body and the Self.* Londres: Sage.

278. McVeagh, P. (2003) "Does the media shape our teens?" Paper presented at the Art and Science of Advancing Adolescent Development Conference, Westmead Hospital, Sydney.

279. Wolf, N. (1991) *The Beauty Myth.* Londres: Chatto & Windus.

280. Allison, D.B.; Fontaine, K.R.; Manson, J.E.; Stevens, J. e Vanitallie, T.B. (1999) "Annual deaths attributable to obesity in the United States". *Journal of the American Medical Association* 282, 16, 1530-8.

281. Lee, C.D., Blair, S.N. e Jackson, A.S. (1999) "Cardiorespiratory fitness, body composition and all-cause and cardiovascular disease mortality in men". *American Journal of Clinical Nutrition* 69, 373-80.

282. Miller, W.C. (1999) "Fitness and fatness in relation to health: Implications for a paradigm shift". *Journal of Social Issues* 55, 2, 207-19.

283. Emsberger, P. e Koletsky, R.J. (1999) "Biomedical rationale for a wellness approach to obesity: An alternative to a focus on weight loss. *Journal of Social Issues* 55, 2, 221-60.

284. Gaesser, G. (2002) *Big Fat Lies. The Truth About Your Weight and Your Health.* Carlsbad, CA: Gurze Books.

285. McFarlane, T.; Polivy, J. e McCabe, R.E. (1999) 'Help, not harm: Psychological foundation for a nondieting approach toward health. *Journal of Social Issues* 55, 5, 261-76.

286. Brownell, K.O. e Rodin, J. (1994) "The dieting maelstrom: Is it possible and advisable to lose weight?" *American Psychologist* 49, 9, 781-91.

287. Garner, O.M. e Wooley, S.C. (1991) "Confronting the failure of behavioral and dietary treatments for obesity". *Clinical Psychology Review 11,* 6, 729-80.

288. Berg, F.M. (1999) "Health risks associated with weight loss and obesity treatment programs". *Journal of Social Issues* 55, 2, 277-97.

289. Evans, J.; Evans, R.; Evans, e. e Evans, J.E. (2002) "Fat free schooling: The discursive production of ill-health". *International Studies in Sociology of Education* 12, 2, 191-212.

290. Millman, M. (1980) *Such a Pretty Face: Being Fat in America.* Nova York: Norton.

291. Eivors, A.; Button, E;, Warner, S. e Turner, K. (2003) "Understanding the experience of drop-out from treatment for anorexia". *European Eating Disorders Review 11*, 90-107.

292. Grothaus, K.L. (1998) "Eating disorders and adolescents: An overview of a maladaptive behavior". *Journal of Child and Adolescent Psychiatric Nursing 11*, 4, 146 (1).

293. Jarman, M.; Smith, J.A. e Walsh, S. (1997) "The psychological battle for control: A qualitative study of health-care professionals' understandings of the treatment of anorexia nervosa". *Journal of Community and Applied Social Psychology 7*, 2, 1 37- 52.

294. Kenny, T. (1991) "Anorexia nervosa: A nursing challenge that can bring results." *Profissional Nurse 6*, 1, 666-9.

295. King, S. e Turner, S. (2000) "Caring for adolescent females with anorexia nervosa: Registered nurses' perspective". *Journal of Advanced Nursing 32*, 1, 139-47.

296. Ramjan, L. (2004) "Nurses and the 'therapeutic relationship': Caring for adolescents with anorexia nervosa". *Journal of Advanced Nursing 45*, 5, 495-503.

297. Brotman, A.W.; Stern, T.A. e Herzog, D.B. (1984) "Emotional reactions of house officers to patients with anorexia nervosa, diabetes and obesity". *International Journal of Eating Disorders 3*, 4, 71-77.

298. Honey, A.; Boughtwood, D.; Clarke, S.; Halse, C., Kohn, M. e Madden, S. (impresso) "Clinicians supporting parents: Perspectives of parents of adolescents with anorexia". *Eating Disorders: The Journal of Treatment and Prevention*.

299. Caplan, P.J. e Hall-McCorquodale, I. (1985) "Mother-blaming in major clinical journals". *American Journal of Orthopsychiatry 55*, 3, 345-53.

300. Phares, V. (1996) "Conducting nonsexist research, prevention and treatment with fathers and mothers: A call for change". *Psychology of Women Quarterly 20*, 55-77.

301. Woollett, A. e Phoenix, A. (1991) "Psychological views of mothering". *In* A. Phoenix, A. Woollett and E. Lloyd (eds.) *Motherhood: Meanings, Practices and Ideologies*. Londres: Sage.

302. Burman, E. (1994) *Deconstructing Developmental Psychology*, (1ª ed.) Londres: Routledge.

303. Caplan, P.J. (2000) *The New Don't Blame Mother*. Nova York: Routledge.

304. Phoenix, A. e Woollett, A. (1991) "Motherhood: Social construction, politics and psychology". *In* A. Phoenix, A. Woollett and E. Lloyd (eds.) *Motherhood: Meanings, Practices and Ideologies*. Londres: Sage.

305. Maine, M. (1993) *Father Hunger: Fathers, Daughters and Food*. Londres: Simon & Schuster.

306. Fitzgerald, J.F. e Lane, R.C. (2000) "The role of the father in anorexia". *Journal of Contemporary Psychotherapy 30*, 1, 71-84.

307. Telerant, A.; Kronenberg, J.; Rabinovitch, S.; Elman, I.; Neumann, M. e Gaoni, B. (1992) "Anorectic family dynamics". *Journal of the American Academy of Child and Adolescent Psychiatry 31*, 5, 990-1.

308. Sharkey-Orgnero, M.I. (1999) "Anorexia nervosa: A qualitative analysis of parents' perspectives on recovery". *Eating Disorders. The Journal of Treatment and Prevention 7*, 2, 123-141.

309. Bryant-Waugh, R. e Lask, B. (1995) "Eating disorders in children". *Journal of Child Psychology and Psychiatry and Allied Disciplines 36*, 2, 191-202.

310. Rich, E. (2006) "Anorexia (dis)connection: Managing anorexia as an illness and an identity". *Sociology of Health and Illness 28*, 3, 284-305.

311. Nielsen, S. e Bara-Carril, N. (2003) "Family, burden of care and social consequences". *In* J. Treasure, U. Schmidt and E. Van Furth (eds.) *Handbook of Eating Disorders*. Chichester: Wiley.

312. Haigh, R. e Treasure, J. (2003) "Investigating the needs of carers in the area of eating disorders: Development of the Carers' Needs Assessment Measure (CaNAM)". *European Eating Disorders Review 11*, 125-141.

313. Lelwica, M.M. (1999) *Starving for Salvation*. Nova York: Oxford University Press.

314. Claude-Pierre, P. (1997) *The Secret Language of Eating Disorders*. Moorebank: Bantam.

315. Morgan, J.F.; Marsden, P. e Lacey, H. (1999) "Spiritual starvation?: A case series concerning Christianity and eating disorders". *International Journal of Eating Disorders 28*, 476-80.

316. Hardman, R.K.; Berrett, M.E. and Richards, S.P. (2003) "Spirituality and ten false beliefs and pursuits of women with eating disorders: Implications for counselors". *Counselling and Values 40*, 67-78.

317. Smith, F.T.; Hardman, R.K.; Richards, P.S. e Fischer, L. (2003) "Intrinsic religiousness and spiritual wellbeing as predictors of treatment outcome among women with eating disorders". *Eating Disorders 11*, 15-26.

318. Garrett, C. (1988) *Beyond Anorexia: Narrative, Spirituality and Recovery*. Cambridge: Cambridge University Press.

319. Freedman, R. (1986) *Beauty Bound*. Lexington: Lexington Books.

320. Gaitz, G. e Clearly, S. (2004) "What a waste". *60 Minutes*, CBS: Austrália.

321. *Cosmopolitan* (2004) "My phobia of food nearly killed me". Abril, 151-2.

322. Mclinton, B. (2002) *Anorexia's Fallen Angel*. Toronto: HarperCollins.

323. Touyz, S. (2005) "Modern musings on anorexia and bulimia nervosa". Paper presented at the Education Seminar, Sydney University, Sydney.

324. Bishop, R. (2001) "The pursuit of perfection: A narrative analysis of how women's magazines cover eating disorders". *Howard Journal of Communication 12*, 4, 221-40.

325. Way, K. (1993) *Anorexia Nervosa and Recovery: A Hunger for Meaning*. Binghampton, NY: Howarth Press.

326. Boughtwood, D. (2005) "View to be thin: Interrogating media's relationship to eating disorder through audience research". *Participations 1*, 3; www.participations.org/volume%201/issue%203/1_03_boughtwood_article.htm (accessado em 24 de setembro de 2007).

327. Smolak, L. e Murnen, S. (2001) "Cender and eating problems". *In* R.H. Striegel-Moore and L. Smolak (eds.) *Eating Disorders. Innovative Directions in Research and Practice*. Washington, DC: American Psychological Association.

328. Rieger, E. e Touyz, S. (2006) "An investigation of the factorial structure of motivation to recover in anorexia nervosa using the Anorexia Nervosa Stages of Change Questionnaire". *European Eating Disorders Review 14*, 4, 269-75.

329. DiClemente, C.C. e Prochaska, J.O. (1998) "Toward a comprehensive, transtheoretical model of change: Stages of change and addictive behaviors". *In* W.R. Miller e N. Heather (eds.) *Treating Addictive Behaviours*. Nova York: Plenum Press.

330. Prochaska, J.O. e DiClemente, C.C. (1982) "Transtheoretical therapy: Toward a more integrative model of change". *Psychotherapy. Theory, Research and Practice 19*, 276-88.

331. Touyz, S., Thornton, C., Rieger, E., George, L. e Beumont, P. (2003) "The incorporation of the stage of change model in the day hospital treatment of patients with anorexia nervosa". *European Child & Adolescent Psychiatry 12*, Supplement 1, 65-71.

332. Treasure, J. e Bauer, B. (2003) "Assessment and motivation". *In* J. Treasure, U. Schmidt e E. Van Furth (eds.) *Handbook of Eating Disorders*. Chichester: Wiley.

333. Davidson, R. (1998) "The transtheoretical model: A critical overview". *In* W.R. Miller e N. Heather (eds.) *Treating Addictive Behaviors*. Nova York: Plenum Press.

334. Wilson, G.T. e Schlam, T.R. (2004) "The transtheoretical model and motivational interviewing in the treatment of eating and weight disorders". *Clinical Psychology Review* 24, 3, 361-78.

335. Hasler, G.; Delsignore, A.; Milos, G.; Budderberg, C. e Schnyder, U. (2004) "Application of Prochaska's transtheoretical model of change to patients with eating disorders". *Journal of Psychosomatic Research* 57, 1, 67-72.

336. Treasure, J. e Schmidt, U. (2001) "Ready, willing and able to change: Motivational aspects of the assessment and treatment of eating disorders". *European Eating Disorders Review* 9, 1,4-18.

337. Miller, W.R. e Rollnick, S. (1991) *Motivational Interviewing: Preparing People for Change.* Nova York: Guilford Press.

Índice remissivo

Observação: números de páginas em negrito se referem a informações contidas nos quadros.

"a mais anoréxica", 47-8, **137, 154-5, 179**
"Abordagem de Maudsley", **41-2, 83-4**
"amor com rigidez", abordagens, 117-8
"dever de cuidar" **118-9**
"médico e o monstro", personalidades, 109-10
"supermulheres", **173**
"thinspiration", **112-3**
abordagem multidisciplinar à anorexia, 15-6, **150**
abuso de laxamtes, 18, 104-5, 107-8, 110-12
abuso sexual na infância, 22-3, 125-6, **126-7**
abuso sexual, 22-3, 125-6, **126-7**
abuso, 22-3, 125-7, **126-7**
adicção, modelos de **174-6**
alimentação para conforto, **164-5**
alimentos
    alergia, 139-40
    diários, 89
    eliminação, 58-9, 72-3, 87-8, 143
    medo de, 58-9, 62-6
    hospital, 137-8, 161-2
    significado de, 164-5
    obsessão, 87-8, 91

preparação por anoréxicas, para outras pessoas, 60-1, 73-4, 162-3, 170-1, 179
rituais, 89-90, 91, 103-4, 179
alteração de personalidade, 37-8, 40-1, 64-6, 88, 91-3, 131-2
ambivalência
    envolvendo alimentação nasogástrica, 42-3
    envolvendo a recuperação 82-3, 175-6
amenorreia 18-9, 31, 59, 62-3, 134, 166-7
American Psychiatric Association 17-8
amizades
    desenvolvimento de, 39, 99, 101, 151-3
    perda de, 37, 61, 91-2
    ver também relacionamentos com pares
analgésicos, superdosagens, 110-1
anorexia em homens, 19-20, **76**
anorexia nervosa, 11-14
    compulsão alimentar/tipo purgativo, 18-9, 21-2, 107-11, 162-4
    causas de, 20-6, 52, **52-4**
        busca por, 52-4
        individuais, 20-2

socioculturais, 22-6
natureza mutável da, 162-4, 180-1
taxas de óbito, 29-30
definição, 17-9
critérios de diagnóstico, 18-9, 28-9
como diferente condição, 35-6, 99-100
natureza diversificada da, 183-4
história da, 18-20
como parte de um continuum de distúrbio alimentar, 35-6
personificação, 96-7, 99-100
prevalência, 20
prevenção, 71-2
problemas psiquiátricos associados com, 79-81
tipo restritivo, 18, 21
como entidade separada de quem sofre, 96, 101-2
estágios do avanço da, 175-6
ver também estudos de casos; recuperação; tratamento
antidepressivos, 108-10, 166
apoio on-line, **97-8**
apoio, 47-8, 100, **154-5**
de irmãos saudáveis, 95-6, 114
informal, 98-9, 99-100, 120
on-line, 97-8
para pais e cuidadores, 97-9, 157-8
arritmia (batimentos cardíacos irregulares) 34-5, 62-3
arritmia cardíaca (batimentos irregulares) 34-5, 62-3
assistentes sociais, 170-1
ataques de pânico, 65-6
atitudes positivas, **158**
atitudes, positivas **157-8**
atividades 22-4, 155-6
aulas de dança, 143-4
ver balé balé
autoconfiança, 55-6
autocrítica, 59-61, 170-1

autodisciplina, **105-6**
autoestima, 17-8, 20-1, 24-5, 35-6, **44-5**, 53-4, 55-6, 71-2, 144-5, 135-6, 167-71, 181-2
autoinanição, 18-9, 24-5, **129, 169,** 173, 179
autonomia, **119-20, 136-7**
ver também problemas de controle
autorrepulsa, 108-10, 163-4
balé, 22, 51-2, 54, 56, 59-61, 66-7
bebês, morte de, 159-60
biografias familiares, 27-8, 78-9, 81-2, **83-4**, 182
birra, 79-80, 145-6
Brotman, A. W., **148-9**
bulimia nervosa, 17-9
bullying, 55-6, 69-70, 72-3
Carpenter, K., **172**
celebridades, **172-3**
ciclagem, 111-12
ciclo de aprendizagem da anorexia, 182-4
classe social e alimentos, **166**
clínicas de distúrbios alimentares, 35-6, 110-1, 116
começo do ensino médio, 151-2
compartilhamento de informações, **150-1**
competênia, **118-20**
competitividade, 47-8, 59-61, 85-7, 179
orientação para conquistas, 105-7, 123, 124, 179
para ser a "melhor anoréxica", 47-8, 137-8, 154-5, 179
comportamento agressivo, 40-1
ver também Ataques de raiva; birra
comportamentos anoréxicos, 56-61, **60-1,** 72-4, 85-90, **90-1,** 130-2
comportamentos de cortes corporais, 109, 111-12, 117-8, 179
compulsão alimentar, **90-1**

compulsão alimentar/anorexia do tipo
    purgativo, 17-9, 107-11, 162-4
    e abuso sexual na infância, 126-7
    e tipo de personalidade, 21-2
compulsão por bebidas, 107-8
compulsão por limpeza, 73-4, 81-2,
    179
consciência pública sobre a anorexia
    falta de entendimento, 47-8, 172-3
    escolas e, 71
conselhos, para pais, **101-2**
consentimento informado, **118-9**
considerações sobre a linguagem, 16
contagem obsessiva, 73-4, 179
corpo
    idealizado, 59, 168-9
    ver também relacionamento mente-
        corpo
corrida, 151, 151-2, 156-7
cortes autoinfligidos, 109-10, 111-2,
    117-8, 179
cortisol, 20-1
Cristianismo, 19, **169**
critérios de diagnóstico, 18-9, 28-9
cuidados, para médicos, **150-1**
culpa
    atribuição de, 53-4
    e pais, 153, 154-6, 174
    irmãos, 44-5
    sobre compulsão alimentar, 163-4
culpar a mãe, **153**
culto à saúde, **144-5**, 181-2
cultura popular, **169-70**
definição de objetivos, 61-2
densidade óssea, 82-3, 166
depressão
    anoréxicos e, 80-1
    dos pais, 159, 176
desenvolvimento adolescente, 21-2
desenvolvimento sexual, 21-2
desnutrição, 160-1
diagnóstico diferencial, 138-9, **139-40**

diagnóstico, 16, 62-3, 161-2
    contestação, 133-41, 139-40
    desafios, 139-40
    diferencial, 138-9, 139-40
dieta, 104-5
    anormal, 86-90
    mutação para anorexia, 53-4
diferença cultural, **128-9**
diferença individual, 14-5
discursos sobre virtudes, **105-6**
disfarce para perda de peso, 58-9, **60-1**,
    62
distúrbio alimentar sem outra
    especificação (DASOE), 18-9
distúrbio de ansiedade generalizada,
    79-80
distúrbio de pânico, **79**
distúrbio de persolidade borderline,
    80-1
distúrbio de personalidade obsessivo-
    compulsiva, **80-1**
distúrbio obsessivo-compulsivo, 77, **79**,
    82-3
distúrbios alimentares, 28-9, **79-81**
distúrbios de personalidade esquiva,
    80-1
distúrbios de personalidade, **80-1**
diuréticos, 17-8
documentos informativos, **172**
doenças do espectro do autismo **80-1**
dor lombar, 62
efeitos físicos da anorexia, 31, **32-3,**
    34-5
    permanentes, 32-3
    sofrimento causado aos membros
        da família por, 48
eletrólitos, **41-2**
empregos, 110, 167-8
    ver também ocupações
engano/mentira, 61-2, 87-8, 93-4, 99,
    163-4

ver também disfarce para perda de peso
Entrevista Motivacional, **175-6**
escola elementar, 69-71
escola, 85, 110-11, 162-3
   abandono, 39-40
   altas conquistas acadêmicas, 105-6, 123-4, 124-5, 179
   apoio pela, 100
   bullying na, 55-6, 69-70, 72
   culturas de distúrbios alimentares nas, 104-5, 105-7, 181-2
   de gênero único, 57
   e prevenção de anorexia, 70-2
   falta de informação envolvendo a anorexia, 168-9
   mista, 57-8
   monitoramento de crianças na, 160-1
   mudança de, 22-3, 151-2
   perder aulas, 39-40, 65-6, 92, 111
escolha, **136**
   ver também autonomia
especialista em distúrbio alimentar, 34
espiritualidade, 167-9, **169-70**
esporte, 22-4, 33-4, **71-2**, 85-8, 91-3, 100
   ver também aulas de dança
Estágios da Mudança, modelo, **175-6**
estigma, **35-6**, **136**
estratégias de enfrentamento
   distúrbios alimentares como, 71, 82-3, 129
   por pais, 155-6
Estudo de Múltiplas Perspectivas de Distúrbios Alimentares, 13-5
estudos de caso
   Ana, Laura, Peter e Luke, 85-101, 179-80, 182-3
   Ângela, Maureen, Mike, Dan e Marta, 31-49, 180-1
   Antonia, Alice, Alan e Alex 123-41, 180-1, 182-3
   Carol, Laura, John, Ben e Peter, 51-67, 180-2
   Jo, Julie, Michael e Sam, 103-21, 179
   Kate, Margie, Carl, Donna, Lucas, Joseph e Roger, 69-84, 179, 182-3, 183
   Raquel, Elizabeth, Pat e Ryan, 159-77, 179-80
   Ruth, Beth, David e Carlos, 143-58, 179, 180-1
estudos de gêmeos, 20-1
excesso de exercícios, 32, **71-2**, 72, 76-8, 81-2, 85-8, 93, 107-8, 111-2, 130-1, 145, 151-2, 179
exercícios físicos, 143-4
   graduados, 43
   proibição, 81-2
   ver também excesso de exercícios
experiências estressantes, 21-2, 22-3, 39-41
faculdade, 39-42, 65-66, 67, 166-8
falhas físicas, imaginárias, 55-9
famílias "anoréxicas" 23-5, 139
famílias
   "anoréxicas", 23-4, 138-9
   trabalho de equipe pelas, 93-4
   disfuncionais, 23-4
farmacoterapia, 28-9
fatores biológicos, 20-1
fatores psicológicos, 20-1
   e realimentação, 42-3
feminilidade e alimentos, **164-5**
feminilidade, noções idealizadas de, **173**
finalidade, senso de, 181-2
fisioterapia, 76-9
fobia social, **79-80**
Freud, S., **52**
genética, 20-1

ginástica, 93-4, 130-1
Gordura
   imaginária, 59
   medo de, 129
greves de fome, **90**
grupos de apoio, **97-8, 98-9, 154-5**
grupos étnicos, **128-9**
guardiões públicos, 117-8
gula, **164**
Gull, W., 18-20
hipotálamo, 20-1
horários de refeições
   manejo, 78-9, 151-2
   pular, 58-9, 130-1
hormônio do crescimento, 20-1
hospitalização 26-7
   baixa de emergência, 34, 36
   comida de hospital, 137-8, 161-2
   e realimentação, 40-1, 41-2
   entrega da autoridade pelo tratamento à equipe médica, 36
   estudos de casos de, 31, 34-7, 64-5, 77-9, 96-100, 114-7, 130-1, 134, 140, 146-7, 152-4, 161-2
   experiência de, 136-8
   férias do, 64-6
   política de visitas restritas, 146-8
Huon, G., **57-8**
ideais
   corpo, 60
   de feminilidade, 173
   de magreza, 128, 173
identidade pessoal, **129,** 138, 181-2
identidade, **129, 137-8,** 181-2
imagem corporal, **60**
impotência, sensações de, pelos pais, 43-7
inanição, efeitos da, **90-1**
   ver também autoinanição
incerteza dos pais, **36-7**
independênia, redução da, 166-7
Índice remissivo

influênias socioculturais, 18, 22-5, **59,** 180-1
informações, 182
inibidores seletivos de recaptação de serotonina (ISRSs), 28-9
insatisfação corporal, **60, 128, 173**
insuficiência renal 31, **32-3,** 40-1
insulina, 20-1
irmãos
   efeitos da anorexia sobre, 434, 44-5, 91-3, 114-5, 131-2, 153-4
   influênciasobre anoréxicos, 94-6, 114-5
isolamento social, problemas, 37-8, 41, 61-2
   e hospitalização, 137-8, 146
jogging, 86, 87, 107-8, 111-2
lanugo, **32-3,** 34-5
Lasegue, E. C., 19-20
Lelwica, M. M., **169-70**
limpeza, compulsiva, 73-5, 81-2, 179
lúpus, 160-1
luto, 65-3, 159-60
luto, sentimentos dos pais, 47-8
mães, "fracasso" das, 46-7
magreza, 17, 24-5
   como virtude, 106-7
   e ulto à saúde, 144-5
   exposição da, na mídia, 172-3
   idealização da, 128, 173
   pressão social para, 180-1
   privilegiar a, 71-2
Manual de Diagnóstico e Estatística de Distúrbios Mental (DSM-IV), 18-9, 28-9, **35**
mau uso do álcool, 107-8, 110-1, 176
Maudsley Hospital, **84**
mau-humor, 153-4
médicos 92-3, 170-1, 182-3
   ver também profissionais da saúde
   como pais de anoréxicos, 145-7, 147-8, 155-6

inventar desculpas para não ver, 87-8
medo
   de alimentos, 59, 62-6
   de gordura, 129
menstruação
   cessação (amenorreia), 18-9, 31, 58-9, 62-3, 134, 166
   horror no início da, 54-5
mentira/engano, 62, 87-8, 93, 99, 163-4
mídia, 17, 168-70, **171-3**, 181-2
   alfabetização, 71-2
   documentos informativos, 172
   narrativas de recuperação e cura, 172
   narrativas do macabro, 172
modelo de continuum de distúrbios alimentares, **35-6**
monitoramento
   na escola, 160
   no hospital, 136
   parental, 81-2, 135-7
morte, bebê, 159-60
morte, taxas, 29-30
Morton, R., 18-9
narrativas de recuperação e cura, **172**
narrativas do macabro, **172**
natação, 85-7, 91-3, 100, 107-8
negação 40-1, 76-7, 87-8
nutrição parenteral, total, **41-2**
nutricionistas, 75-6, 100-01, 131-2
obesidade, **35-6**, 144-5
obsessões, **72-3**
ocupações, 22-4, 66
   ver também empregos
ônus, sensação de, **44-5**
orientação para conquistas, **105-7**, 123, 124, 179
osteoporose, 166
pai, **152**
pais, 181-2
   conselhos por, 101-2

depressão dos, 159
desafios para a equipe, 148-50
e ciclo de aprendizagem da anorexia, 182-3
e culpa/imposição de culpa, 152, 154-6, 173-4
educação envolvendo a anorexia, 83-4
estresse, 46
expectativas, 111-2
impacto da anorexia sobre as atividades dos, 43-4, 49
irmãos saudáveis e a capacidade para enfrentamento, 95-6
saúde, 116-7, 176-7
sobre efeitos da anorexia, 43-8, 48-9
vigilância por, 81-2, 135-6
parada cardíaca, 31, 146-7
patriarcado, 25-6
pele seca, **32-3**, 34-5
percepções individuais e recuperação, 29-30
perda de peso
   disfarce para, 58-9, 60-1, 61-2
   escolas e, 71-2
perdas da anorexia
   das famílias, 47-8, 44-5
   do paciente, 31
perfeccionismo, 21-2, 59-62
posição "libertária", **118-9**
posição "paternalista", **118-9**
pressão arterial, baixa, 62-3
prevenção da anorexia, escolas e, **71-2**
privacidade, 163-4
problemas psiquiátricos, associados com anorexia, **79-81**
profissionais da saúde
   cuidados para, 150
   e os desafios do trabalho com os pais, 148-50
   e os desafios do tratamento de anorexia, 148-50

trabalho para apoio aos pais, 157-8
  ver também médicos
psicólogos, 135-6, 146-7
psicoterapia, 27-8
  ver também terapia familiar
psiquiatras, 110-12, 116-7, 153-5
puberdade
  início precoce, 69-70
  repulsa por alterações físicas da, 54-5, 55-6
purgação, 135-7
  ver também anorexia do tipo com compulsão alimentar/purgação
questões ligadas ao controle, 20-1, 96-7, **119-20, 136, 148-9**
raiva, 91-2, 96-7, 103-4, 108-11, 111, 114-5, 117-8
  ver também birra
Ramjan, L., **148-9**
realimentação, 40-1, **41-2, 137-8**
  alimentação por tubo nasogástrico, 40-1, 41-2, 146-7
  refeições assistidas, 41-2
  nutrição parenteral total, 41-2
  complicações físicas, 41-3
  síndrome, 41-3
  efeitos psicológicos, 42-3
rebeldia, 43-4
recompensas, alimento como, **164-5**
recordações reprimidas, 125-6
recuperação, 28-30
  ambivalência envolvendo, 82-3, 175-6
  e percepções individuais, 29-30
  escalas de, 28-9
  estudos de casos de, 47-8, 49, 65-7, 99-100, 151-3, 170-3, 176-7
  fatores relacionados à, 30
  motivação do paciente para, 47-8, 174-6
  probabilidade, 29-30
  prontidão para, 174-6

refeições assistidas, **41**
refeições assistidas, **41-2**
regressão, 21-2, 96-7
regurgitação, 37-8
relacionamento etnre mãe e filha, 123-4
relacionamento mente-corpo, 167-9
relacionamento pais-filho, 123
  impacto da anorexia sobre, 40-1, 48, 54-5, 61-2
relacionamento terapêutico, **148-9**
relacionamentos entre pares, 24-5
  ver também amizades
relacionamentos amorosos, 66-7, 104-5, 128
relacionamentos
  ver também amizades
  amorosos, 66-7, 104-5, 127-8
  entre anoréxicos, 154-5
  pares, 24-5
relações pai-filha
  contato físico, 54-5
  distantes, 54-5, 62
religião, 18-9, **129, 169-70**
remo, 33, 39-40
repressão, **25-3**, 125-7
resistênia, falta de, 166-7
responsabilidade, sentimentos de, por irmãos, **44-5**
restrição calórica para a longevidade (CRL), **90**
retraimento social, 41-2, 61-2, 91-3
rotulagem, **136-7**
Segunda Guerra Mundial, **101-2**
serotonina, 20-1
significado moral dos alimentos, **164-5**
síndrome de Asperger, **80-1**
sites na Web
  pró-ana, 111-2, 112-3
  pró-recuperação, 112-3, 113
sites pró-ana na Web, 111-2, **112-3**
situações de vida, 21-2, 22-3

dificuldades para lidar com, 39-40, 151-2
positivas, 174-5
Smolak, L., **173**
sobrepeso, 144
ver também obesidade
solidão, 146-7, 151
superdosagens, 110-11, 115-6
técnicas de imobilização, 40-1
tentativas de suicídio, 110-11, 114, 114-7, 179
teoria feminista, 18, 25 6, **59, 129**
teoria psicanalítica, 27-8
terapia analítica cognitia, 27
terapia comportamental cognitiva, 27
terapia comportamental, 27-8
terapia interpessoal, 27-8
terapia narrativa, 17-8, **52-3,** 96-7
terapia, **175-6**
terapias não-verbais experimentais, 27-8
tipo restritivo de anorexia nervosa, 18, 21-2, 126-7
tipos de personalidade, 21-2, 23-4
tomada de decisão, 182-4
trabalho escolar, 39-40, 59-61, 62, 69
tratamento ambulatorial, 26, 170-1
tratamento compulsório, **118-20**
  argumentos clínicos em favor, 119-20
  e problemas de competência, 118-20
  questões filosóficas envolvendo, 118-9
tratamento em hospital dia, 26-7
tratamento psicológico, 27-8
  psicoterapia, 27-8

terapia familiar, 27-8, 78-9, 81-2, 83-4, 182-3
terapia interpessoal, 27-8
terapia narrativa, 27-8, 52-3, 96-7
tratamento, 25-9
  compulsório, 118-9
  desafios do, 148-50
  efeitos sobre os pais, 48-9
  farmacoterapia, 28-9
  inclusão dos pais no, 157-8
  tratamento ambulatorial, 26-7, 170-1
  tratamento em hospital-dia, 26-7
  ver também hospitalização; tratamento psicológico
treinamento, **150**
tubo nasogástrico, alimentação, 40-1, **41-2,** 146-7
  ambivalência envolvendo, 42-3
unicidade, 167-8
unidades psiquiátricas, 114, 114-7
  adultas, 36-7
universidade, 123-4
vegetarianismo, 53-4, 86, 103-5, 160-1
  ver também raiva
Vereniging Anorexia Nervosa and Bulimia Nervosa (BANBN) **97-8**
vestibular, exame, 123, 140-1
vida doméstica, impacto da anorexia sobre, 43-4, **48-9,** 181-2
vida saudável, vista como virtude, **106-7**
vômito após comer, 34-5, 39, 105, 107-8

trabalho para apoio aos pais, 157-8
ver também médicos
psicólogos, 135-6, 146-7
psicoterapia, 27-8
ver também terapia familiar
psiquiatras, 110-12, 116-7, 153-5
puberdade
  início precoce, 69-70
  repulsa por alterações físicas da, 54-5, 55-6
purgação, 135-7
  ver também anorexia do tipo com compulsão alimentar/purgação
questões ligadas ao controle, 20-1, 96-7, **119-20, 136, 148-9**
raiva, 91-2, 96-7, 103-4, 108-11, 111, 114-5, 117-8
  ver também birra
Ramjan, L., **148-9**
realimentação, 40-1, **41-2, 137-8**
  alimentação por tubo nasogástrico, 40-1, 41-2, 146-7
  refeições assistidas, 41-2
  nutrição parenteral total, 41-2
  complicações físicas, 41-3
  síndrome, 41-3
  efeitos psicológicos, 42-3
rebeldia, 43-4
recompensas, alimento como, **164-5**
recordações reprimidas, 125-6
recuperação, 28-30
  ambivalência envolvendo, 82-3, 175-6
  e percepções individuais, 29-30
  escalas de, 28-9
  estudos de casos de, 47-8, 49, 65-7, 99-100, 151-3, 170-3, 176-7
  fatores relacionados à, 30
  motivação do paciente para, 47-8, 174-6
  probabilidade, 29-30
  prontidão para, 174-6

refeições assistidas, **41**
refeições assistidas, **41-2**
regressão, 21-2, 96-7
regurgitação, 37-8
relacionamento etnre mãe e filha, 123-4
relacionamento mente-corpo, 167-9
relacionamento pais-filho, 123
  impacto da anorexia sobre, 40-1, 48, 54-5, 61-2
relacionamento terapêutico, **148-9**
relacionamentos entre pares, 24-5
  ver também amizades
relacionamentos amorosos, 66-7, 104-5, 128
relacionamentos
  ver também amizades
  amorosos, 66-7, 104-5, 127-8
  entre anoréxicos, 154-5
  pares, 24-5
relações pai-filha
  contato físico, 54-5
  distantes, 54-5, 62
religião, 18-9, **129, 169-70**
remo, 33, 39-40
repressão, **25-3**, 125-7
resistênia, falta de, 166-7
responsabilidade, sentimentos de, por irmãos, **44-5**
restrição calórica para a longevidade (CRL), **90**
retraimento social, 41-2, 61-2, 91-3
rotulagem, **136-7**
Segunda Guerra Mundial, **101-2**
serotonina, 20-1
significado moral dos alimentos, **164-5**
síndrome de Asperger, **80-1**
sites na Web
  pró-ana, 111-2, 112-3
  pró-recuperação, 112-3, 113
sites pró-ana na Web, 111-2, **112-3**
situações de vida, 21-2, 22-3

dificuldades para lidar com, 39-40, 151-2
positivas, 174-5
Smolak, L., **173**
sobrepeso, 144
ver também obesidade
solidão, 146-7, 151
superdosagens, 110-11, 115-6
técnicas de imobilização, 40-1
tentativas de suicídio, 110-11, 114, 114-7, 179
teoria feminista, 18, 25-6, **59, 129**
teoria psicanalítica, 27-8
terapia analítica cognitia, 27
terapia comportamental cognitiva, 27
terapia comportamental, 27-8
terapia interpessoal, 27-8
terapia narrativa, 17-8, **52-3,** 96-7
terapia, **175-6**
terapias não-verbais experimentais, 27-8
tipo restritivo de anorexia nervosa, 18, 21-2, 126-7
tipos de personalidade, 21-2, 23-4
tomada de decisão, 182-4
trabalho escolar, 39-40, 59-61, 62, 69
tratamento ambulatorial, 26, 170-1
tratamento compulsório, **118-20**
   argumentos clínicos em favor, 119-20
   e problemas de competência, 118-20
   questões filosóficas envolvendo, 118-9
tratamento em hospital dia, 26-7
tratamento psicológico, 27-8
   psicoterapia, 27-8

terapia familiar, 27-8, 78-9, 81-2, 83-4, 182-3
terapia interpessoal, 27-8
terapia narrativa, 27-8, 52-3, 96-7
tratamento, 25-9
   compulsório, 118-9
   desafios do, 148-50
   efeitos sobre os pais, 48-9
   farmacoterapia, 28-9
   inclusão dos pais no, 157-8
   tratamento ambulatorial, 26-7, 170-1
   tratamento em hospital-dia, 26-7
   ver também hospitalização; tratamento psicológico
treinamento, **150**
tubo nasogástrico, alimentação, 40-1, **41-2,** 146-7
   ambivalência envolvendo, 42-3
unicidade, 167-8
unidades psiquiátricas, 114, 114-7
   adultas, 36-7
universidade, 123-4
vegetarianismo, 53-4, 86, 103-5, 160-1
ver também raiva
Vereniging Anorexia Nervosa and Bulimia Nervosa (BANBN) **97-8**
vestibular, exame, 123, 140-1
vida doméstica, impacto da anorexia sobre, 43-4, **48-9,** 181-2
vida saudável, vista como virtude, **106-7**
vômito após comer, 34-5, 39, 105, 107-8